국가무형문화재

삼화사 수륙재

Samhwasa Suryukjae
(Water and Land Ceremony of Samhwasa Temple)

Copyright©2022 by NIHC(National Intangible Heritage Center)
All rights reserved

ISBN 979-11-5522-331-4 93670
www.heureum.com

일러두기

1. 이 책은 삼화사 수륙재의 준비 과정 및 설행 과정을 토대로 기록하였으며, 현장 촬영 사진을 담아 서술하였다. 현장 참석자들은 코로나19 방역 지침에 따라 마스크를 착용하였다.
2. 이 책은 강인숙(경상국립대학교), 구미래(불교민속연구소), 손인애(동국대학교), 강석훈(국립무형유산원) 4인이 공동 집필하였으며, 채보는 2021년 10월 22~24일에 설행된 삼화사 수륙재 실황을 바탕으로 손인애(동국대학교)가 하였다.
3. 이 책에서 사용된 용어는 2021년 현장조사 및 인터뷰를 바탕으로 작성한 것이다.
4. 이 책에 수록된 글은 현행 삼화사 수륙재에서 통용되는 의식 용어와 개념, 성격에 있어서 일부 견해의 차이가 있을 수 있다.
5. 내용상 부연설명이 필요한 것은 각주에서 설명하였다.

국가무형문화재

삼화사 수륙재

국립무형유산원

흐름

차 례

프롤로그　　6

I. 수륙재란 무엇인가　　8

　　1. 수륙재의 유래와 역사　　10
　　2. 수륙재의 의문과 구성　　15

II. 삼화사 수륙재의 역사와 개관　　34

　　1. 삼화사 수륙재의 역사　　36
　　2. 삼화사 수륙재의 구조　　40

III. 삼화사 수륙재의 설행　　62

　　1. 의례　　64
　　2. 범패　　138
　　3. 작법　　159

Ⅳ. 삼화사 수륙재의 특성		224
1. 의례의 구성과 내용		226
2. 범패의 구성과 내용		247
3. 작법무의 구성과 내용		257

Ⅴ. 삼화사 수륙재의 전승현황과 가치		270
1. 지정경위		272
2. 전승현황		274
3. 전망과 가치		289

참고문헌	298
Abstract	300

프롤로그

수륙재는 제 명을 누리지 못하고 억울하게 떠난 이들에게 불교의 가르침과 음식을 베풀어 그들의 넋을 위로하는 불교의례이다. 수륙재는 개인의 극락왕생에 초점을 둔 것이 아니라, 천도되지 못한 채 떠도는 외로운 영혼을 위해 여는 천도재로 예로부터 가장 공덕이 높은 의례로 여겨졌다.

강원도 동해시에서 행해지는 삼화사 수륙재는 조선 태조의 뜻에 따라 국가 주도로 설행되었던 국행수륙재의 맥을 잇고 있다. 일제강점기와 6·25전쟁, 산업화 시기를 거치면서 소멸의 위기를 겪었으나, 꾸준한 전승의 노력을 바탕으로 하여 오늘날의 모습을 갖추어 그 가치를 인정받아 2013년에 국가무형문화재로 지정되었다.

삼화사 수륙재를 설행할 때, 하늘과 산을 배경으로 거대하게 서 있는 괘불과 각종 공양물을 갖춘 설단은 대자연의 성전이 되어준다. 의례가 펼쳐지는 공간을 화려하게 장엄하는 것은 모든 성현과 범부의 환희로운 만남을 축복하기 위함이다. 이러한 중정에서 범패와 작법을 펼침으로써 축제적인 분위기로 부처님의 가르침을 널리 설파한다.

수륙재의 본 의식 100일전부터는 결계의식을 행하고, 장엄과 설단을 준비하며, 30일 전에는 나라의 기원이 담긴 예물을 싣고 부처님 전으로 향하는 행향사 의식을 치른다. 삼화사 수륙재는 매해 10월에 3일에 걸쳐 설행된다. 오랜 시간에 걸친 준비절차와 설행의식에 관한 과정을 이 책에 담았다.

Prologue

Suryukjae is a Buddhist ceremony of comforting the souls of those who died untimely and unjustly, by offering them Buddhist guidance and food. The focus of Suryukjae is not on the deliverance of individuals to paradise. But it is a ceremony for the sake of those lonely souls that wander around, yet to be led to the heavens. And as such, it has been considered the most virtuous of all ceremonies.

Samhwasa Suryukjae held in Donghea-si, Gangwon-do province, and finds its roots in a state-sponsored Gukhaeng Suryukjae(national Buddhist ritual) that had been held under the wishes of king Taejo of Joseon. It was put at risk of being discontinued while suffering the Japanese occupation, the Korean War and the industrialization. However, tireless efforts to pass it on have resulted in its current form. And in recognition of its value, it was designated as a National Intangible Cultural Heritage in 2013.

When offering Samhwasa Suryukjae, the big hanging picture of Buddha with the sky and the mountain as its backdrop, and the alter with various offerings become mother nature's shine. The space in which the ceremony is held is set up to be grand and solemn, in order to bless the delight of the meeting between the wise and the common folk. Through the display of Buddhist songs and dances in the courtyard of Samhwasa, the teachings of Buddha are spread under a festive atmosphere.

One hundred days before the main ceremony of suryukjae, there is a ceremony to zone-off the area, and decorations and altars are prepared. Thirty days before, the ritual procession ceremony is held, heading to the house of Buddah with offerings containing the nation's wishes. The Samhwasa Suryukjae is held every October for three days. And this book contains the process of the time-consuming preparation and the ritual ceremony.

I

수륙재란 무엇인가

본 장은 강석훈, 강인숙,
구미래, 손인애가 집필하였다.

수륙재란 무엇인가

1. 수륙재의 유래와 역사

수륙재水陸齋는 일체 유주무주有主無主 고혼에게 법식法食을 베풀어 구제하는 재회齋會로, 천도재薦度齋의 하나에 속한다. 천도재는 이승을 떠난 영혼을 극락으로 인도하는 의식을 뜻하며, 여기에는 수륙재·영산재靈山齋·사십구재四十九齋 등이 있다. 영산재와 사십구재가 특정 개인에 초점을 둔다면, 수륙재는 불특정 다수를 대상으로 한 의례라는 점에서 다르다. 여기서 수륙水陸은 사전적 의미의 물과 육지뿐만 아니라, 하늘 위아래의 모든 세상과 성범의 모든 존재를 아우르는 말이다.

수륙재는 수륙법회·무차대회 등이라고도 불리며, 의식문에 나오는 가장 긴 명칭은 '수건법계성범천지명양수륙무차평등보도대재승회修建法界聖凡天地冥陽水陸無遮平等普度大齋勝會'이다. 이를 풀어 보면 불법의 세계를 수행의 방법으로 건립한다는 '수건법계', 법회의 초청 대상이 되는 '성범, 천지, 명양, 수륙', 차별 없이 동등하게 법으로 인도한다는 '무차평등보도', 성대한 법회를 말하는 '대재승회'로 구성되어 있다.

여기서 초청 대상을 성인과 범부, 하늘과 땅, 이승과 저승, 물과 뭍으로 구분한 것은 불보살과 삼계의 모든 신에서부터 육안으로 확인할 수 없는 미생물에 이르기까지 시공을 초월한 총체적 범위의 존재를 아우른다는 뜻이다. 그래서 수륙재는 우주에 흩어져 있는 모든 대상이 한데 모여 막혔던 장애를 풀고 서로 소통할 수 있도록 대화합의 장을 꾸린다는 의미를 담고 있다.

수륙재가 처음 설행된 것은 중국 남조 양梁나라 무제武帝(464~549) 때이다. 502년(무제 1) 2월 1일 밤, 무제가 법운전法雲殿에서 꿈을 꾸었는데, 신승神僧이 나타나 수륙재를 베풀어 고통 받는 육도사생六道四生의 중생을 제도할 것을 당부하였다. 불교에 대한 신심이 깊었던 무제는 고혼을 널리 구제함이 가장 참된 공덕이라 생각하고 승려들과 상의한 끝에, 지공誌公에게 여러 경론을 섭렵하도록 하여 505년에 『수륙의문水陸儀文』을 완성하였다. 같은 해에 무제는 금산사金山寺에서 최초의 수륙재를 거행하고, 승우율사僧祐律師(445~518)로 하여금 『수륙의문』을 두루 알리도록 하였다. 이러한 내용은 남송南宋 말기 천태종의 승려 지반志磐(1220~1227)이 찬술한 『불조통기佛祖統紀』「수륙재」에 소개되면서 널리 알려졌다.

『수륙의문』은 중국 황실을 중심으로 계승되는 가운데 여러 승려와 문장가들을 거쳐 정립되었으며, 당唐나라 고종高宗(628~683) 때 수륙재가 본격적으로 대중적 성격의 집회로 유행하기 시작했다. 당 말기에는 아미타불을 믿으면 극락정토에 태어난다는 정토신앙이 확산되고, 송나라에 이르러서는 고혼을 천도하는 재의 성격과 정토신앙이 맞물리면서 수륙재의 대중화가 더욱 확산되었다. 이후 원나라에서는 조정이 수륙법회를 중시함으로써 민간에서도 의례가 매우 번성하였다.

우리나라에 수륙재가 유입된 시기는 고려 광종光宗(949~975) 때로 추정된다. 『고려사절요高麗史節要』 권2에 나오는 최승로의 시무28조에 의하면, 광종이 무차수륙회를 귀법사歸法寺에서 베풀었다고 하는 기록이 보이는데, 이는 귀법사가 창건된 963년(광종 14)의 일이다. 「갈양사혜거국사비葛陽寺惠居國師碑」에 따르면, 970년(광종 21) 갈양사에서 수륙재를 개최하였다는 기록도 보인다. 『고려사절요』 권6에는 1090년(선종 7)에 섭호부낭중攝戶部郎中 지태사국사知太史局事 최사겸崔士謙이 송나라에 갔다가 『수륙의문』을 구해 와 보제사普濟寺에 수륙당을 짓는 도중에 불이 났다는 내용이 담겨 있다. 당시 고려에서 『수륙의문』에 의거하여 국가 주도의 수륙재가 행해지고 있었

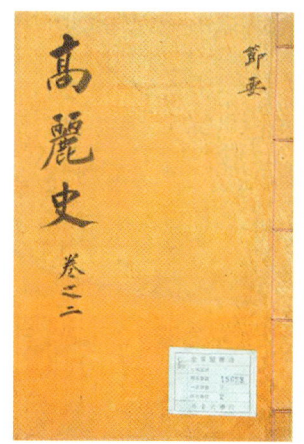 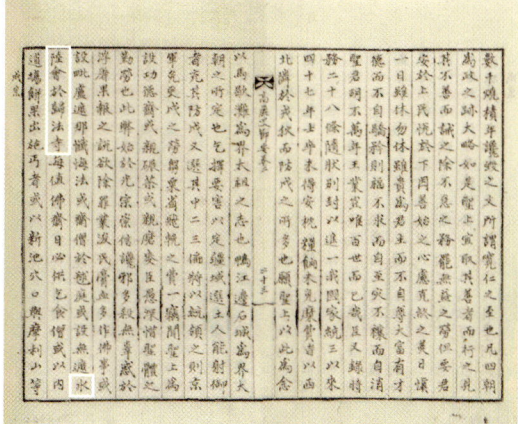

『고려사절요(高麗史節要)』 권2
(자료제공: 서울대학교 규장각한국학연구원)

음을 알 수 있는 대목이다.

고려 후기에는 충목왕 4년(1348)에 왕의 몸이 편치 않아 수륙재를 개최하는 등 치병·천도 등으로 수륙재의 설행 목적이 다양해졌고, 민간에서도 상장례喪葬禮와 기제를 수륙재로 설행한 기록이 보인다.[1] 아울러 고려 후기 승려 천책天頙의 「수륙재소水陸齋疏」에 보면, 백련사白蓮寺가 중심이 되어 수륙재를 행하였고, 이에 대한 비용은 의례에 참여한 제 각자가 추렴하여 마련했다고 한다.[2] 따라서 당시 민간 의례로 수륙재가 어느 정도 정착되었음을 알 수 있다.

조선시대에 와서는 수륙재에 관한 기록이 본격적으로 등장한다. 숭유억불정책을 내세웠던 조선왕조에서도 수륙재는 빈번하게 설행되었다. 유교의 근간이 되는 성리학은 정치이념과 통치 기반을 세우는 데 유효했으나 종교적 역할은 충족할 수 없었다. 따라서 불교는 여전히 사회통

---

1 강호선, 「수륙재」, 『테마 한국불교 2』, 동국대학교출판부, 2014, 340~341쪽.
2 『湖山錄』 卷下, 「水陸齋疏」

합의 기능을 유지할 수 있었고, 이 중 수륙재는 유일하게 허용했던 천도 의례였기에 왕실과 민중의 생활 속에 깊숙이 자리할 수 있었다.[3]

『양촌집陽村集』 권22의 〈수륙의문발水陸儀文跋〉에 보면, 태조太祖(1335~1408)는 1395년(태조 4)에 고려 왕족의 영혼을 천도하기 위해 삼화사三和寺, 견암사見巖寺, 관음굴觀音窟에서 매년 봄과 가을에 수륙재를 거행하도록 하였다. 『양촌집』 권12에는, 태조가 1397년(태조 6)에 진관사津寬寺에 수륙사水陸社를 조성하면서, 나랏일로 죽은 백성 가운데 제사를 맡을 이가 없어 저승에서 굶주리는 자들을 위로하기 위해 수륙도량을 만든다고 하였다. 따라서 조선 건국 초의 수륙재는 왕조가 교체되는 과정에서 발생한 살상과 이로 인해 불거진 사회적 갈등을 해소하기 위한 목적에서 주로 행했음을 알 수 있다.

태종太宗(1367~1422) 대에 오면 수륙재의 설행 목적이 다변화되기 시작한다. 『태종실록太宗實錄』 권27에 따르면, 1418년(태종 18)에 성녕대군이 14살의 짧은 생을 마감하자, 태종이 아들을 잃은 슬픔을 달래고 이를 추모하기 위해 수륙재를 거행하였다. 아울러 『세종실록世宗實錄』 권127에서는 1450년(세종 32) 세종을 위해 상원사上元寺에 관료를 보내 왕실의 구병수륙재救病水陸齋를 행한 기록 등이 있어, 왕실의 상장례와 구병 등을 위한 목적의 수륙재를 살필 수 있다.

『세종실록』 권55에서는 기존의 설행 목적과 다른 수륙재의 모습을 확인할 수 있다. 1432년(세종 14) 효령대군이 한강에서 7일 동안 수륙재를 성대하게 개최했는데, 참여 인원이나 개최 규모가 매우 컸을 뿐만 아니라 승려를 비롯한 행인에게 공양을 베풀고 백미를 물고기에게 먹이로 주는 등, 수륙의 불특정 무주고혼을 위로하고 천도하는 수륙재 본연의

---

3 차장섭, 「삼화사 사적과 국행수륙대재」, 『삼화사와 국행수륙대재 학술대회 및 대토론회』, (사)진단전통예술보존협회, 2011, 23쪽.

목적을 보여 주고 있다. 또한, 사찰 공간 내에서 행해지는 것과는 달리 강 주변에서 행해졌다는 점에서 새로운 형식의 수륙재 면모를 띤다.

수륙재는 건국 이후 연산군燕山君(1476~1506)에 이르기까지 국가 행사로서의 형태를 갖추어 지속된 것으로 보인다.[4] 그러나 중종中宗(1488~1544) 이후 불교를 배척하는 사림파의 집권으로『주자가례朱子家禮』가 사회 전반에 확산하면서 불교 의례는 상대적으로 약화되었고, 국가 주도의 천도재와 기신재의 성격을 띤 수륙재가 공식적으로 중단되었다.[5]

하지만 민간의 수륙재의 전통은 꾸준히 지속되어 임진왜란과 병자호란을 거치면서 더욱 성행하게 되었다. 이 시기는 전란으로 인해 수많은 백성이 목숨을 잃었을 뿐 아니라, 살아 있는 이들 또한 전염병과 굶주림에 시달리며 죽음의 위험에 처한 때였다. 그 일례로『선조실록宣祖實錄』권 200에 보면, 임진왜란이 끝난 후인 1606년(선조 39)에 항의문 밖에서 수륙대회가 개최되었는데 도성의 수많은 남녀가 성을 넘어가 경복궁의 큰길을 가득 메웠다는 기록이 있다. 이 수륙재는 도로의 수리를 맡았던 거사들에 의해 개최된 것으로, 수륙재의 개최 주체가 서민으로 확대되었음을 보여 주는 사례이다.[6]

수륙재의 전승은 일제강점기에 와서 위기를 맞게 된다. 일제는 문화 말살정책에 따라 각종 집회와 행사 등 대중이 많이 모이는 집회를 금지하였다. 또한 1911년 조선총독부는「사찰령寺刹令」을 반포하고 그 취지에 따라 이듬해에「각본말사법各本末寺法」을 제정하여 화청和請, 작법무作法舞 등을 일체 혁파하도록 하였다. 불교 의식의 주된 요소인 범패와 작법을 금하는 것은 사실상 수륙재의 설행을 불가능하게 만든 것이었다.

외부적인 요인으로 인해 단절과 복원을 거듭하는 어려운 상황 속에

---

4 윤무병,「國行水陸齋에 대하여」,『백성욱박사송수기념논문집』, 1959, 631쪽.
5 강호선,「수륙재」,『테마 한국불교 2』, 동국대학교출판부, 2014, 355쪽.
6 양지윤,「조선후기 수륙재 연구」, 동국대학교 석사학위논문, 2022, 23~24쪽.

서도 한국 불교계는 수륙재를 포함한 불교 의례를 전승해 왔고, 의식집의 간행도 꾸준히 지속하는 등 의례의 명맥을 잇고자 다양한 노력을 기울였다. 그 결과 수륙재는 국운을 상실하고 다시 회복하는 과정을 겪으며 민족 고유의 전통문화 수호라는 사회적 기능까지 더해져 오늘날에 이르고 있다.

2. 수륙재의 의문과 구성

1) 의문의 유형과 특성

의문儀文은 재의의 절차, 내용, 방법을 다룬 것으로 의궤儀軌라고도 한다. 의문에는 불법의 핵심이 원만히 발현될 수 있도록 체계적인 절차와 여러 방편이 제시되어 있다. 양나라 무제가 수륙재를 처음 시행한 이래, 수륙재에 관한 의식집은 국가, 사찰, 민간에서 저술, 수정, 편집, 복각 등의 과정을 거쳐 관련 서적들이 발간되었다.

앞서 살핀 바와 같이, 중국 수륙재의 의문은 양나라 무제 때 지공이 펴낸 『수륙의문』에서부터 시작하며, 이를 모본으로 하여 수많은 의문이 만들어졌다. 이 중 『수륙의문』과 함께 중국의 주축이 되는 의문으로는, 송나라 때 지반이 찬술한 『수륙신의水陸新儀』, 금나라 때 자기仔夔가 찬집한 『천지명양수륙의문天地冥陽水陸儀文』, 명나라 때 주굉이 지반의 의문에 기초하여 이를 보강한 『법계성범수륙승회수재의궤法界聖凡水陸勝會修齋儀軌』가 있다. 오늘날 중국에서는 『법계성범수륙승회수재의궤』를 남수륙 계통으로 분류하고, 『천지명양수륙의문』을 북수륙 계통으로 분류하고 있다.[7]

우리나라에서 수륙재 의문에 관한 최초의 기록은 『고려사』 권10에서 확인된다. 1090년(선종 7)에 최사겸이 송나라에서 『수륙의문』을 구해 왔다고 하는데, 그 내용은 전하지 않아 구체적인 사항을 파악할 수 없다. 고려 후기에는 혼구混丘가 『신편수륙의문新編水陸儀文』을, 죽암竹庵이 『천지명양수륙재의天地冥陽水陸齋義』를 편찬하였는데, 중국의 의문을 수입하는 것을 넘어, 고려의 승려가 나라의 실정에 맞는 의문을 직접 찬술한 사실이 확인된다.

　조선시대에도 수륙재는 빈번하게 설행되어 수륙의문 역시 꾸준히 간행되었다. 조선 초기에는 왕실 중심의 간행이 주를 이루다가, 조선 후기로 접어들면서 사찰 주도하에 판각, 복각판 등 여러 방식의 출간이 성행하였다. 특히 수륙재 의문은 16~17세기에 많이 발간되었다. 이는 전란에 의해 발생한 수많은 사상자와 유족을 위로하고, 사회적으로 재통합을 이루어야 할 시대적 필요에 의한 것이었다. 다음은 조선시대 발간된 수륙의문 중 간행연대와 간행처가 밝혀진 자료를 중심으로 정리한 것이다.

조선시대의 수륙의문 간행 현황[8]

의 문 명	최초 간행연대(간행처)	총 간행	간행 지역
수륙무차평등재의촬요 (水陸無遮平等齋儀撮要)	1448년 (평안도 순안 법흥사)	43	강원도, 경기도, 경상도, 전라도, 충청도, 평안도, 함경도, 황해도
천지명양수륙재의찬요 (天地冥陽水陸齋儀纂要)	1515년 (경상도 청도 운문사)	37	강원도, 경상도, 전라도, 충청도, 함경도, 황해도
천지명양수륙재의 (天地冥陽水陸齋儀)	1578년 (미상)	4	경상도, 전라도, 황해도
법계성범수륙승회수재의궤 (法界聖凡水陸勝會修齋儀軌)	1470년 (전라도 순천 송광사)	10	강원도, 경상도, 전라도, 충청도, 함경도
불설구면연염구경천지명양수륙재의문 (佛說救面然焰口經天地冥陽水陸齋儀文)	1533년 (전라도 순천 송광사)	3	경상도, 전라도

7 연제영(미등), 「한국 水陸齋의 儀禮와 설행양상」, 고려대학교 박사학위논문, 2014, 13쪽.
8 연제영(미등), 「한국 水陸齋의 儀禮와 설행양상」, 고려대학교 박사학위논문, 2014, 15~39쪽.

의 문 명	최초 간행연대(간행처)	총 간행	간행 지역
천지명양수륙잡문 (天地冥陽水陸雜文)	1531년 (전라도 순천 송광사)	6	경기도, 경상도, 전라도, 충청도
천지명양수륙재의소방문첩절요 (天地冥陽水陸齋儀疏榜文牒節要)	1532년 (경상도 영천 공산본사)	3	경상도, 충청도
천지명양수륙재의범음산보집 (天地冥陽水陸齋儀梵音刪補集)	1655년 (전라도 영암 도갑사)	5	서울, 전라도, 평안도

　　간행 시기가 가장 빠른 자료는 1448년 평안도 순안 법흥사에서 낸 『수륙무차평등재의촬요』이다. 수륙재 제반의 절차를 핵심만 정리하여 수인에 관한 결수結手 방법을 제시한 의문으로, '결수문結手文'이라 부르기도 하고 '촬요'라고 줄여 말하기도 한다. 『천지명양수륙재의찬요』는 '찬요'라고 줄여 말하기도 하며, 수륙재의 기원과 절차를 집성한 의문으로 많은 복각판이 전한다. 절차에 대한 상세한 내용을 담고 있어 '찬요'만으로도 수륙재의 설행이 가능하다. 또한, 수륙재에 관한 여러 잡문을 한데 수록한 『천지명양수륙잡문』, 천도의 의문에 대한 내용을 다수 수록한 『법계성범수륙승회수재의궤』 등 여러 의문이 전국에 걸쳐 고루 간행되었다.

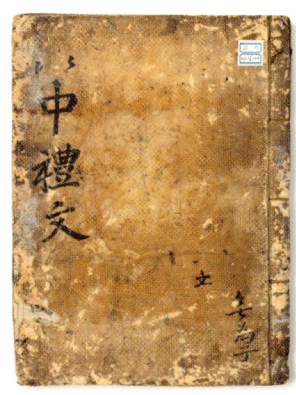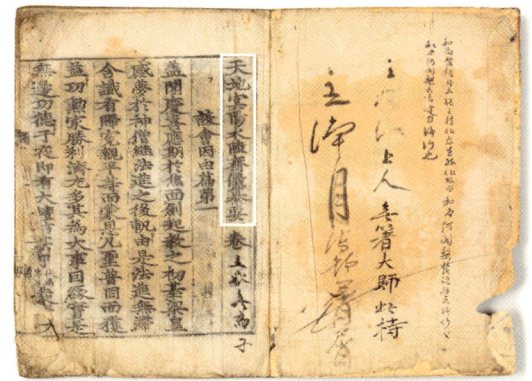

삼화사 소장 『천지명양수륙재의찬요』 갑사본(1607)

현재 삼화사에서 소장하고 있는 것은 1579년 충청도 충주 덕주사德周寺와 1607년 충청도 공주 갑사甲寺에서 간행된『천지명양수륙재의찬요』이다. 표제는 '중례문中禮文'이며, 권두의 서명은 '천지명양수륙재의찬요'로 되어 있다. 권말에는 '만력삼십오년정미삼월일萬曆三十五年丁未三月日 충청도공주지계룡산갑사개[판]忠淸道公州地鷄龍山甲寺改[板]'라는 간기가 판각되어 있다. 이 판본은 국내 30여 종의 '천지명양수륙재의찬요' 중 시기가 매우 빠른 것은 아니지만, 이 중 갑사본은 삼화사만 소장하고 있는 국내 유일본으로 불서 판본 연구의 중요한 가치를 지녔다.[9]

2) 의례의 구조와 의미

수륙재는 의문 절차에 따라 이루어지며 기본적인 구조는 동일하다. 먼저 의례 공간을 청정하게 하고 성범聖凡이 통하는 모든 길을 활짝 여는 개계開啓, 상·중·하위의 모든 존재를 청해 소통과 융합의 장을 만드는 소청召請, 차례로 빠짐없이 공양을 올리며 화합하는 과정을 통해 공덕을 쌓는 공양供養, 뜻한 바를 성취하고 모든 성범을 돌려보내며 회향하는 봉송奉送으로 나뉜다.

개계 단계에서는 먼저 세상의 모든 성범을 모시기 위해 의식 도량을 장엄하고 깨끗하게 하여 신비한 기운이 통할 수 있도록 준비하는 단계이다. 신중神衆을 청하여 삿된 기운을 몰아내고, 사자使者를 모셔와 수륙도량이 열렸음을 시방세계에 두루 알린다. 이후 다섯 방위의 길을 열어 수륙재에 청할 성범들이 아무런 장애 없이 도량으로 들어올 수 있도록 한다.

소청 단계에서는 도량에 청하는 대상을 상단·중단·하단으로 구분하

---

[9] 송일기,「東海市 頭陀山 三和寺의 佛敎典籍」,『삼화사와 국행수륙대재』, 삼화사·(사)국제아세아민속학회, 2008, 82~84쪽.

여 각 단의 격에 맞게 모시고 예를 갖춘다. 상단에는 불보살과 일체 성현을 모시며, 이들은 하단의 고혼과 육도중생을 깨달음으로 이끌어 주는 존재들이다. 중단에는 화엄성중과 수륙재 중단신앙의 대상인 삼장보살三藏菩薩 등을 모시고 도량과 하단 존재의 옹호를 발원한다. 하단에는 고혼과 영가가 중심으로 자리하며 구제의 대상인 모든 중생이 해당된다.

초청된 모든 대상은 관욕灌浴·찬탄讚歎 의식을 거쳐 각 단에 자리하고, 백팔번뇌를 가진 중생은 차를 올린 후 설법 의식에 임한다. 불보살의 관욕은 대중의 정결한 마음을 북돋게 하여 불보살을 더욱 공경하고 찬탄토록 하는 데 의미가 있다. 신중은 관욕으로 청량함을 얻고, 불보살에게 나아가 그 광명을 입어 제각기 지닌 신통한 기능을 중생에게 발현토록 하기 위함이다. 한편 하단의 고통 받는 중생은 목욕을 통해 업과 번뇌를 씻고 불보살과 신중에게 나아가 깨달음을 얻는 데에 목적을 둔다.

공양 단계에서는 상단과 중단에 권공勸供하고, 하단의 고혼에게는 시식施食하는 의식이 거행된다. 공양은 수륙도량에 모인 성범이 긴밀한 소통으로 속세의 음식을 불도의 법식으로 거듭나게 하는 상징성을 지니고 있으며, 육도중생을 일체 고통에서 벗어나도록 해 주는 매개물이 되어 준다. 상단의 불보살은 중단의 신중에게 불력으로 제각기 기능을 행사토록 하며, 중단의 신중은 삼보의 힘으로 하단의 일체 중생을 구제함에 힘쓰는 구조를 지니고 있다.

아울러 하단의 고혼은 불보살에게 가르침과 깨달음을 얻도록 기원하고, 신중은 각자의 신통력을 발휘하여 불보살의 가피가 미칠 수 있도록 예배한다. 이처럼 불보살에 귀의하고 찬양하며 성스러운 기운을 얻는 가운데, 하단의 모든 대상은 신분과 직위를 막론하고 모두 평등하게 구제받을 수 있는 존재가 되므로 수륙재를 '무차평등의 모임'이라 한다.

봉송 단계에서는 수륙도량에 모신 불보살과 신중을 본래의 세계로 보내드리고, 영가와 고혼을 극락으로 천도한다. 각 단에 모셨던 위목, 의례에 쓰인 장엄莊嚴과 의물과 지화, 하단의 위패 등을 한곳에 모아 태움으로써 공空으로 돌아가며, 재회에 참석하여 발원한 공덕을 일체중생에게 회향하게 된다. 소각 순서는 하단의 번, 위패, 화개를 시작으로 중단의 삼장보살패, 지화, 상단의 불패, 번, 지화 순으로 이루어진다.

3) 의례의 구성 요소

수륙재를 설행하기 위해서는 의례를 구성하는 네 가지 핵심 요소인 설단, 장엄, 범패, 작법이 갖추어져야 한다. 설단은 법회에 청하는 각 존재를 모시고 공양을 올릴 수 있는 단을 구성하는 것이며, 장엄은 의례 공간을 다양한 방식으로 여법하게 꾸며 주는 것으로, 일종의 무대장치와 세부 장식에 해당한다. 범패는 세부 의례 절차의 목적과 의미가 담긴 의식문을 염송하는 것이며, 작법은 몸의 동작으로써 재회의 참뜻을 표현하며 추는 춤을 말한다.

(1) 설단

설단은 수륙재에 청하는 성범을 모시기 위해 단을 설치하는 것이다. 의례의 설행 목적과 의문의 내용, 사찰의 성격과 규모에 따라 여러 양상을 띠지만, 오늘날 우리나라에 전승되는 수륙재는 상단, 중단, 하단의 구조를 기본으로 설행에 필요한 여러 단을 만드는 형식을 취하고 있다. 현재 거행되는 수륙재의 설단은 법당 밖에서 행하는 바깥채비의 한 양식으로서, 야외 공간의 확장성을 충분히 활용하면서도 불법의 가르침을 민간의 습속과 관점에서 풀어낸 것이다.

『양촌집』 권12의 「진관사수륙사조성기津寬寺水陸社造成紀」에 보면 조선시대 초기의 설단 양식에 대해 부분적인 언급이 확인된다. 이는 "3단이 모두 3칸 집인데, 중·하 2단은 좌우에 욕실이 각각 3칸씩 있고, 하단은 좌우에 따로 조종祖宗의 영실靈室을 각각 8칸씩 설치했다."는 내용이다. 또한,

『세종실록』 권55에 나오는 효령대군의 수륙재 개설에 관한 내용을 보면 "세 개의 단을 쌓았으며 승려 1천여 명에게 음식을 대접하여 보시하였다."고 하여, 이들 기록을 통해 이른 시기부터 삼단의 수륙재 설단 양식이 갖추어졌음을 알 수 있다.

지선智禪이 찬술한 『오종범음집五種梵音集』에는 삼단 양식의 12단 형태의 설단에 대해 소개하고 있다. 이 의문의 배설도에 따르면, 수륙도량의 북쪽과 남쪽에 각각 상단과 하단을 배치하고, 동쪽과 서쪽에 각각 5단씩 배치하여 모두 12단으로 구성하였다. 동쪽의 5단에는 중위단中位壇, 당산단當山壇, 성황단城隍壇, 오로단五路壇, 종실단宗室壇, 서쪽의 5단에는 제산단諸山壇, 풍백단風伯壇, 가람단伽藍壇, 사자단使者壇, 가친단家親壇이 자리했다. 한편 『천지명양수륙재의범음산보집』에는 삼단양식의 17단 형태가 기록되어 있다. 이 기록에 의하면, 17단은 12단에 예적단穢迹壇, 명왕단明王壇, 제석단帝釋壇, 사왕단四王壇, 팔부단八部壇을 더한 형태이다.[10] 이 의문에 따른 17단의 초청 대상과 의미를 표로 정리하면 다음과 같다.

『천지명양수륙재의범음산보집』에 따른 설단의 종류와 초청 대상

설 단 명	초청 대상과 의미
상단	삼보(불·법·승)
중단	신중(명부 성중)
하단	무주고혼
가람단	좁게는 가람, 넓게는 불법을 옹호하는 신
가친단	동참 재자들의 영가
명왕단·예적단	지혜로서 중생을 구제하는 신
사왕단·팔부단	사방을 진호하며 불법을 수호하는 신

---

10 연제영(미등), 「한국 水陸齋의 儀禮와 설행양상」, 고려대학교 박사학위논문, 2014, 88~90쪽.

설 단 명	초청 대상과 의미
사자단	수륙재를 알리는 사자
성황단	마을공동체의 안녕과 평안을 관장하는 신
오로단	오방을 다스리는 다섯 황제
제산단·당산단	국사와 선대 조사
제석단	인간의 수명을 관장하는 신
종실단	역대 왕과 왕후의 영가
풍백단	농사를 주관하는 바람과 비를 다스리는 신

설단과 아울러 의례 공간으로서 소所를 마련한다. 단壇이 초청 대상을 모시는 곳이라면, 소는 의례 진행을 위해 설치하는 곳이다. 영가를 모셔오는 임시장소인 시련소侍輦所, 영가의 번뇌와 죄업을 씻어내는 관욕소灌浴所, 살아 있는 미물을 방생하는 방생소放生所, 청해 모신 존재를 돌려보내고 의례에 사용한 모든 의물을 태우는 봉송소奉送所 등이 이에 해당한다.

(2) 장엄

수륙재의 아름다움과 청정, 위엄을 드러내기 위해 괘불掛佛, 번幡, 기旗, 지화紙花, 금은전金銀錢 등으로 도량을 장식하는 것을 장엄이라 한다. 장엄은 불보살의 행行을 상징하는 공功의 형상으로,[11] 화엄경 등 여러 경전에는 장엄으로 타방의 보살 등을 영접함으로써 중생이 기쁘고 즐거운 마음을 내며 그것은 불보살의 신통한 힘이 나타난 것이라 언급하고 있다.[12]

괘불은 부처님의 세계를 야단법석에서 드러내고자 사용하는 대형 불화로 법당의 불상 역할을 한다. 도량 한가운데 괘불을 모신 곳이 곧 상

---

11 김태연, 「불교 의례의 장엄지화 연구」, 『삼화사수륙재 문화』, (사)삼화사수륙재보존회, 2020, 231쪽.
12 이성운, 「수륙재 연유 및 설행과 의문의 정합성」, 『삼화사수륙재 문화』, (사)삼화사수륙재보존회, 2020, 77~78쪽.

단이 되며, 모시는 불보살에 따라 여러 불패佛牌를 안치한다. 중단에는 삼장보살탱三藏菩薩幀·신중탱神衆幀 등을 모시고 이에 적합한 중단 위패를 안치하며, 하단에는 감로탱甘露幀을 걸고 고혼과 영가를 모신 여러 위패를 안치한다. 사자단과 오로단 등에는 각 단에 모실 사자와 오제五帝의 위목을 설치한다.

번은 의례에 모시는 참배 대상의 명호를 천이나 종이에 쓰거나 불화로 그린 장엄물이다. 깃대에 세우거나 줄에 매달아 늘어뜨림으로써 수륙재가 설행되는 도량 전체를 장엄하여 삿된 기운을 물리치고 성스러운 의례 공간을 유지하는 역할을 한다. 상단에는 괘불 좌우에 삼신불번三神佛幡·오여래번五如來幡 등의 대형 괘불을 걸고, 중단에는 시왕번十王幡, 천선天仙 등의 24위 번, 명왕·천신 등의 신중번神衆幡 등으로 장엄한다. 하단에는 여래번如來幡과 그 밖의 각종 하단번이 배치된다. 그 외에 나쁜 기운을 물리치는 항마번降魔幡, 다라니번陀羅尼幡 등을 걸며, 시련용 번으로는 영가를 인도하는 인로왕보살번引路王菩薩幡, 법회를 널리 알리는 보고번普告幡, 오방불번五方佛幡 등이 있다.

기는 특히 시련의에서 집중적으로 쓰이며, 수륙재를 널리 알리고 행렬을 옹호하는 역할을 한다. 기로는 사찰명을 적은 사명기司命旗, 의식을 알리는 영기令旗·순시기巡視旗, 행렬의 길을 정화하는 청도기淸道旗, 방위를 나타내는 청룡기靑龍旗·황룡기黃龍旗·현무기玄武旗 등이 있다.

지화는 각 단을 장식하는 성물로 육법공양의 핵심 요소라 할 수 있다. 지화에 쓰일 종이가 선택되면 용도에 맞게 이를 재단하고 염색한 후 작봉하여 꽃을 완성하고, 설단에 맞게 지화를 꾸미는 단계에 이르기까지 수개월에 걸친 공정이 이루어진다. 수륙재에 사용하는 지화는 연꽃, 작약, 모란, 다리화, 국화 등이며, 이를 통해 도량의 주요 의례 공간을 화려하게 꾸민다.

금은전은 종이를 엽전 모양으로 오려서 만든 대형 지전紙錢으로, 저승

삼화사 수륙재의 괘불과 번

삼화사 수륙재 금전, 은전, 지화

에서 통용되는 화폐를 뜻한다. 황색 종이로 금전을 만들고 백색 종이로 은전을 만들어 영단의 양쪽에 걸게 된다.

주망공사朱網公司는 영가의 생전 일을 기록해 명부시왕에게 보내는 서찰이다. 사찰하여 기록을 남김에 있어 사사로움이 없고 공명정대하다는 의미를 담고 있다. 또한, 이승에서 저승으로 넘어가게 해 주는 지혜의 배라는 뜻의 반야용선般若龍船, 영가·고혼을 뜻하는 상징물로 종이를 오려 사람 모양을 만든 넋전, 수륙재를 설행하는 동안 각자의 맡은 역할을 명시한 용상방龍象榜과 육색방六色榜, 영가를 수륙도량으로 모시는 가마인 연輦 등 다양한 의식용 장엄이 있다.

(3) 범패

불교에서는 망자를 극락으로 보내는 천도 의식과 살아 있는 이의 업장 소멸 의식이 중요하다. 이는 의례가 불교의 교리와 사상을 집약적으로 담고 있기 때문이며, 여기에서 사용하는 장단 및 화성이 없는 단선율의 노래와 반주음악이 모두 불교음악에 해당한다. 특히 부처님의 공덕을 찬양하는 노래는 범패梵唄·범음梵音·어산魚山이라 부르며, 판소리·가곡과 함께 한국의 3대 성악 중 하나로 꼽힌다. 불교음악은 민요·판소리·탈춤·민간풍류·궁중음악 등 한국 전통음악의 여러 방면에 많은 영향을 끼친 정황이 발견되기에, 그 음악 문화적 가치가 크다.

한국 범패의 역사를 보면, 830년 당나라에서 돌아온 진감선사眞鑑禪師(774~850)가 많은 제자에게 범패를 가르쳤다는 기록이 있고, 『삼국유사』 권5의 월명사月明師 도솔가조兜率歌條에는 이보다 앞선 시기인 760년(경덕왕 19)에 범패를 언급한 내용이 보인다. 또한 진감선사와 동시대 일본 승려가 쓴 『입당구법순례행기入唐求法巡禮行記』에 중국 범패를 당풍唐風, 신라 범패를 향풍鄕風, 중국에서 우리나라를 거쳐 일본으로 건너간 범패를 고풍古風으로 기록한 내용이 있어, 최소 8세기에는 한국에 이미 범패가 존재하였던 것으로 추정된다.

현재 불교 노래의 갈래는 크게 평염불, 안채비소리, 바깥채비소리, 화청·회심곡(민요조)으로 나뉜다. 이 가운데 바깥채비소리가 전문 범패승들이 부르는 진정한 '범패'에 해당하지만,[13] 현재는 안채비소리, 화청 회심곡도 범패승들이 부르고 있다. 이상 네 갈래 염불의 특징을 먼저 살펴보면 다음과 같다.[14]

평염불(일반 염불)은 대개 긴 경전이나 예불문을 독송할 때 부르는 염불로, 안채비와 바깥채비소리에 비해 평이한 가락과 리듬으로 충충 읽어나가듯 부른다. 현재 일반 승려들이 주로 부르는 염불이며, 그 종류로 일반 독경(1자 1음식(式)), 풍송조(종성, 오분향게, 칠정례), 송경조, 진언성, 탄백성 등이 있다.

안채비소리는 한문 가사로 된 산문(散文)을 성조(四聲(平·上·去·入))의 이치와 가사 내용에 맞춰 낭송하듯 부르는 소리로, 예전에는 절 안의 병법(秉法)이나 법주(法主)와 같은 학식이 높은 승려가 담당하였다. 현재 어장 범패승들은 고하자(高下字(일종의 성조))를 붙일 수 있는 소리만 안채비로 보기도 하지만, 현대에 와서 바깥채비소리의 상대어로 쓰이면서 그 외 염불들을 대부분 포함하는 용어 및 개념이 된 경향이 있다.

또한 과거 '염불'이라 일컬은 소리였던 것으로 보아 일반 승려도 많이 불렀던 염불로 추정되지만, 현재는 전문 범패승들이 주로 부르고 있어 선율적 굴곡이나 음악성이 나름대로 나타나는 소리이다. 그 종류로 〈착어성(着語聲)〉·〈창혼(唱魂)〉·〈유치성(由致聲)〉·〈청문성(請文聲)〉·〈편계성(徧界聲)〉·〈소성

---

13 범패는 불교 의식의 대표적인 성악으로, 본래 전문 범패승들이 부르는 '바깥채비소리(짓소리, 홑소리, 반짓소리)'를 이른다. 따라서 본고에서는 수륙재에서 설행하는 불교 성악을 모두 다루는 차원에서, '염불'이라는 용어를 주로 사용하겠다. 물론 염불도 협의와 광의로 그 범주의 차이가 있지만, 여기서는 포괄적 의미의 불교 성악을 말한다.
14 염불의 갈래와 그 유형에 대한 상세한 논의는 다음 글 참조. 손인애, 「경제(京制) 불교음악의 갈래와 그 과제」, 『정토학연구』 제26집, 한국정토학회, 2016.

疏聲〉·〈축원성祝願聲〉 등이 있다.

바깥채비소리는 본래 범패를 전문으로 하는 외부 범패승의 노래로, 큰 재를 올릴 때 초청하여 부르는 염불이다. 따라서 전문 범패승들이 오랜 숙련 과정을 통해 '염불선'의 진면목을 보여 주는 진정한 '범패'에 해당하며, 세련되고 복잡하여 음악적으로도 높이 평가받는다. 그 종류는 홑소리, 짓소리, 홑소리와 짓소리가 섞인 반짓소리의 세 종류로 구분된다. 대표 종류인 홑소리와 짓소리의 특징을 살펴보면 다음과 같다.

홑소리는 본래 혼자(홀), 독창으로 부르는 소리이다. 가사는 5언 또는 7언 절구의 한문 정형시로 되어 있고, 앞의 2구는 뒤의 2구와 선율이 같거나 비슷하다. 선율은 상대적으로 짓소리보다 짧고 간단하지만, 긴소리는 30분 이상 소요되기도 한다. 그리고 모든 지역의 염불이 경상도 음악 어법인 메나리토리를 근간으로 하며, 이는 불교가 융성했던 통일신라시대 불교음악의 영향으로 보인다.

또한 특정한 선율 형태인 '성聲(사구성, 개계성, 헌좌게성 등)'이란 가락이 축적되어 선율이 구성되며, 가사 1자가 여러 음으로 구성되는 1자 다음식 melismatic style의 유장한 선율 진행이 특징이다. 현재 경제 범패에서는 140여 곡 이상이 전승되고 있고, 대표적인 소리로 〈사방찬四方讚〉·〈도량게道場偈〉·〈할향喝香〉·〈합장게合掌偈〉·〈개계〉·〈복청게伏請偈〉·〈쇄수게灑水偈〉·〈헌좌게獻座偈〉·〈가영歌詠〉·〈등게燈偈〉 등이 있다.

짓소리는 장부(리더)를 중심으로 대중창(합창)으로 부르는 소리이며, 일명 울력소리라고도 한다. 중간중간 합창이 쉴 때 부르는 〈허덜품〉이라는 독창도 있다. 가사는 산스크리트Sanskrit 또는 불보살명, 한문으로 된 산문으로 되어 있고, 홑소리의 가사보다 대부분 길이가 짧다. 그러나 선율은 홑소리보다 훨씬 길고 웅장하다. 또한 장엄한 분위기를 연출하는 '자출이는 소리', '잣는 소리', '회향성回向性' 등 특유의 선율 형태가 많으며, 홑소리보다 상대적으로 억세고 꿋꿋한 발성법이 나타난다. 짓소리도 특정한 선율 형태인 '성'이 축적되어 선율이 구성되며, 1자 다음식 선율 진행의 최고봉을 보여 준다.

근세기까지 경제 범패에서 72곡이 있었다고 하지만, 현재는 복원된 소리까지 14~15곡이 전승되고 있다. 대표적인 소리로 〈인성引聲〉·〈거령산擧靈山〉·〈관욕게灌浴偈〉·〈목욕진언沐浴眞言〉·〈단정례單頂禮〉·〈보례普禮〉·〈식령산食靈山〉·〈두갑頭匣〉·〈오관게五觀界〉·〈영산지심靈山至心〉·〈특사가지特賜加持〉·〈거불擧佛〉·〈삼남태三喃太〉 등이 있다.

화청과 회심곡回心曲은 불교 포교의 한 방편으로 대중이 선호하는 민요 가락과 한글 말 가사를 이용한 염불이며, 크게 화청과 회심곡의 두 종류가 있다.

화청은 절 안 재의식에서 부르는 염불이며, 전문 범패승들이 담당한다. 그 종류는 〈축원화청〉·〈(일반) 화청〉(육갑화청, 시왕화청 포함)이 있다. 민요 음악 어법인 경토리와 세마치장단(축원화청) 또는 엇모리장단(화청)으로 구성된다.

회심곡은 본래 절 밖에서 시주를 걸으며 축원할 때 부른 염불(탁발 염불)로, 탁발 염불승들이 담당하였다. 현재는 전승 환경의 변화로 거의 단절된 상황이며, 그 종류는 〈평조염불(평염불)〉·〈고사선염불〉·〈뒷염불〉·〈오조〉·〈반멕이〉 등이 있다.[15] 이들 소리도 민요 음악 어법인 경토리나 메나리토리, 굿거리장단으로 대개 구성되어 있고, 〈평조염불〉은 현재 경기민요 〈회심곡〉으로 장르가 변화되어 전승되고 있다. 이로 인해 탁발 염불을 칭할 때, '회심곡'이라 부르게 된 것으로 보인다.

한편 최근에는 바라춤 진언 반주음악들(〈천수다라〉·〈사다라니〉·〈보공양진언〉·〈보회향진언〉 등)도 민요 가락의 성격이 나타나기 때문에, 안채비소리보다 민요

---

15 다만 〈고사선염불〉 이하는 민간 걸립패 소리를 도입한 것이라, 〈평조염불〉이 탁발승들의 대표적인 염불로 볼 수 있다.

조 염불로 분류하는 경향이 커지고 있다.

(4) 작법

작법이란 불법을 짓는 행위로서 광의적 의미에서는 스님들이 행하는 일체의 모든 행동을 뜻하고, 협의적 의미에서는 삼보三寶를 찬탄하거나 영가를 천도하기 위해 올리는 재의식에서 연행하는 의식·춤(작법무)·소리(범패)를 지칭한다. 그래서 작법이란 용어는 영산작법·점안작법·다계작법·결수작법처럼 불교 의례의 명칭을 의미하기도 하고, 의례 절차에서 몸짓으로 표현되는 작법무에도 사용되어 불교 의례 현장에서는 작법과 작법무가 혼용되어 불리고 있다. 불교 의례에서 연행하는 공양의식인 범패와 작법무가 있는데, 범패는 소리를 중심으로 드리는 구업공양口業供養이고, 작법무는 몸짓을 중심으로 드리는 신업공양身業供養이다.

작법무는 유형 분류에 있어서 무용 영역에 속하나, 예술성을 추구하는 춤과는 전혀 다른 인간의 몸짓이다. 작법무는 아름다움을 추구하기보다 수행의 하나이기 때문이다. 승가에 입문하는 절차로 수계식에서 받는 사미십계沙彌十戒에서 '부자가무작창고왕관청不自歌舞作唱故往觀聽'이라 하여, 스스로 가무를 즐기지도 보지도 말라고 하였다. 그러나 이때의 가무와 범패·작법무는 뚜렷이 구분된다. 범패는 '노래가 아닌 노래'이고 작법은 '춤이 아닌 춤'[16]이라 하여, 일반적인 노래와 춤으로 인식하지 않는다. 이는 범패와 작법무가 철저하게 의례 법식을 따르는 공양의식으로, 외적인 미를 추구하는 것이 아니라 내적인 불법세계를 지향하기 때문이다.

작법무는 글자 그대로 '춤동작으로 법을 짓는' 의미를 지니며, 삼보에

---

16 심상현, 「작법무의 연원과 기능에 관한 고찰」, 『동아시아불교문화』 제12집, 동아시아불교문화학회, 2012, 237쪽.

공경하는 마음으로 추는 춤이다. 작법무는 다른 말로 범무梵舞·법무法舞라고도 불리는데, 범무는 작법무가 인도로부터 전파되었음을 나타내고, 법무는 작법무가 종교 의식무로서 법식에 따라 체계화·정형화된 춤임을 의미한다.

작법무를 추는 이유는 불교 재의식의 궁극적 지향점인 수행을 통한 해탈에 있다. 즉, 불교 재의식 자체가 수행의 한 방법이기 때문이다. 이런 점에서 작법무는 구업공양·신업공양·의업공양意業供養을 동시에 봉행하는 공양무供養舞이며, 구업·신업·의업의 삼밀을 수행하는 수행무修行舞이다. 이것은 중생의 삼밀三密이 부처의 삼밀로 가는 길이며, 해탈 열반을 성취하기 위함이다.[17]

불교 재의식 재차齋次에서 연행되는 작법무는 기원祈願·수법修法·찬탄讚嘆의 의미를 지니는데, 기원은 목적의 성취를 위한 기도의 의미, 수법은 목적의 성취를 위한 실천의 의미, 찬탄은 목적의 성취에 대한 감사나 환희의 의미이다. 또한 작법무는 결계의식, 소청의식, 귀의·예경의식, 공양의식, 설법의식, 축원의식, 발원의식, 정화의식, 화의의식 중에서 주로 공양의식에서 연행되는데, 이는 부처님께 공양을 올리는 것이 재齋의 가장 큰 목적이기 때문이다. 여기서 공양의식은 단지 공양을 올리는 것에 국한된 것이 아니라, 공양의 모든 공덕을 일체중생에게 회향하여 부처님의 본원과 재자齋者의 소원이 불보살님의 가피로 원만히 성취되기를 염원하고 군건한 신심과 정진을 다짐하는 발원·서원 의식이다. 그래서 작법무는 이런 의미를 지닌 공양의식에서 주로 연행됨을 알 수 있다.[18]

작법무의 연원은 범패의 기원과 그 맥을 같이한다. 이는 작법무가 반

---

17 한정미, 「한국불교 작법무의 성격에 관한 분류」, 『민족무용』 제22호, 세계민족무용연구소, 2018, 105~106쪽.
18 한정미, 「한국불교 작법무의 성격에 관한 분류」, 『민족무용』 제22호, 세계민족무용연구소, 2018, 106~107쪽.

주음악인 범패와 함께 연행되기 때문이다. 범패가 우리나라에 전승된 것은 진감선사가 애장왕 5년(804) 당나라에서 범패를 도입하여 하동 옥천사(현재 쌍계사)에서 전파한 것으로 짐작된다.[19] 이후 숭불호법崇佛護法을 국가 시책으로 한 고려에서는 팔관회·연등회를 통해 작법무가 활성화되었으나, 억불정책을 채택한 조선에서는 작법무가 침체되었다. 그러나 조선 중기 이후 나타난 감로도甘露圖에서 작법무를 추는 모습을 통해 조선시대에도 작법무가 존재함을 짐작할 수 있다. 일제강점기 사찰령(1911)이 반포되면서, 사찰의 기본 권한인 재의식·인사·재정 등 모든 권한의 침해를 받았고, 작법무 또한 폐지되기에 이른다. 작법무는 1950년대 청정승단·민족불교로 대표되는 불교정화운동이 일어나면서 불교 재의식에 대한 부정적 시각이 형성되었고, 이로 인하여 수난기에 접어들었다. 그러나 20세기 후반에 범패·작법무를 포함한 불교 재의식이 국가무형문화재로 지정되면서 이에 대한 시각이 변화되었고, 불교 재의식이 활성화되면서 작법무도 승려뿐만 아니라 일반 신도들에 이르기까지 활발하게 전승·확산되고 있다.

작법무의 유래에 대해서는 크게 세 가지 설이 존재한다. 첫째는 가섭작무迦葉作舞 설이다. 이는 악신樂神 건달파왕乾闥婆王이 거문고를 3번 연주했는데, 이때 산·강·대지 등 자연이 거문고 소리를 내고, 가섭이 춤을 춘 것에서 유래했다는 설이다. 둘째는 어산漁山의 조자건曹子建 설이다. 이는 작법무의 춤사위에서 연상한 유래설로, 중국 위무제魏武帝의 아들 조자건이 어산의 연못에서 노니는 물고기의 모양을 본떠서 만들었다는 데 근거를 두고 있다. 셋째는 원효대사元曉大師의 무애무無碍舞 설이다. 『삼국유사三國遺事』 권4 원효부기元曉不羈에 의하면, 원효는 화엄경에서 설한 '일체에 걸림이 없는 사람이라야 생사를 벗어난다'는 문구를 따서 이를 무애無㝵

---

19 한국민속예술사전, 작법무, 2022.7.2. https://folkency.nfm.go.kr/kr/topic/detail/6443.

라 하고, 마을을 돌아다니면서 노래하고 춤추면서 사람들을 교화하였다는 것에서 작법무의 유래를 살펴볼 수 있다.[20]

작법무는 범패와 달리 독립적으로 연행되는 것이 아니라, 범패와 짝을 이루어 연행한다. 작법무의 반주음악으로 사용하는 범패는 주로 바깥채비소리인 사설과 진언으로, 사설은 7언4구 혹은 5언4구의 한문·산문으로 이루어지고, 진언은 범어로 되어 있다. 작법무의 반주악기로는 태징·법고·요령·목탁 등 주로 타악기가 사용되는데, 삼화사 수륙재 작법무에서는 북·목탁·징·요령 등의 타악기를 중심으로 취타대와 삼현육각이 함께 연주되었다. 특히, 태징은 작법무의 주요 반주악기로서 작법무의 시작과 끝, 한 단락이 맺고 다음 단락으로 넘어갈 때 신호음과 반주음악 전체를 이끌어 가는 역할을 한다.

현재 작법무는 춤의 형태에 따라 바라무·착복무·법고무·타주무로 구분되고, 지역에 따라 서울·경기도를 중심으로 한 경제京制, 호남을 중심으로 한 완제完制, 영남을 중심으로 한 영제嶺制로 분류할 수 있다. 작법무의 유형은 지역에 따라 차이를 나타내는데, 경제에는 바라무·착복무·법고무·타주무, 완제에는 바라무·착복무·법고무, 영제에는 바라무·착복무가 설행되고 있다. 경제는 궁중과 밀접한 연관관계를 지니면서 다양한 유형의 작법무가 전승되었고, 반면 도성과 먼 지역인 완제·영제는 불교 재의식이 민속화되는 과정에서 지역의 여건에 맞게 향토화된 것으로 추정된다.

---

20 심상현, 「작법무 거행의 배경과 의의」, 『공연문화연구』 제12집, 한국공연문화학회, 2006, 138~141쪽.

삼화사 수륙재의 반주 악기

북

목탁

징

요령

바라

법고

II

삼화사
수륙재의
역사와 개관

본 장은 강인숙, 구미래,
손인애, 강석훈이 집필하였다.

삼화사 수륙재의 역사와 개관

1. 삼화사 수륙재의 역사

삼화사의 건립에 관하여 세 가지 설이 있다. 첫째는 『삼화사사적三和寺史蹟』에 근거한 것으로, 신라 선덕여왕 12년(643) 때 자장율사가 창건했다는 내용이다. 둘째는 『강원도지江原道誌』에 근거하여 삼선三禪에 의해 창건되었다는 설, 셋째는 『신증동국여지승람新增東國輿地勝覽』에 근거하여 범일국사가 창건했다는 설 등이 있다.[21]

창건연대가 문헌에 따라 다르게 나타나는 것은 삼화사의 성격과 역할의 변화를 상징한다. 첫째 선덕여왕 시기는 국내외적으로 불교를 통해 강력한 국가정신의 확립이 필요했던 때로, 호국사찰의 성격을 띤다. 둘째, 삼선에 의해 창건된 시기는 흥덕왕 4년(829)으로, 선종 유학승들이 경주로부터 동해·삼척으로 와서 새로운 사찰을 지었다는 내용으로 보아 교종 사찰에서 선종 사찰로의 전환을 보여 준다. 셋째, 범일국사가 창건했다는 시기는 그가 명주도독 김공金公에 의해 굴산사崛山寺 주지로 초청된 문성왕 13년(851)으로, 삼화사가 구산선문 가운데 사굴산파闍崛山派에 편입되었음을 의미한다. 이를 종합해 보면, 삼화사가 선덕여왕 때 자장율사에 의해 창건되어 흥덕왕 대에 교종에서 선종으로 전환하고, 범일국사에 의해 사굴산문에 편입되었음을 알 수 있다.[22]

---

21 방동인, 「삼화사의 창건과 역사성 검토」, 『두타산과 삼화사』, 동해시, 1998, 257~258쪽.
22 차장섭, 「동해 삼화사 국행수륙재의 배경과 전개」, 『삼화사수륙재 역사』, (사)삼화사수륙재보존회, 2020, 141~142쪽.

이곳 삼화사에서 조선시대 최초로 수륙재가 국행國行으로 설행되었다. 국행이란 나라에서 주관하여 행사를 열었다는 것을 의미한다. 태조 이성계는 국행수륙재의 설행 장소로 서쪽의 동해 삼화사, 동쪽의 강화 관음굴觀音堀, 남쪽의 거제도 견암사를 택하였다. 태조가 삼화사를 비롯한 세 곳을 수륙재의 주요 거점으로 정한 것은 조선 건국 과정에서 벌어진 대규모 숙청에 대한 민심의 수습을 위함이었다. 특히 삼화사가 위치한 동해·삼척은 고려의 마지막 왕인 공양왕이 두 아들과 함께 교살된 곳이다.[23]

조선이 신진사대부의 기반을 바탕으로 유교 국가를 천명했지만 국가 통치체제의 물리적 변화만을 이룰 수 있을 뿐, 사회 전반에 민심의 결합으로 뿌리내린 불교 의례를 당장 바꿀 수는 없었다. 이로 인해 삼화사에서는 불교의 수륙재를 국가적 차원에서 수용하여 매년 봄과 가을에 설행하는 것을 법식으로 삼아 죽은 왕씨 세력들을 위무하고자 하였다. 삼화사에서 국행수륙재가 설행된 또 다른 배경은 삼화사와 조선 건국 세력의 관계적 특성이다. 동해·삼척은 이성계의 4대조인 목조穆祖 이안사李安社가 자기 세력을 이끌고 이주한 곳으로 조선 시작의 한 근거지로 일컬어진다. 이안사는 삼척에 머무는 동안 배를 건조하여 왜침을 방비하고, 두타산성을 쌓아 몽고의 침입에 대응하면서 가세를 보존하였다. 한편『세종실록』에 따르면, "삼척에 사는 노인들이 서로 전하는 말에 의하면 동산東山의 이릉伊陵은 바로 목조의 부모의 무덤이고, 삼화사에 소장되어 있는 금은자경은 목조가 쓴 불경이라 합니다."라는 내용이 기록되어 있어, 삼화사가 조선 왕실과 긴밀한 관계를 유지하게 된 연유를 알 수 있다.[24]

---

23 이규태,「선초 삼화사 국행수륙재의 지역사적 의미」,『삼화사와 국행수륙대재』, 삼화사·(사)국제아세아민속학회, 2008, 114쪽.
24 차장섭,「동해 삼화사 국행수륙재의 배경과 전개」,『삼화사수륙재 역사』, (사)삼화사수륙

태종 14년(1413)에 국행수륙재를 설행하는 사찰로 오대산 상원사上院寺가 추가되었다. 그런데 이때부터 삼화사의 국행수륙재에 관한 기록이 보이지 않는다. 이는 삼화사에서 수륙재를 중단한 것이 아니라 관음굴, 현암사, 진관사, 상원사에서 행하는 수륙재와 삼화사에서 행하는 수륙재가 서로 성격이 다름을 나타내 주는 것이다. 상원사에서 개최된 수륙재는 왕씨들의 원혼을 위로함이 아니라 천재天災를 없애기 위한 것이었다. 그리고 태종은 수륙재의 목적을 효령대군을 위한 것으로 바꾸었다.[25] 따라서 삼화사에서는 이러한 목적과는 다른 측면의 수륙재가 거행되었을 것으로 추정된다.

1607년 공주 갑사에서 간행된 『천지명양수륙재의찬요』를 토대로 보건대, 삼화사 수륙재는 조선 후기에 지속되었을 가능성이 크다. 또한 조선 전기에 왕실이 주도하여 수륙재를 개최하였던 것과는 달리, 조선 후기에는 전국 사찰의 의문 간행을 바탕으로 민간 중심의 수륙재가 확산되었을 것으로 보인다.[26]

삼화사에서 수륙재가 지속될 수 있었던 것은 사찰이 위치한 동해·삼척 일대가 군사 요충지라는 지리적 특성을 갖고 있었기 때문이다. 이곳은 육로를 통한 외적의 침입, 동해안 왜구의 침입이 빈번하여 조선 태조가 삼척진을 설치하고, 세종 때는 삼척진을 강릉진관에서 분리하여 관리하였다. 임진왜란 때는 삼척부사가 이끄는 지방군과 의병이 두타산에서 진을 치고 왜군에게 대응했는데, 당시 삼화사는 조선 군사들에게 병량과 의복을 지급하고 있었고, 왜군은 보급을 차단하기 위해 삼화사를

　재보존회, 2020, 147~149쪽.
25　심효섭, 「조선전기 수륙재의 설행과 의례」, 『동국사학』 제40집, 동국역사문화연구소, 2010, 219~220쪽.
26　심효섭, 「한국 수륙재의 역사적 전개와 삼화사」, 『삼화사수륙재 역사』, (사)삼화사수륙재보존회, 2020, 358쪽.

삼화사 적광전

불태웠다. 전란 이후 삼화사는 지역의 후원을 바탕으로 재건되었고, 전쟁으로 인해 발생한 수많은 희생자들의 원혼을 위로하고자 수륙재를 행한 것으로 보인다.[27]

　조선 건국과 함께 시작된 삼화사 수륙재는 소통과 화합을 토대로 사회통합을 이끌었던 점에서 역사적 의의를 찾을 수 있다. 성리학을 국가이념으로 삼은 조선에서, 삼화사 수륙재는 억울하게 희생된 이들을 위무하고 천도함으로써 진정한 공동체 의례의 면모를 갖출 수 있었다.

---

27 차장섭, 「삼화사 사적과 국행수륙대제」, 『삼화사와 국행수륙대재 학술대회 및 대토론회』, (사)진단전통예술보존협회, 2011, 46쪽.

2. 삼화사 수륙재의 구조

1) 삼화사 수륙재의 일정과 재차

수륙재를 설행하기에 앞서 어느 정도의 규모와 시간을 들여 의례를 구성할 것인지에 대한 일정을 정하여야 한다. 의례의 소요 시간은 의례 절차 및 설단과 밀접한 연관을 맺는데 오늘날 수륙재는 크게 세 가지 유형으로 나타난다.

첫째, 지역 문화 행사의 하나로 설행되는 특성을 보이며 약 2~3시간에 걸쳐 비교적 짧은 시간 내에 의례를 치른다. 여수 진남제 수륙재와 영광 단오제 수륙재를 들 수 있다. 둘째, 특정 사찰의 정기행사의 하나로 아침 일찍 시작하여 오후 늦게까지 하루에 걸쳐 설행되는 유형이다. 사례로는 진관사 수륙재가 해당된다. 셋째, 전통의 보존과 전승의 관점에서 3일에 걸쳐 설행되는 유형으로 삼화사 수륙재가 이에 해당된다.[28]

삼화사 수륙재는 크게 준비기도, 사전의식, 본의식의 단계로 진행된다. 준비기도는 수륙재를 원만하게 봉행하기 위해 백일기도를 올리는 것으로, 수륙재를 시작하기 백일 전에 입재入齋에 든다. 이날은 수륙법회를 여는 첫 단계로서 결계 의식을 행하여 도량을 옹호한 다음 기도를 올리기 시작한다.

다음으로 수륙재를 한 달 정도 앞둔 시점에 행향사行香使 의식을 봉행한다. 행향사는 조선시대에 임금이 삼척도호부사로 하여금 수륙재에 사용할 축문과 향을 전한 것으로, 이 의식을 재현함으로써 국행수륙재로서 삼화사 수륙재의 전통과 위상을 이어 가는 것이다. 행향사 일행은 동해시에서 맡아 유교식 예복을 갖추고 행렬을 이루고, 삼화사 승려와 신도들이 이들 일행을 맞이한다.

---

28 연제영(미등), 『국행수륙대재: 삼화사 수륙재를 중심으로』, 조계종출판사, 2010, 47~48쪽.

2021년 삼화사 수륙재의 일정과 내용

구분	설행 일자	설행 의식	의식 내용
준비 기도	7월 10일	입재(入齋)	수륙재를 여는 첫 단계로, 도량을 결계하고 100일 기도를 올리기 시작함
	10월 1일	행향사 (行香使)	국가에서 삼화사 수륙재에 사용할 축문과 향을 전달함
사전 의식	10월 22일	신중작법의 (神衆作法儀)	신중을 청하여 도량을 정화하고 법회의 옹호를 발원함
		괘불불패이운의 (掛佛佛牌利運儀)	부처님의 상징인 괘불과 불패를 중정으로 모셔옴
		대령·시련의 (對靈·侍輦儀)	일주문 밖에서 영가와 고혼을 맞이해 도량으로 모시고 위패를 안치함
		조전점안의 (造錢點眼儀)	신통한 힘으로 명부에 바칠 금은전을 만듦
본 의식	10월 22일	운수단의 (雲水壇儀)	수륙도량의 경계를 정하고, 삿된 기운을 물리쳐 성스러운 공간이 되게 함
		사자단의 (使者壇儀)	일체 성범에게 수륙재가 개설되었음을 알리고자 사자를 청해 공양을 올림
	10월 23일	오로단의 (五路壇儀)	다섯 방위를 관장하는 황제들을 청해 공양을 올리고, 모든 성범이 장애 없이 수륙도량에 참석할 수 있도록 함
		상단의(上壇儀)	불보살과 성현을 모시고 공양을 올려 부처님의 신비로운 기운이 수륙도량에 미치기를 기원함
		설법의(說法儀)	법사를 모시고 부처님의 법문을 들으며 깨달음으로 이끎
		중단의(中壇儀)	화엄성중과 삼장보살을 모시고 공양을 올리고, 성현의 능력이 부처님의 기운을 만나 중생을 구제하도록 기원함
	10월 24일	방생의(放生儀)	물에 사는 생물을 자유롭게 풀어 주어 선업을 쌓음
		하단의(下壇儀)	영가와 고혼을 청해 시식을 베풀고 부처님과 성현의 힘으로 무차천도될 수 있도록 기원함
		봉송의(奉送儀)	수륙재에 참석한 불보살과 모든 성현에게 감사하고, 수륙재로 인한 공덕을 중생에게 회향함

본격적인 수륙재는 3일간 설행한다. 먼저 사전의식으로 신중을 청해 도량을 정화하고 법회 옹호를 발원하는 '신중작법의', 괘불과 부처님의 위패를 이운하여 중정에 모시는 '괘불불패이운의', 일주문 밖에서 영가와 고혼을 맞이해 도량으로 모셔와 위패를 안치하는 '대령·시련의', 명부에 바칠 지전을 만들어 신통한 힘을 통해 금은전으로 바꾸는 '조전점안의'가 이어진다.

본 의식으로는 수륙도량의 경계를 정하여 성스러운 공간으로 거듭나도록 하는 '운수단의', 일체 성범에게 수륙재가 개설되었음을 알리고자 사자를 청해 공양을 올리는 '사자단의', 다섯 방위를 관장하는 황제를 모시고 모든 성범이 장애 없이 수륙도량에 올 수 있도록 다섯 방위를 여는 '오로단의'로 수륙재가 본격적인 절차에 진입했음을 알린다.

이어 불보살과 성현을 청해 모시고 공양을 올리는 '상단의'를 행하고, 법사를 모셔 법문을 듣는 '설법의'를 가짐으로써 부처님을 만나 깨달음을 얻는 과정으로 진입한다. 그리고 화엄성중과 삼장보살을 청해 모시고 공양을 올리는 '중단의'를 행하여 천상, 지상, 지하의 각 계를 다스리는 신비한 힘이 부처님의 기운을 만나 영가와 고혼에게 미칠 수 있도록 발원한다.

본 의식 3일째가 되는 날, 물에 사는 생명을 풀어 주어 자유롭게 해주는 '방생의'로 공덕을 쌓은 후, 천도의 대상이 되는 영가와 고혼을 청하여 시식을 베풀고 극락왕생을 기원하는 '하단의'가 설행된다. 수륙재 본연의 목적이 고통 받는 영혼들의 무차천도라는 점에서 가장 중요한 의미를 지닌 의식이다.

마지막으로 수륙재에 참여한 불보살과 성현들에게 감사의 뜻을 전하고, 수륙재로 인해 쌓은 공덕을 중생에게 회향하는 '봉송의'를 설행하면서 수륙재의 모든 절차는 마무리된다.

2) 삼화사 수륙재의 구성 요소

(1) 설단과 장엄

삼화사 수륙재의 설단은 17단 9소로 구성된다. 17단은 성범을 모시는 상단, 중단, 하단을 중심으로 사자단使者壇, 마구단馬廐壇, 오로단五路壇, 고사단庫司壇, 나한단羅漢壇, 북두단北斗壇, 제산단諸山壇, 미타단彌陀壇, 용왕단龍王壇, 비로단毘盧壇, 약사단藥師壇, 대령단對靈壇, 천왕단天王壇, 전시식단奠施食壇으로 이루어져 있다. 9소는 시련소, 관욕소, 성욕소聖浴所, 유나소維那所, 간경소看經所, 방생소, 봉송소, 금교金橋·은교銀橋로 이루어져 있다. 각 단과 소는 초청 대상과 의례 절차에 따라 역할과 기능이 세분화되어 사찰 중정을 중심으로 위치하고 있다. 이 중 수륙재의 주요 의례와 관계된 단과 소를 살펴보면 다음과 같다.

상단은 부처, 보살, 성문, 연각 등 사성을 모시는 곳으로, 중앙에 괘불과 불패를 모신다. 괘불은 오불회괘불탱五佛會掛佛幀으로, 중앙의 비로자나불을 두고 석가모니불, 노사나불, 아미타불, 약사여래불이 자리하고 있다. 불패 역시 오불을 모시는데 다만 약사여래불이 아닌 미륵존불을 모시는 것이 다르다. 괘불의 양옆으로 보상개寶相蓋와 화개花蓋를 두고 그 앞으로 불번, 항마번, 축상번, 보고번, 대회번 등이 배치된다.

2021년 삼화사 수륙재 주요 설단 구성도

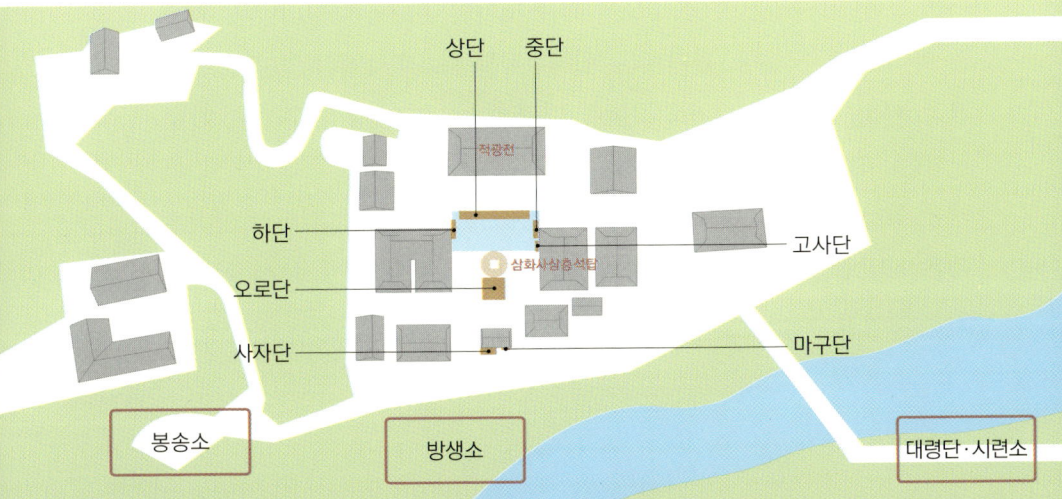

상단의 양쪽 끝으로 인로왕보살기와 사령기를 둔다. 공양물로는 과일, 유과, 정병 등을 가장 장엄하게 차린다. 불패와 공양물 주변을 각종 지화로 화려하게 장엄하고, 상단의 좌우에는 부채난등을 둔다.

중단은 화엄성중과 삼장보살을 모시는 곳으로, 중앙에 탱화와 위패를 모신다. 탱화는 삼장보살탱화로, 중앙에 천장보살을 두고 지지보살, 지장보살이 자리하며 각 보살의 주변으로 협시보살과 여러 권속이 자리한다. 위패에는 천장보

불패

살, 지지보살, 지장보살을 모신다. 중단 위로는 일체사공천중一切四空天衆부터 일체제졸리중一切諸卒吏衆까지 천선, 지지地祇, 명부관료冥府官僚를 내용으로 하는 24위의 신중 번이 배치된다. 공양물로 과일, 유과, 정병 등을 중위의 격에 맞도록 올린다. 위패와 공양물 주변을 지화로 장엄하며, 중단 좌우에는 팽이난등을 둔다.

하단은 영가와 일체 고혼을 모시는 곳으로, 중앙에 감로탱화와 위패를 모신다. 감로탱화의 화면구성은 맨 위에 불보살을 배치하고, 중앙에 의례 장면, 하단에 천도의 대상이 되는 갖가지 존재를 나타내었다. 위패는 총 17개를 모신다. 윗단에는 '일체유주무주고혼각열위 영가'를 중심으로 여신, 남신, 후비后妃, 장신將臣, 제왕帝王, 천류天類 등을 모신다. 아랫단에는 고대, 삼국, 고려, 조선을 거쳐 오늘에 이르기까지 전란으로 희생된 영가들, 천재지변·인명사고로 세상을 떠난 영가들, 삼화사 창건에 힘쓴 자장율사와 범일국사의 위패와 삼화사를 위해 시주·보시 등으로 힘쓴 영가를 모신다.

상단 괘불

중단

하단에는 칠여래번과, 국태민안과 영가의 극락왕생을 기원하는 축원번을 배치한다. 공양물로 과일, 정병, 떡을 차리는데, 상·중단에 비해 가짓수를 줄여 위상의 차이를 두었다. 하단 양쪽에는 지화 연꽃으로 장엄하고, 탱화 가장자리를 지화 연꽃과 연잎으로 감쌌다. 또한 대형 금은전을 하단의 양쪽에 걸어 두고, 그 옆으로 반야용선을 두었다.

대령단·시련소는 일주문 밖에서 하단에 모실 영가와 고혼을 맞이하는 곳이다. 이곳에는 어산단과 마주한 곳에 병풍을 두르고, 그 앞으로 하단 7위의 위패와 공양물을 차린다. 병풍 앞에는 하단 위패를 모시고 갈 연을 두고, '삼화사사령三和寺司令', '국행수륙대재보존회國行水陸大齋保存會' 번 등을 배치한다. 어산단 옆에는 증명법사가 자리할 법좌法座와 산개傘蓋를 배치하며, 단의 주변을 각종 번과 깃발로 장엄한다.

오로단은 중앙과 동서남북을 관장하는 황제를 모시는 곳으로, 재회의 초청 대상을 맞이하고자 수륙도량의 공간을 오방으로 활짝 여는 의식을 행한다. 오로단 위에는 오방 황제의 위목을 건다. 그 내용은 나무동방구망보필태호지군南無東方勾芒輔弼太昊之君, 나무남방축융보필염제지군南無南方祝融輔弼炎帝之君, 나무중방여렴보필황제지군南無中方黎簾輔弼黃帝之君, 나무서방욕수보필소호지군南無西方蓐收輔弼小昊之君, 나무북방현명보필전욱지군南無北方玄冥輔弼顓頊之君이라 적는다. 또한 방위에 따라 북방유의성취불北方有意成就佛의 흑색, 서방극락미타불西方極樂彌陀佛의 백색, 중방비로자나불中方毗盧遮那佛의 황색, 남방소련보승불南方妙蓮寶勝佛의 적색, 동방금강사도불東方金剛沙兜佛의 청색 번을 주변에 둘러 장엄하였다.

사자단은 수륙재가 개최됨을 알릴 사자를 모실 곳으로, 천왕문 밖에 설치된다. 사자는 각각 연·월·일·시를 맡는다고 하여 연직사자年直使者·월직사자月直使者·일직사자日直使者·시직사자時直使者를 그린 사자탱의 병풍을 세우고, 위로는 나무일심봉청연직사천사자南無一心奉請年直四天使者, 나무일심봉청월직공행사자南無一心奉請月直空行使者, 나무일심봉청일직지행사자南無一心

하단

대령단·시련소

오로단

사자단(좌)과 마구단(우)

奉請日直地行使者, 나무일심봉청시직염마사자南無一心奉請時直琰魔使者의 명호를 적은 번을 걸어 두었다. 사자단 옆에는 사자들이 타고 온 말들을 모시는 마구단이 자리한다. 사자단과 마구단 앞에는 공양물을 진설하고, 주변은 지화로 장엄한다.

성욕소·관욕소는 목욕 의식을 행하는 곳으로 성욕소는 상단과 중단 사이, 관욕소는 하단 아래에 배치한다. 성욕소는 상단과 중단의 존재들을 관욕하는 장소이다. 상단·중단의 위패 수에 따라 향탕수를 담은 놋대야와 수건을 그에 맞게 배치하여 의식을 치른다. 관욕소는 하단의 존재들을 위한 곳으로, 각각 제왕구帝王軀·후비구后妃軀·여신구女神軀와 천류구天類軀·남신구男神軀·장상구將相軀로 여성과 남성의 출입구를 구분하였다. 내부에는 3칸 6소로 나누어 여섯 대상이 자리할 공간을 구분하고, 여기에 '유주무주 고혼'이 자리할 곳을 추가하였다. 또한 하단의 초청 대상은 생전의 존재들이니 놋대야, 수건뿐만 아니라 비누, 칫솔, 치약, 빗과

성욕소

관욕소

방생소

봉송소

같은 생필품을 두어 씻음의 의미를 드러내었다.

　방생소는 생물을 물에 놓아주어 자유롭게 해 주는 곳으로, 천왕문 앞에 흐르는 무릉계곡 물가에 설치된다. 이곳에는 게송과 작법을 행할 단을 마련하고, 공양물을 차리고 지화를 장엄한 진설 상을 차려 둔다. 의식단에서 계곡물로 이어지는 구간에 방생물을 준비하는데, 2021년에는 무릉계곡에서 서식이 가능한 산천어를 방생하였다.

　봉송소는 수륙재를 마치고 법회에 사용된 각종 번, 종이위패, 지화

등 일체 지물紙物을 한데 모아 태우는 곳으로, 도량의 서쪽에 기와를 둥글게 쌓아 만든다. 서방에 봉송소를 마련하는 것은 하단의 영가·고혼을 서방정토로 보낸다는 의미를 담고 있다.

수륙재의 업무 전반을 관장하는 유나소와 경전을 보관하고 독경할 수 있도록 준비하는 간경소는 삼화사수륙재보존회의 사무실인 심검당尋劍堂에 자리한다. 이 중 유나소에는 수륙재 소임에 관한 내용을 적은 용상방龍象榜을 크게 써서 붙인다. 이 용상방에는 수륙재를 설행할 때 맡는 소임과 맡은 이의 법명·이름을 작성하게 된다. 2021년 수륙재 당시 용상방에 명시된 소임에 따라, 각 직책의 의미를 살펴보면 다음과 같다.

[용상방]

- 증명證明: 　　　법요의 옳고 그름을 판단하고 자문하는 소임
- 선덕禪德: 　　　참선을 주관하는 소임
- 유나維那·수인手印: 법회의 지휘와 수인을 주관하는 소임
- 도감都監: 　　　살림을 관리하는 소임
- 한주閑住: 　　　의식과 진행을 조언하는 소임
- 어장魚丈: 　　　범패·작법 등 재의식을 총괄하는 소임
- 병법秉法: 　　　의식 법요를 집행하는 소임
- 범패梵唄: 　　　범패를 담당하는 소임
- 작법作法: 　　　작법을 담당하는 소임
- 설단設壇: 　　　단을 구성하고 공양물을 차리는 소임
- 지화장엄紙花莊嚴: 지화의 제작과 장엄을 관장하는 소임
- 번장엄幡莊嚴: 　번의 제작과 장엄을 관장하는 소임
- 진설陳設·고임새: 음식의 진설과 고임새를 담당하는 소임
- 헌다례獻茶禮: 　차공양을 담당하는 소임
- 의례儀禮: 　　　의례과 관련한 실무를 관장하는 소임

- 단시자壇侍者: 각 단에 승려를 모시는 소임
- 지빈知賓: 손님을 대접하고 보살피는 소임
- 간병看病: 대중의 건강을 살피고 병자를 돌보는 소임
- 정통淨桶: 대중의 해우소를 담당하는 소임
- 공양供養: 공양을 담당하는 소임
- 다각茶角: 차를 마련하는 소임
- 서기書記: 사무와 문서를 관리하는 소임
- 종무행정宗務行政: 종무의 행정을 담당하는 소임
- 홍보弘報: 홍보 업무를 담당하는 소임
- 진행도감進行都監: 재의 진행을 관리하는 소임
- 설판設辦: 법회에 쓰이는 비용을 지원하고 담당하는 소임
- 시주施主·화주化主: 법회의 시주를 담당하는 소임
- 시자侍者: 재의에 참여한 스님을 모시는 소임
- 종두鐘頭: 타종을 담당하는 소임
- 원주院主: 공양간을 담당하는 소임
- 총무總務: 법회의 총무 업무를 담당하는 소임
- 주지住持: 사찰을 대표하여 총괄 관리하는 소임

소임을 적은 용상방을 작성하는 장면, 완성된 용상방은 유나소에 부착한다.

(2) 범패

삼화사 수륙재의 범패는 크게 평염불, 안채비소리, 바깥채비소리, 민요조 염불로 구분된다. 평염불은 일반 독경, 탄백성, 정근성을 주로 지었다. 특히 평염불 중에서도 탄백성이 가장 많은 비중을 차지하고 있다. 안채비소리는 게탁성, 착어성, 소성, 유치성, 청사성, 축원성, 편게성과 더불어 게탁성과 착어성이 함께 어우러진 소리도 지었다. 바깥채비소리는 짓소리, 반짓소리, 홑소리(거불성, 개계성)를 지었다. 민요조 염불은 특정 재차에서 나타나는데 성범을 맞이하는 과정의 신중작법의, 사자단의, 오로단의와 불보살과 성현을 초청하여 찬탄하는 상단의, 중단의에서 각각 따랐다. 이 외에도 안채비소리와 바깥채비소리를 묶거나, 바깥채비소리와 민요조를 묶어 짓는 모습도 확인된다. 독송의 내용을 첫째 날, 둘째 날, 셋째 날로 구분하여 염불의 갈래와 종류를 살펴보면 다음과 같다.

첫째 날은 수륙재를 개최하기 위한 사전의식이 주를 이룬 날로, 신중작법의부터 조전점안의까지의 과정이 설행되었다. 또한 본 의식을 시작하며 도량을 건립하고 사자를 초청하는 운수단의와 사자단의가 이어졌다. 전체적으로 평염불과 안채비소리를 중심에 두고 바깥채비소리와 민요조를 짓는 형태를 띠고 있다.

이 중 신중을 청하여 도량을 정화하는 신중작법의, 수륙도량의 개최를 모든 성범에게 알릴 사자를 모시는 사자단의에서는 민요조 염불로 의식 도량의 분위기를 고조시킨다. 또한 괘불과 불패를 중정으로 모셔오는 괘불불패이운의, 영가와 고혼을 일주문 밖에서 모셔오는 대령·시련의, 도량을 건립하여 수륙재의 시작을 알리는 운수단의에서는 평염불, 안채비소리, 바깥채비소리를 두루 지어 의례의 원만한 개최를 기원한다.

삼화사 수륙재 첫째 날의 범패 내용

절 차	의식문 목차	염불 갈래 및 종류
신중작법의	-	평염불(탄백성), 바깥채비(반짓소리, 홑소리, 홑소리+민요조)
괘불불패이운의	-	평염불(정근성, 탄백성) 안채비(소성) 바깥채비(반짓소리, 짓소리, 홑소리)
대령의	-	평염불(일반) 안채비(소성, 착어성, 게탁성+착어성) 바깥채비(홑소리)
시련의	-	평염불(일반, 탄백성) 안채비(착어성) 바깥채비(홑소리, 짓소리)
조전점안의	-	평염불(일반, 탄백성) 바깥채비(반짓소리, 짓소리)
운수단의	제1편 설회인유 제2편 엄정팔방 제3편 주향통서 제4편 주향공양	평염불(일반, 탄백성) 안채비(유치성) 바깥채비(홑소리)
사자단의	제5편 소청사자 제6편 안위공양 제7편 봉송사자	평염불(일반, 탄백성) 안채비(소성, 유치성, 청사성) 바깥채비(홑소리) 민요조

둘째 날은 성범을 모시기 위한 오방의 문을 여는 오로단의를 시작으로 상단의, 설법의, 중단의가 설행되었다. 여기서도 평염불과 안채비소리를 중심에 두고 바깥채비소리와 민요조가 함께하는 형태를 띠고 있다. 상단의·중단의에서는 평염불, 안채비, 바깥채비 모두 다양하게 부름으로써 영가와 고혼을 구제하는 불보살과 신중의 존재를 부각시킨다. 또한 오로단의와 상단의·중단의에서 모두 민요조 염불을 불러 신명을 불러일으키는 축원의 성격을 드러내고 있다.

삼화사 수륙재 둘째 날의 범패 내용

절 차	의식문 목차	염불 갈래 및 종류
오로단의	제8편 개벽오방 제9편 안위공양	평염불(일반) 안채비(소성, 유치성, 청사성) 바깥채비(홑소리) 민요조
상단의	제10편 소청상위 제11편 봉영부욕 제12편 찬탄관욕 제13편 찬청출욕 제14편 인성귀의 제15편 헌좌안위 제16편 찬례삼보 제17편 가지변공	평염불(일반, 탄백성, 정근성) 안채비(유치성, 소성, 청사성) 바깥채비(홑소리, 짓소리) 민요조
설법의	-	평염불(일반, 탄백성, 정근성)
중단의	제18편 소청중위 제19편 봉영부욕 제20편 가지조욕 제21편 출욕참성 제22편 천선례성 제23편 헌좌안위 제24편 가지변공	평염불(일반, 탄백성) 안채비(유치성, 소성, 청사성) 바깥채비(홑소리) 민요조

　셋째 날은 물고기를 자유롭게 풀어 주는 방생의, 영가와 고혼에게 공양을 올리고 불법을 들려주어 극락왕생으로 이끄는 하단의, 모든 성범을 돌려보내고 수륙재로 얻은 공덕을 회향하는 봉송의가 설행되었다. 방생의에서는 평염불을 주로 하면서 안채비로 방생을 축원하는 형태를 띤다. 하단의는 가장 법문이 많은 재차로, 평염불과 안채비가 중심이 되고 바깥채비소리와 민요조를 통해 음악적 묘미와 분위기를 조성한다. 마지막 봉송의에서도 평염불과 안채비소리를 중심으로 의식을 여법하게 정리한다.

삼화사 수륙재 셋째 날의 범패 내용

절 차	의식문 목차	염불 갈래 및 종류
방생의	제25편 청성가피 제26편 참제업장 제27편 수삼귀의 제28편 설시인연법 제29편 발홍서원 제30편 칭찬명호 제31편 방석물명 제32편 회향발원	평염불(일반, 탄백성) 안채비(축원성)
하단의	제33편 소청하위 송경 제34편 인예향욕 제35편 가지조욕 제36편 가지화의 제37편 수의복식 제38편 출욕참성 제39편 고혼례성 제40편 수위안좌 제41편 선밀가지 제42편 가지멸죄 제43편 주식현공 제44편 고혼수향 제45편 설시인연 제46편 원성수은 제47편 청성수계 제48편 참제업장 제49편 발홍서원 제50편 사사귀정 제51편 석상호지 제52편 득계소요 제53편 수성십도 제54편 의십획과 제55편 관행게찬	평염불(일반, 탄백성) 안채비(편게성, 유치성, 소성, 청사성) 바깥채비(홑소리) 민요조
봉송의	제56편 원만회향 제57편 화재수용 제58편 경신봉송 제59편 보신회향	평염불(일반, 탄백성) 안채비(편게성, 소성) 바깥채비(홑소리)

범패의 내용을 전체적으로 보면, 비교적 리듬이 평온한 평염불과 안채비가 중심을 이룸으로써 법문이 뜻하는 바가 영가와 고혼에게 원만히 전달되기를 기원하고 있다. 이 가운데 바깥채비소리를 통해 재의의 장엄함을 알리고, 민요조 염불을 독송하여 신명의 기운과 대중의 환희심을 높이는 모양새를 보인다.

(3) 작법

삼화사 수륙재의 작법은 경제·완제를 복합적으로 연행하였다. 사실 경제·완제·영제 작법무의 기본동작에는 차이가 없고, 지역에 따라 기본동작의 설행 방식과 진행 절차 등에서 차이를 나타낸다. 특히 경제·완제·영제 바라무의 기본동작은 양손의 바라를 위아래로 분리해서 서로 대칭되게 움직여 가르는 동작(번개바라)과 양손의 바라를 합쳐서 위아래로 움직여 실어올리는 동작(요잡바라), 그리고 양손의 바라를 뒤집었다가 엎었다 하는 접바라(겹바라) 등이다. 이러한 기본동작을 중심으로 경제·완제·영제는 몸의 방향과 춤길[29] 등 공간을 사용하는 방식이 다르고, 기본동작을 행하는 춤의 기교에 차이가 있다.

예를 들어, 경제 바라무의 가르는 동작은 중심을 기본으로 위아래의 동작 선을 그리는 데 반해, 완제는 중심에서 벗어나 어깨를 축으로 위아래의 움직이는 동작 선을 나타낸다. 그리고 영제인 아랫녘 수륙재의 바라무는 굴신과 반동을 통해 회전하는 기능을 표출한다. 춤길에 있어서도 경제·영제는 제자리에서 방향을 전환하는 방식을 취하지만, 완제는 상대와 교체하고 직선이 아닌 지그재그로 움직이는 다양한 춤길을 나타내고 있다. 이처럼 작법무는 같은 기본동작을 행하는 방식에서 지역성·향토성이 나타난다.

---

29 춤길: 작법승이 춤을 추며 움직이는 선으로, 'floor pattern'이라고도 한다.

2021년 삼화사 수륙재에서 설행된 작법무는 바라무 5종류, 착복무 5종류, 법고무 1종류 등 모두 11종류이다. 이 중 바라무는 수륙도량의 삿된 기운을 몰아내고 불보살과 성현의 성스러운 기운이 미치도록 공간을 청정하게 하는 의미를 지닌다. 재차에 따른 염불과 진언에 따라 추며, 동작이 반복적·역동적인 특징을 지녔다. 바라무의 5종류는 천수바라무千手鈸鑼舞, 사다라니바라무四陀羅尼鈸鑼舞, 명바라무鳴鈸鑼舞, 관욕쇠바라무灌浴金鈸鑼舞, 요잡바라무繞匝鈸鑼舞이다.

천수바라무는 불법승 삼보와 관세음보살에 귀의하여 깨달음을 얻게 한다는 신묘장구대다라니에 따라 추는 춤이다. 괘불불패이운의, 대령·시련의, 운수단의, 사자단의, 오로단의에 이르는 사전의식과 본 의식인 중단의, 하단의, 봉송의에서 2인·4인·5인·8인·9인의 구성으로 설행되었다.

사다라니바라무는 〈변식진언變食眞言〉·〈감로수진언甘露水眞言〉·〈수륜관진언水輪觀眞言〉·〈유해진언乳海眞言〉에 따라 추는 춤으로, 부처님의 신비한 힘으로 음식을 변화시키고, 생명수를 베풀고, 물의 본성에 관한 진언을 하고, 진리의 젖이 바닷물과 같이 많아지도록 하는 의미를 지닌다. 즉, 법회에 올린 공양물이 불보살과 신중뿐만 아니라 중생과 무주고혼까지 넉넉히 미칠 수 있도록 기원하는 춤이다. 사자단의, 오로단의와 상단의, 중단의에서 3인·4인의 구성으로 설행되었다.

명바라무는 불보살을 모시기 위해 설행하는 춤으로, 세상의 모든 중생과 영가들을 구제하는 의미를 지닌다. 춤동작보다는 바라를 치면서 내는 소리를 통해 설행 목적을 표출한 춤인데, 상단의에서 4인의 구성으로 설행되었다.

관욕쇠바라무는 태징에 맞추어 바라를 추는데, 관욕 의식을 치를 때 관욕쇠 소리를 듣고 불보살과 성현은 그 존재의 영험함을 더욱 드러내고, 하단의 영가는 일체 잡념을 소멸시키라는 의미를 지닌다. 따라서 이 바라무는 상단의, 중단의, 하단의에서만 나타나며 4인·5인의 구성으로 설행되었다.

요잡바라무는 도량의 정화와 더불어 법열의 환희심을 표현하는 춤이다. 신중작법의, 시련의에서 성중의 강림이 이루어졌을 때와 중단의, 하단의에서 대중의 환희심을 불러일으킬 때 추며, 2인·4인·5인의 구성으로 설행되었다.

착복무는 나비춤·어산춤이라고도 하며, 춤사위를 통해 불법을 상징하고 표현하는 뜻을 지닌다. 삼보의 환희로움을 드러내는 의미가 크며, 대중을 의식하지 않고 오로지 경배의 자세로 임하기 때문에, 역동적이거나 화려한 동작이 아닌 잔잔하고 일정한 장단의 범패에 맞추어 추는 정적인 춤사위로 구성되어 있다. 착복무의 5종류로는 다게작법무茶偈作法舞, 도량게작법무度量偈作法舞, 기경작법무起經作法舞, 향화게작법무香花偈作法舞, 운심게작법무運心偈作法舞가 있다.

다게작법무는 수륙도량에 강림한 불보살과 성중에게 차를 공양하는 의식에서 행하는 춤으로, 차는 곧 감로수로서 부처님의 가르침으로 중생들의 갈증을 풀어 준다는 의미를 지닌다. 이때 작법무를 설행하는 사람은 수륙도량의 성스러운 기운이 중생과 영가에게 잘 전해질 수 있도록 정성을 다해 춤을 춘다. 수륙도량으로 성범을 청해 모시는 괘불불패이운의, 사자단의, 오로단의, 무주고혼을 구제하는 하단의에서 추며, 4인·5인의 구성으로 설행되었다.

도량게작법무는 수륙도량이 정화되고 난 뒤 불보살과 성현의 강림을 기원하는 의식에서 추는 춤이다. 착복무 가운데에서도 다양한 춤사위를 포함하고 있어, 일반적으로 도량게작법무를 익인 후에 다른 착복무를 학습하며, 재차 설행에서 제일 많이 사용되는 착복무이다. 대령의, 운수단의, 방생의, 하단의에서 5인·6인의 구성으로 설행되었다.

기경작법무는 시련의에서 행해지는 춤으로, 강림한 성중을 모시기 위해 염화게를 독송하고 나서 춘다. 춤을 출 때는 게송을 하지 않고 태징과 호적에 맞추어 추는데, 다른 착복무에 비해 춤사위가 단순하고 반복적이다. 시련의에서 4인의 구성으로 설행되었다.

향화게작법무는 불보살에게 향과 꽃을 바치며 추는 춤으로 상단의에서만 춘다. 착복무 가운데 가장 장엄하고 화려하다. 사다라니바라무를 추며 부처님의 신비한 힘으로 공양물이 모든 성범에게 미칠 것을 기원한 후, 향화게작법무를 추며 성스러운 기운이 닿은 수륙도량을 환희로 밝힌다. 4인의 구성으로 설행되었다.

운심게작법무의 '운심'은 마음을 움직인다는 의미로, 지성으로 마음을 움직여 공양을 들게 하는 뜻을 지닌다. 사후계에 따라 상단의와 중단의에서 설행하는데, 상서로운 능력으로 무주고혼의 고통을 소멸시키고자 한다. 물고기를 춤으로 형상화한 것으로, 춤사위가 동적이고 입체적이어서 오랜 학습 기간과 훈련이 필요하다. 중단의에서 2인의 구성으로 설행되었다.

법고무는 법고法鼓를 마주하여 추는 춤으로, 부처님의 가르침을 찬양하고 환희를 밝히는 의미를 담고 있다. 수륙재에서는 재차가 원만하게 설행되어 뜻한 바가 성취되었을 때 법고무를 춤으로써 감사한 마음을 표현한다. 바라무와 마찬가지로 춤사위가 남성적인 역동성을 지닌다. 2인 혹은 1인의 구성으로, 한 사람은 북채를 들고 북을 어르거나 추는 가운데 법고무를 추며, 또 한 사람은 북 뒤편에서 북을 치며 반주를 맞춘다. 상단의와 중단의 등에서 설행되었다.

착복무 가운데 가장 장엄하고 화려한 향화게작법무

III

삼화사 수륙재의 설행

1. 의례는 구미래가 집필하였다.
2. 범패는 손인애가 집필하였다.
3. 작법은 강인숙이 집필하였다.

삼화사 수륙재의 설행

1. 의례

삼화사 수륙재는 크게 별편別編과 본편本編으로 나누어 설행한다. 별편은 본 의례(본편)인 수륙재를 원만하게 진행하기 위해 치르는 일련의 사전 의식·준비 의식으로서 성격을 지닌다. 별편은 3일 동안 이어지는 삼화사 수륙재의 첫날에 시작하며 신중작법의, 괘불불패이운의, 대령·시련의, 조전점안의로 구성된다.

수륙별편 절차는 먼저 수륙재가 원만하게 진행될 수 있도록 도량을 정화·옹호한 다음(신중작법의), 괘불과 위패를 의례가 이루어지는 법석으로 이운하여 상단의 불보살과 중단의 성중을 모신다(괘불불패이운의). 이어 일주문 밖에서 무차천도無遮薦度의 대상인 고혼과 영가를 맞아 도량으로 모셔 온 뒤 하단에 위패를 안치하고(대령·시련의), 명부에 바칠 지전을 만들어 신령한 힘을 부여하는 의식(조전점안의)으로 모든 준비를 완료한다.

본편은 운수단의, 사자단의, 오로단의, 상단의, 설법의, 중단의, 방생의, 하단의, 송경의, 봉송의로 구성된다.

수륙본편의 절차는 불보살과 모든 존재를 청정한 공간에 모시고 수륙도량을 건립한 다음(운수단의), 수륙재가 개설되었음을 명부 성중에게 알리도록 사자를 청해 공양을 올리고(사자단의), 오방을 관장하는 황제들을 청해 공양 올리며 다섯 갈래의 길을 활짝 열어 주기를 발원한다(오로단의). 이어서 본격적으로 상위·중위·하위의 존재들을 청해 모시고 공양을 올리게 된다. 먼저 상위의 성현인 불보살을 모시고 공양을 올린 다음(상단의), 법사를 청해 법문을 듣고(설법의), 중위의 성중과 권속들을 모시고 공양을 올린다(중단의). 이어 사찰 앞 무릉계곡에서 선업을 쌓고(방생의), 하위의 영가와 고혼을 모시고 공양을 올리며(하단의), 『금강경』을 독송하여 법문을 들려준다(송경의). 마지막으로 위패와 장엄구 등을 태우고 법회의 공덕을 일체중생에게 회향하며 대단원의 막을 내린다(봉송의).

이러한 주요 의례 절차를 기반으로 하여, 수륙재에서 사용하는 의식문의 구성은 더욱 세밀하게 나누어져 있다. 삼화사에 전하는 수륙재 의식문 『천지명양수륙재의찬요』(1579)는 본편에 해당하는 내용이 54편으로 구성되어 있다.

이에 비해 현재 삼화사 수륙재에서 사용하는 의식문은 『천지명양수륙재의찬요』보다 더 많은 편수인 총 59편으로 이루어져 있다. 전통 절차의 뼈대는 그대로 지켜 나가면서, 삼화사 수륙재의 특성을 반영하고 의례의 의미를 명확히 하고자 재편한 것이다. 아래 표를 참조하여 재편된 내용을 간략히 살펴보면, 하단의를 행하기 전에 방생의를 본격적인 절차로 편입하였음을 알 수 있다. 아울러 『천지명양수륙재의찬요』의 제30~35편은 다른 곳에 부분적으로 편입하거나 다른 내용으로 대체하였다. 그 외에 상단의와 하단의 다음에 각각 설법의·송경의를 별도로 두었다.

삼화사 수륙재의 절차와 의식문 목차

구분	의례 절차	현행 의식문 목차	「찬요」 목차
별편	신중작법의	-	-
	괘불불패이운의	-	-
	대령·시련의	-	-
	조전점안의	-	-
본편	운수단의	제1편 설회인유	제1편 설회인유
		제2편 엄정팔방	제2편 엄정팔방
		제3편 주향통서	제3편 주향통서

구분	의례 절차	현행 의식문 목차	『찬요』 목차
본편	운수단의	제4편 주향공양	제4편 주향공양
	사자단의	제5편 소청사자	제5편 소청사자
		제6편 안위공양	제6편 안위공양
		제7편 봉송사자	제7편 봉송사자
	오로단의	제8편 개벽오방	제8편 개벽오방
		제9편 안위공양	제9편 안위공양
	상단의	제10편 소청상위	제10편 소청상위
		제11편 봉영부욕	제11편 봉영부욕
		제12편 찬탄관욕	제12편 찬탄관욕
		제13편 찬청출욕	-
		제14편 인성귀의	제13편 인성귀의
		제15편 헌좌안위	제14편 헌좌안위
		제16편 찬례삼보	제15편 찬례삼보
		제17편 가지변공	
	설법의	설법의	-
	중단의	제18편 소청중위	제16편 소청중위
		제19편 봉영부욕	제17편 봉영부욕
		제20편 가지조욕	제18편 가지조욕
		제21편 출욕참성	제19편 출욕참성
		제22편 천선례성	제20편 천선례성
		제23편 헌좌안위	제21편 헌좌안위
		제24편 가지변공	-
	방생의	제25편 청성가피	-
		제26편 참제업장	-
		제27편 수삼귀의	-
		제28편 설시인연법	-
		제29편 발홍서원	-
		제30편 칭찬명호	-
		제31편 방석물명	-

구분	의례 절차	현행 의식문 목차	「찬요」 목차
본편	방생의	제32편 회향발원	-
	하단의	제33편 소청하위	제22편 소청하위
		송경	-
		제34편 인예향욕	제23편 인예향욕
		제35편 가지조욕	제24편 가지조욕
		제36편 가지화의	제25편 가지화의
		제37편 수의복식	제26편 수의복식
		제38편 출욕참성	제27편 출욕참성
		제39편 고혼례성	제28편 고혼례성
		제40편 수위안좌	제29편 수위안좌
		제41편 선밀가지	제36편 선밀가지
		제42편 가지멸죄	제37편 가지멸죄
		제43편 주식현공	제38편 주식현공
		제44편 고혼수향	제39편 고혼수향
		제45편 설시인연	제40편 설시인연
		제46편 원성수은	제41편 원성수은
		제47편 청성수계	제42편 청성수계
		제48편 참제업장	제43편 참제업장
		제49편 발홍서원	제44편 발홍서원
		제50편 사사귀정	제45편 사사귀정
		제51편 석상호지	제46편 석상호지
		제52편 득계소요	제47편 득계소요
		제53편 수성십도	제48편 수성십도
		제54편 의십획과	제49편 의십획과
		제55편 관행게찬	제50편 관행게찬
	봉송의	제56편 원만회향	제51편 원만회향
		제57편 화재수용	제52편 화재수용
		제58편 경신봉송	제53편 경신봉송
		제59편 보신회향	제54편 보신회향

[수륙별편]

1) 신중작법의

수륙재를 알리는 범종루의 법고·범종 소리와 함께 법회의 문을 여는 신중작법의가 시작된다. 신중작법의는 신중을 청하여, 삿된 기운을 물리쳐 도량을 정화하고 법회의 옹호를 발원하는 절차이다. 따라서 신중의 덕을 찬탄하고 차를 올리며 법회의 원만한 회향을 바라는 가운데 공경히 예를 올리게 된다. 중정中庭의 주 무대에서 어산단 승려들과 취타대 악사들이 동참한 가운데, 본전本殿을 향해 의례를 진행한다.

먼저 신중의 수륙도량 강림을 발원하는 〈옹호게擁護偈〉로, 삼계의 모든 호법성중이 빠짐없이 모여 불국토의 상서로움을 돕기를 청한다. 이때 호법성중의 원만한 강림을 환영하는 요잡바라무를 춘다. 이어 여래의 화현인 대예적금강성자大穢跡金剛聖者를 비롯해 모든 호법성중과 이름을 알지 못하는 일체 호법신까지 명호를 부르며, 도량에 받들어 청하는 〈소청불

어산단 승려들

신중작법小唱佛 神衆作法〉을 염송한다. 강림한 모든 성중에게 〈다게茶偈〉로 감로의 차를 올리고, 찬탄하여 아뢰는 〈탄백歎白〉으로 신중작법의를 마무리한다.

어장 인묵 스님의 간단한 인사말과 함께, 수륙재를 진행할 어산단 승려들과 학인 승려들이 대중에게 합장하며 삼 일간의 수륙도량에 지극한 마음으로 임할 것을 다짐한다.

신중작법의(神衆作法儀) 절차와 의미

신중작법의 절차	의 미
옹호게(擁護偈)	삼계 모든 호법성중의 강림과 옹호를 청함
※ 요잡바라무	요잡바라무를 춤(4인)
소창불 신중작법(小唱佛 神衆作法)	호법성중의 명호를 부르며 받들어 청함
다게(茶偈)	감로의 차를 올림
탄백(歎白)	찬탄으로 아룀

2) 괘불불패이운의

괘불불패이운의는 괘불과 부처님의 위패를 옮겨와 중정에 모시는 절차이다. 이 과정은 영산靈山에 든 부처님이 중생을 제도하기 위해 수륙법회로 강림하는 구도를 의식화한 것이다. 〈석가모니불 정근〉을 하는 가운데 취타대, 어산단, 학인 승려들이 도량을 한 바퀴 돌아 본전인 적광전寂光殿 뒤에 모신 괘불함 쪽으로 이동하고, 신도들은 각종 번과 깃발 등 행렬 의물儀物을 들고 따른다.

괘불함 앞에 자리를 잡은 다음 천수바라무를 추고, 〈옹호게〉로 신중의 옹호를 청한다. 법당에서 불패를 모셔오고 괘불함에서 괘불을 꺼내 모시는 동안 부처님을 찬탄하는 〈찬불게讚佛偈〉, 중생 제도濟度를 위해 세간에 내려온 부처님을 찬탄하는 〈출산게出山偈〉, 부처님이 꽃을 든 뜻을 새기며 그 가르침에 깨달음으로 보답할 것을 염원하는 〈염화게拈花偈〉, 부처님을 모시면서 하늘에서 환희로운 꽃비가 내림을 묘사하는 〈산화락散花落〉이 이어진다.

괘불은 8인의 신도가 어깨에 메고, 8위의 상단불패·중단불패는 학인 승려들이 각각 모신 가운데 긴 행렬을 이루어 이동하기 시작한다. 맨 앞에는 각종 번과 기가 옹호하고, 괘불과 불패 앞에는 동자·동녀가 오색종이로 꽃비를 뿌린다. 어산단의 염불, 취타대의 연주와 함께 도량을 크게 한 바퀴 돈 다음, 천왕문을 통과해 다시 중정으로 들어선다. 상단 앞에 괘불을 모시기 시작하면서, 거대한 괘불이 서서히 모습을 드러내는 동안 동자들은 꽃비를 뿌리고 불패를 모신 승려들은 어산단의 염불에 따라 중정을 천천히 돈다.

이윽고 괘불이 완전히 펼쳐지는 환희로운 순간이 되면, 어산단에서는 두 줄로 마주하여 거령산 짓소리로 "나무영산회상 불보살 나무영산회상 일체제불 제대보살마하살"을 염송하며 영산회상靈山會上의 모든 불보살께 귀의한다. 8위의 불패를 상단에 놓고 합장한 다음, 법상에 모시고 좌정을 청하는 〈등상게登床偈〉·〈좌불게坐佛偈〉가 이어지면서 상단에 5위, 중단에 3위를 각각 모신다. "세존께서 도량에 앉아 청정한 대광명을 발하시네. 천 개의 해가 뜬 것처럼 온 세상을 밝게 비추시네"라는 〈좌불게〉의 내용처럼 부처님의 좌정을 환희롭게 찬탄하는 것이다. 이어 〈사무량게四無量偈〉로 부처님의 한량없는 덕을 노래한다. 〈영산지심〉·〈헌좌진언獻座眞言〉으로 불단에 자리한 부처님께 지극한 마음으로 예경하며 자리를 권하고 나면, 〈다게〉를 염송하는 가운데 신도들이 5위의 각 불패 앞에 차를 올린다.

괘불을 모시면서 상단의 옆에 마련된 증명단證明壇에는 증명법사가 자리하여, 모든 진언에 따른 수인을 짓게 된다. 증명법사는 높은 법좌에 좌정하고, 법좌 옆에는 존엄한 대상을 햇볕 등으로부터 보호하는 황색

괘불을 어깨에 멘 신도와 불패를 모신 학인 승려들

다게작법무를 추는 승려(중앙)와 증명단에 자리한 증명법사(우측)

산개를 갖춘다. 따라서 삼화사 수륙재에서는 〈헌좌진언〉에서부터 수인이 시작된다.

수인은 법인法印이라고도 하며, 수행자가 불보살의 서원을 나타내는 손 모양을 짓는 것을 말한다. 손으로 수인을 맺고, 입으로 진언을 외우고, 마음으로 부처의 공덕을 관상하며 의식을 진행하게 된다. 이처럼 몸[身]과 말[口]과 뜻[意]을 함께 닦아, 이로 인해 받게 되는 장애를 소멸하는 것을 삼밀수행법三密修行法이라 한다. 수인을 짓고 진언을 염송하고 부처를 관상함으로써 스스로 부처의 몸임을 자각하게 되며, 자리이타의 이상을 의식에서 구현하게 되는 것이다. 아울러 삼현육각의 악사들도 불단의 향 우측에 본격적으로 자리를 잡는다. 행렬 취타대吹打隊의 태평소·나발·나각·장구에, 아쟁·대금·향피리 등의 악기를 더한 편성이다.

양손에 꽃을 든 승려들의 다게작법무가 이어지고, 5인의 신도가 오른손에 불기를 받쳐 들고 와서 상단에 사시마지巳時摩旨를 올린다. 사찰에서는 매일 사시巳時(오전 9~11시)에 밥을 지어 부처님께 공양을 올리는데, 〈다게〉를 마치면 10시 반 전후가 되

마지

므로 이때 일상의 마지를 올리는 것이다. 상단에 이어 중단에도 세 그릇의 마지를 올린다.

마지막으로 부처님께 수륙법회를 세우는 글 〈건회소建會疏〉와 함께, 수륙법회를 개설하는 취지의 글인 〈수설대회소修設大會所〉를 불단에 고한 다음 괘불불패이운의 절차를 마친다. 이어 간단한 법요식을 행한 다음, 대령·시련의로 이어진다.

괘불불패이운의(掛佛佛牌移運儀) 절차와 의미

괘불불패이운의 절차	의 미
정근(精勤)	'석가모니불 정근'을 함
※ 천수바라무	천수바라무를 춤(4인)
옹호게(擁護偈)	부처님을 모시기 위해 신중의 옹호를 청함
찬불게(讚佛偈)	중생 제도를 위해 세간에 내려온 부처님을 찬탄함
출산게(出山偈)	부처님이 깨달은 공덕을 중생에게 베풂을 찬탄함
염화게(拈花偈)	부처님이 꽃을 든 뜻을 새김
산화락(散花落)	환희로운 꽃비가 내림
등상게(登床偈)	부처님을 법상에 모심
좌불게(坐佛偈)	부처님께 좌정을 청함
사무량게(四無量偈)	부처님의 한량없는 덕을 찬탄함
영산지심(靈山至心)	불단에 자리한 부처님께 예경함
헌좌진언(獻座眞言)	부처님께 자리를 권하는 진언
다게(茶偈)	부처님께 차를 올림
※ 다게작법무	다게작법무를 춤(4인)
건회소(建會疏)	수륙법회를 세움
수설대회소(修設大會所)	수륙법회를 개설하는 취지를 불단에 고함

3) 대령·시련의

대령·시련의는 일주문 밖에서 수륙재의 주인공인 영가靈駕·고혼孤魂을 맞아 도량으로 모셔온 뒤 하단에 위패를 안치하는 절차이다. 대령단·시련소는 일주문 밖 먼 곳에 설치하므로, 수륙재에 동참한 모든 이들이 행렬을 이루어 맞으러 가게 된다. 이때 맨 앞에 인례引禮 목탁을 선두로 악사, 어산단, 각종 번과 기, 의물, 영가 제위를 모셔오기 위한 연, 신도 등이 긴 행렬을 이루어 이동한다. 행렬에 쓰는 모든 의식구는 신도들이 직접 들고 동참한다.

인례 목탁을 선두로 일주문 밖으로 영가와 고혼을 맞으러 가는 행렬

행렬의 장엄용구를 살펴보면 먼저 시련용 번으로 영가의 길을 안내하는 나무대성인로왕보살南無大聖引路王菩薩 번과, 방위에 따른 부처님의 현현을 나타내는 나무동방약사여래불南無東方藥師如來佛·나무남방보승여래불南無南方寶勝如來佛·나무중방비로자나불南無中方毗盧遮那佛·나무서방아미타불南無西方阿彌陀佛·나무북방불공성취여래불南無北方不空成就如來佛의 오방불五方佛 번을 비롯해, 삼화사사명三和寺司命 번, 삼화사 수륙재 번, 삼화사국행수륙대재보존회 번 등이 있다. 아울러 행렬을 옹호하고 알리는 순시기·청도기·영기·청룡기·황룡기 등의 깃발, 봉황선鳳凰扇·일월선日月扇·천원天圓·지방地方·고당鼓幢·봉두鳳頭·용두龍頭·금부金斧·절부節斧 등 불보살의 위용을 드러내고 외호하는 길상 장엄물이 따른다.

일행이 도착하여 위패와 장엄을 모두 갖춘 대령단과 시련소의 모습은 다음과 같다. 먼저 병풍을 친 앞쪽에 연을 안치하고, 그 앞에 7위의 위패를 모신 다음 좌우에 지화로 장엄한다. 위패 앞에는 공양물을 진설

어산단(좌측)과 증명단(우측)

한 상을 차린 다음, 절을 올리고 의식을 치를 수 있도록 돗자리를 깔아둔다. 단을 마주한 곳에 어산단이 자리하고 그 옆에 증명법사의 법좌와 산개를 갖추며, 번과 기와 장엄물은 좌우를 둘러싸게 된다.

하위의 영가 위패는 모두 7위이다. '일체유주무주고혼각열위 영가一切有主無主孤魂各列位靈駕'를 중심으로, 전통 수륙재에서 신분과 성별에 따라 천류·제왕·후비·장신·남신·여신의 6위로 구분한 존재들이다. 이들 6위의 위패 명칭은 '일심봉청제위천류지위一心奉請諸位天類之位'와 같은 방식으로 기재되어 있다.

영가 제위는 대개 먼 곳에서 오는 존재로 여기게 마련이다. 따라서 먼 길을 온 손님에게 간단한 요깃거리를 대접하기 위해 일곱 잔의 차, 일곱 그릇의 국수, 두부전·호박전, 시금치·도라지·고사리 무침, 간장 등을 차린다.

모든 준비를 마치면 영가를 맞는 대령의가 시작된다. 먼저 의례 공간을 정화하기 위해 〈신묘장구대다라니〉와 함께 천수바라무를 추고 도량계작법무가 이어진다. 〈거불〉로서 서방정토西方淨土를 관장하는 아미타삼존의 명호를 거명하고 귀의하는 가운데, 주지스님과 신도 대표가 나와서 향을 피우고 삼배를 올린다. 이후부터는 절차에 따라 의식문을 염송하고 신도들이 차례로 나와 절을 올리는 참배가 이어진다.

삼악도의 존재를 비롯해 윤회하며 떠도는 모든 중생을 청해 모시는 〈대령소對靈疏〉, 삼화사에서 수륙법회를 개설하게 된 취지를 영가 제위에게 고하며 이들이 깨달음을 얻어 극락정토에 왕생하기를 축원하는 〈수설대회소〉를 염송한다. 축원 내용을 보면 설판재자設辦齋者들이 모신 영가들과 역대 조사들을 비롯해, 삼국시대 초기 삼척 지역의 소국이었던 실직국悉直國 전란 당시 영가, 삼국통일 전란 당시 영가, 고려 공양왕 영가, 두타산 등반사고 사망 영가, 천재지변 수중고혼 영가, 임진왜란 당시 순국선열 영가, 6·25전쟁 당시 순국선열 영가, 창건 이래 화주·시주 영가 등을 호명하면서 이들의 극락왕생을 축원하여 국행수륙재의 면모를 드러내게 된다.

지옥의 문을 열어 주는 〈지옥게〉에서는 신비한 주문으로 팔만사천 가지 지옥의 문이 활짝 열리도록 한 다음, 금일 청하는 모든 영가 제위가 불보살의 가피력으로 실상의 도리를 깨닫기를 발원한다. 요령을 흔들며 영가 제위를 청하는 〈진령게振鈴偈〉에 이어, 지옥을 무너뜨리고 삼악도를 멸하며 영가 제위를 널리 불러 청하는 일련의 진언으로 〈파지옥진언破地獄眞言〉·〈멸악취진언滅惡趣眞言〉·〈보소청진언普召請眞言〉이 따른다. 다음은 성속과 존비와 세계의 차별 없이 시방 삼세의 모든 영가와 고혼을 청하는 〈하단도청下壇都請〉·〈향연청香煙請〉을 하고, 청에 응한 영가 제위를 찬탄하며 부처님께 참례할 것을 권하는 〈가영〉에 이어, 〈지단진언指壇眞言〉으로 영가 제위가 나아갈 단을 가리킨다.

이어서 시련의가 시작된다. 영가 제위를 연에 모시고 도량으로 진입하기 위한 일련의 의식이다. 먼저 시방세계 모든 성현과 신중에게 도량에 강림하기를 청하고 편히 앉도록 자리를 권하는 〈강림게降臨偈〉·〈헌좌진언〉에 이어, 〈다게〉로 감로의 차를 올린다.

이제 신중이 옹호하는 가운데 도량으로 들어서기 위한 행렬이 시작된다. 도량을 향해 발걸음을 내딛는 〈행보게行步偈〉와 함께, 연과 위패를 모시고 오던 길로 다시 긴 행렬이 이어진다. 4인의 신도가 연의 가마채를 멘 채 앞서고 위패를 든 학인 승려 7인이 뒤를 따름으로써, 연에 위패를 모시고 가는 의미를 드러낸다.

환희로운 행렬을 찬탄하여 하늘에서 꽃비를 내리는 〈산화락〉이 따르고, 연의 앞에서 동자들이 오색종이로 꽃비를 뿌린다. 이어 "나무 대성 인로왕보살"을 염송하며 극락정토로 이끄는 인로왕보살이 영가 제위를 잘 안내해 주기를 발원한다. 다리를 건너 천왕문을 통과하여 도량에 들어선 다음, 위패를 든 승려들이 중정을 돌다가 괘불 앞에 나란히 선다.

앞서가는 연과 뒤를 따르는 위패

수륙도량을 찾은 영가 제위가 부처님께 인사를 올리기 위함이다.

　이와 함께 어산단에서는 〈염화게〉로 부처님이 꽃을 든 뜻을 새긴 다음, 진리의 길을 열어 주는 기경起經 작법무를 추고, 요잡바라무가 이어진다. 다음에 오는 〈정중게庭中偈〉는 영가 제위가 도량에 들어섬을 뜻하고, 〈개문게開門偈〉는 삼보의 친견을 위해 문을 여는 뜻을 담고 있다. 시방의 모든 삼보에 귀의하고 배례하는 〈보례삼보普禮三寶〉를 염송하며 합장삼배를 올리고, 물러나 영단으로 향할 것을 안내하는 〈퇴귀명연退歸冥宴〉과 함께 괘불 앞에 위패를 들고 서 있던 승려들은 중정을 돌아 영단에 위패를 안치한다. 7위의 위패를 모시는 동안 화엄의 진리를 담은 〈법성게法性偈〉를 염송하여 영가 제위가 깨달음에 이르도록 이끌어 준다. 위패를 모심으로써 영가 제위가 영단에 임하였음을 나타내는 〈내림게

來臨偈〉, 자리를 받아 편안히 앉도록 권하는 〈수위안좌受位安座〉·〈수위안좌진언〉이 이어진다. 무사히 영단에 좌정한 영가에게 〈다게〉로 차를 올리고, 널리 공양을 올리는 〈보공양진언普供養眞言〉으로 마무리한다. 이로써 상단·중단·하단의 모든 존재를 각자의 자리에 모시게 되었다.

대령·시련의(對靈·侍輦儀) 절차와 의미

대령의 절차	의 미
거불(擧佛)	부처님의 명호를 거명하며 귀의함
※ 천수바라무, 도량게작법무	천수바라무(4인), 도량게작법무(5인)를 춤
대령소(對靈疏)	영가 제위를 청해 모심
수설대회소(修設大會所)	수륙법회의 개설 취지를 고하며 극락왕생을 축원함
지옥게(地獄偈)	지옥의 문을 엶
진령게(振鈴偈)	요령을 흔들어 영가를 청함
파지옥진언(破地獄眞言)	지옥을 무너뜨리는 진언
멸악취진언(滅惡趣眞言)	삼악도를 멸하는 진언
보소청진언(普召請眞言)	널리 불러 청하는 진언
하단도청(下壇都請)	유주무주 고혼들을 청함
향연청(香煙請)	향을 사르며 청함
가영(歌詠)	청에 응한 영가 제위를 찬탄함
지단진언(指壇眞言)	나아갈 단을 가리키는 진언
시련의 절차	**의 미**
강림게(降臨偈)	모든 성현과 신중의 강림을 청함
헌좌진언(獻座眞言)	자리를 권하는 진언
다게(茶偈)	감로의 차를 올림
행보게(行步偈)	도량을 향해 발걸음을 내딛음
산화락(散花落)	환희로운 꽃비가 내림
염화게(拈花偈)	부처님이 꽃을 든 뜻을 새김
※ 기경작법무, 요잡바라무	기경작법무(4인), 요잡바라무(4인)를 춤

시련의 절차	의 미
정중게(庭中偈)	영가 제위가 도량에 들어섬
개문게(開門偈)	삼보의 친견을 위해 도량의 문을 엶
보례삼보(普禮三寶)	널리 삼보에 예배함
퇴귀명연(退歸冥宴)	물러나 영단으로 이동함
법성게(法性偈)	법성게를 염송함
내림게(來臨偈)	하단의 자리에 임함
수위안좌(受位安座)	자리에 편히 앉도록 권함
수위안좌진언(受位安座眞言)	자리에 편히 앉도록 권하는 진언
다게(茶偈)	감로의 차를 올림
보공양진언(普供養眞言)	널리 공양을 올리는 진언

4) 조전점안의

조전점안의는 명부에 바치기 위해 지전을 만들고 신령한 힘을 부여하여 옮기는 일련의 절차이다. 삼보와 관련된 대상물을 조성한 뒤 생명을 불어넣어 신앙의 대상으로 변환시키는 의식을 '점안點眼'이라 하는데, 속계의 종이를 초월적 세계의 화폐로 바꾸는 일이기에 이 또한 점안이라는 말을 쓰고 있다. 조전점안으로 지전이 금은전으로 바뀌면 이를 보관할 고사단으로 이운하여 바치는 헌전獻錢을 하게 된다.

민간의 죽음의례에서 사용하는 지전은 '망자가 저승에서 쓸 돈'을 뜻한다. 그러나 불교 의례에서는 모든 중생이 육십갑자六十甲子에 따라 각자 명부에서 수생전壽生錢을 빌려 생명을 받은 것으로 설정하고 있다. 따라서 금은전은 그 빚을 갚는 것이며, 이때의 빚은 곧 전생의 업을 뜻[30]한다.

---

30 구미래, 「생전예수재의 종교문화적 의미와 위상」, 『정토학연구』 제23집, 한국정토학회, 2015, 62쪽.

지전 묶음   의식을 통해 지전을 신성한 화폐인 금은전으로 변환시킨다.

  조전점안을 위해 신도들이 황색 한지로 단정히 싼 지전 묶음 24개를 가져와 불단 아래 탁자에 올려 두고, 지전 앞에는 이를 증명해 줄 법사의 자리를 마련해 향탕수香湯水가 담긴 물그릇과 버드나무 가지를 올려 둔다. 점안을 마치고 금은전을 이운할 고사단은 중단 향 우측에 자그마하게 차리고 양쪽에 지화로 장엄한다. 창고 지키는 이를 '고지기'라 부르듯이, 고사庫司는 명부의 창고를 관리하는 직책을 뜻한다.

  어산단에서는 먼저 불을 모아 삿된 것을 태워 없애는 〈화취진언火聚眞言〉을 하고, 이어 〈가지변전加持變錢〉으로 삼보의 가지력加持力에 의지해 지전을 명부계에서 통용되는 돈으로 변환시킬 수 있도록 증명을 청한다. 가지변전을 위해서는 신성한 물의 작용이 중요하므로 삼보에 세 차례 귀의한 다음, 불수佛水·법수法水·승수僧水와 오방 용왕수龍王水에 귀의하는 "나무불수 나무법수 나무승수 나무오방용왕수"를 일곱 차례 염송한다. 이어 월덕月德 방위에서 길은 물을 사용하여 금은전을 만드는 일련의 진언으로 〈월덕수진언月德水眞言〉·〈조전진언造錢眞言〉·〈성전진언成錢眞言〉을 염송한 뒤, 향탕수를 뿌리는 〈쇄향수진언灑香水眞言〉이 이어진다.

  쇄향수진언과 함께 법사는 버드나무 가지에 향탕수를 적셔 탁자 위

염송과 함께 금은전을 고사단에 헌전한다.

의 지전에 뿌리고, 영단 양쪽에 걸어 둔 대형의 장엄용 금전과 은전에도 고루 뿌린다. 다시 지전을 금은전으로 변환시키고, 이를 쓸 수 있게 하는 〈변성금은전지언變成金銀錢眞言〉·〈개전진언開錢眞言〉이 이어진 다음, 금은전을 영단에 거는 〈괘전진언掛錢眞言〉을 염송한다. 이로써 탁자 위의 지전과 영단에 걸려 있던 대형 금은전은 모두 명부에서 통용되는 신성한 화폐로 전환된 셈이다.

이제 신도들은 탁자 위의 금은전을 받쳐 든 채 상단에 반배를 올리고, 어산단에서는 금은전 이운이 원만하게 진행될 수 있도록 옹호를 청하며 이를 찬탄하는 일련의 게송으로 〈금은전이운〉·〈옹호게〉·〈이운게〉·〈동전게動錢偈〉·〈산화락〉을 염송한다. '반야심경' 염송과 함께 금은전을 든 신도들이 인례법사의 인도로 중정을 한 바퀴 돌아 고사단에 헌전하고, 어산단에서는 금은전을 바치는 〈헌전게獻錢偈〉와 〈헌전진언〉을 염송하며 이운을 마친다.

조전점안의(造錢點眼儀) 절차와 의미

조전점안의 절차	의 미
화취진언(火聚眞言)	불을 모아 삿된 것을 태워 없애는 진언
가지변전(加持變錢)	삼보의 가지력으로 지전을 변환시킴
월덕수진언(月德水眞言)	월덕 방위에서 물을 긷는 진언
조전진언(造錢眞言)	금은전을 만드는 진언
성전진언(成錢眞言)	금은전이 이루어지는 진언
쇄향수진언(灑香水眞言)	향탕수를 뿌리는 진언
변성금은전지언(變成金銀錢眞言)	금은전으로 변화시키는 진언
개전진언(開錢眞言)	금은전을 쓸 수 있게 하는 진언
괘전진언(掛錢眞言)	영단에 금은전을 거는 진언
금은전이운(金銀錢移運)	고사단으로 금은전을 옮김
옹호게(擁護偈)	금은전 이운을 무탈하게 지켜 줌
이운게(移運偈)	금은전을 옮김
동전게(動錢偈)	금은전을 움직임
산화락(散花落)	환희로운 꽃비를 내림
헌전게(獻錢偈)	고사단에 금은전을 바침
헌전진언(獻錢眞言)	금은전을 바치는 진언

[수륙본편]

1) 운수단의

운수단의는 수륙도량을 건립하는 절차이다. 부처님과 모든 존재를 청해 모시고 법회를 열기 위해 수륙도량을 청정하게 하는 내용으로 구성되어 있다. 이 단계에서는 수륙재를 열게 된 연유를 밝힌 다음, 삿됨을 물리쳐 도량을 청정하게 하고, 도량의 경계를 정해 성스러운 의례 공간으로 거듭나게 하는 일련의 의식을 펼친다.

먼저 다 함께 『천수경』을 염송한 다음, 천수바라무와 도량게작법무가 이어진다. 다음은 오분향五分香의 법신처럼 스며드는 향의 공덕을 찬탄하며 향을 사르는 〈할향게喝香偈〉·〈연향게燃香偈〉와, 지극한 마음으로 삼보에 귀의하는 〈삼지심三至心〉이 따른다. 수륙법회를 여는 소문을 염송하고 봉하는 〈개계소開啓疏〉·〈피봉식皮封式〉과 함께, 삼보를 향해 수륙법회를 개설하는 취지를 〈수설수륙대회소修設水陸大會疏〉로 고한다. 그 가운데 다음과 같은 내용이 있다.

> 설법의 자리를 크게 열고 법다운 의식을 널리 배푸는 것은, 성현의 위의威儀를 드높이고 아뢰고자 하는 뜻을 청하기 위함입니다. … 너그러이 용납하시어 모든 세계에 두루 하시고 시방에 가득 차시니, 삼악도와 팔난이 은혜를 입고 육도와 사생이 이익을 얻을 것입니다.

이는 수륙법회를 여법하게 올리는 뜻이, 삼보와 신중의 가피로써 모든 중생의 제도를 발원하는 데 있음을 밝히는 것이라 하겠다. 이러한 뜻을 고한 다음, 합장하여 법회를 찬탄하는 〈합장게〉, 향을 올리며 삼보의 강림을 청하는 〈고향게告香偈〉가 따른다.

제2편 엄정팔방 의식에서 법사는 중정의 사방을 비롯해 도량 곳곳을 다니며 버드나무 가지로 쇄수한다.

지금부터 본격적인 수륙법회가 시작된다. '제1편 설회인유設會因由'는 수륙재를 개설하게 된 연유를 밝히는 의식이다. 먼저 수륙재가 아난阿難과 초면귀왕焦面鬼王 아귀餓鬼의 수륙연기水陸緣起에서 비롯되어 양나라 무제 때부터 시작되었음을 밝힌 후, 수륙재의 목적을 다시 한번 아뢴다. 다음은 법계와 몸과 마음을 청정하게 하는 일련의 진언이 따른다. 재단을 세우기 위해 먼저 법계를 깨끗이 하고자 외우는 〈욕건만나라선송 정법계진언〉, 향을 취하여 왼손에 들고 오른손으로 바르는 〈선취도향좌지우도진언先取塗香左持右塗眞言〉, 금강의 손바닥에 심인을 대어 삼업을 정화하는 〈금강장어심인송 정삼업진언金剛掌於心印誦 淨三業眞言〉들이다.

'제2편 엄정팔방嚴淨八方'은 팔방을 장엄하고 청정하게 정화하는 의식이다. "법수에 의지하여 도량 곳곳에 뿌림으로써, 만겁의 세월 동안 쌓인 어리석음을 말끔히 씻어내고 한 가지 진리의 청정함을 영원히 얻을 것입니다."라는 염송 내용이 의식의 목적을 잘 말해 준다. 향탕수를 뿌리며 정화하는 〈쇄정게灑淨偈〉·〈쇄정진언灑淨眞言〉과 함께 법사는 중정의 사방을 비롯해 도량 곳곳을 다니며 버드나무 가지로 쇄수灑水하고, 법의 단을 세우는 〈건단진언建壇眞言〉, 단을 여는 〈개단진언開壇眞言〉, 도량을 결계하는 〈결계진언結界眞言〉이 이어진다.

'제3편 주향통서呪香通序'는 향을 살라 두루 미치기를 기원하는 의식이다. 오분향이 시방세계에 미쳐 모든 대중을 제도하기를 바라며, 향을 사르는 〈분향진언焚香眞言〉이 따른다.

'제4편 주향공양呪香供養'은 향 공양을 올리는 의식이다. 시방세계에 다함이 없는 삼보, 신중, 일체 혼령에게 향을 올리며 상락常樂을 누리기를 발원한 다음, 널리 공양을 올리고 회향하는 〈보공양진언〉·〈보회향진언普廻向眞言〉을 염송한다. 이때 증명법사와 신도 대표는 상단에 향을 피운 다음 삼배를 올린다.

운수단의(雲水壇儀) 절차와 의미

운수단의 절차	의 미
천수경(千手經)	천수경을 염송함
※ 천수바라무, 도량게작법무	천수바라무(8인), 도량게작법무(6인)를 춤
할향게(喝香偈)	향의 공덕을 찬탄함
연향게(燃香偈)	오분향처럼 스며드는 공덕을 찬탄하며 향을 사름
삼지심(三至心)	지극한 마음으로 삼보에 귀의함
개계소(開啓疏)	법회를 여는 소문을 염송함
피봉식(皮封式)	소문을 읽고 봉하는 의식
수설수륙대회소(修設水陸大會疏)	수륙법회를 개설하는 취지를 고함
합장게(合掌偈)	합장하여 법회를 찬탄함
고향게(告香偈)	향을 올리며 삼보의 강림을 청함
제1편 설회인유(設會因由)	수륙재를 개설하게 된 연유를 밝히는 의식
- 수륙재가 처음 시작된 유래를 밝히고 설행 목적을 아룀 - 세 가지 진언으로 법계와 몸과 마음을 청정하게 함	

운수단의 절차	의 미
제2편 엄정팔방(嚴淨八方)	팔방을 장엄하고 청정하게 정화하는 의식

- 물의 공덕을 찬탄한 다음 법수에 의지해 도량을 청정하게 함을 밝힘
- 〈쇄정게〉·〈쇄정진언〉으로 향탕수를 뿌리며 정화함
- 〈건단진언〉·〈개단진언〉·〈결계진언〉으로 법의 단을 세우고 열며 도량을 결계함

제3편 주향통서(呪香通序)	향을 살라 두루 미치기를 기원하는 의식

- 오분향이 시방세계에 미쳐 모든 대중을 제도하기를 발원함
- 〈분향진언〉으로 향을 사름

제4편 주향공양(呪香供養)	향공양을 올리는 의식

- 삼보와 모든 존재에게 향을 공양 올리며 상락을 발원함
- 〈보공양진언〉·〈보회향진언〉으로 널리 공양을 올리고 회향함

2) 사자단의

사자단의는 수륙재에 모실 명부 성중을 중심으로, 일체 성현과 범부에게 법회가 개설되었음을 알리도록 사자를 청해 공양을 올리는 절차이다. 민간에서는 사자가 망자를 저승으로 데려가는 일을 맡고 세 명이 짝을 이루어 다닌다고 본다. 이에 비해 불교 의례에서는 사자가 소식을 전하는 역할을 하는 데다 숫자도 네 명으로 여긴다. 수륙재에 모실 모든 초월적 존재들에게 법회가 열리는 것을 알려야 하니, 가장 먼저 청해 공양을 올린 다음 보내는 것이다.

사자단은 천왕문 바깥벽의 서쪽에 설치한다. 사자는 공양 후 급히 떠나야 하니 바깥에 차리고, 저승세계는 음陰에 해당하니 서쪽이다. 사자단에는 네 명의 사자를 각각 그린 4폭의 사자탱使者幀 병풍을 펼쳐 놓고 그 앞에 각종 공양물을 차린다. 그림 속의 사자는 관복을 입고 공명첩을 손에 쥐거나 허리에 찼으며, 타고 갈 말과 함께 떠날 채비를 갖춘 모습이다.

각 사자탱의 우측 상단에는 붉은 글씨로 연직사천사자年直四天使者, 월직

공행사자月直空行使者, 일직지행사자日直地行使者, 시직염마사자時直閻魔使者라는 사자들의 명호를 적는다. 사자단에 드리운 4개의 번에도 각각 '나무일심봉청연직사천사자南無一心奉請年直四天使者'와 같은 방식으로 적게 된다. 사천·공행·지행·염마는 천계·허공계·지계·명계를 나타내는 공간 개념이고, 연직·월직·일직·시직은 연월일시를 나타내는 시간 개념이다. 이처럼 네 명의 사자가 시공간을 넘나드는 존재로 설정된 것은 불교의 윤회 관념이 반영된 것으로 보인다.

공양물로는 1열에 감·사과·배·수박·파인애플·바나나·토마토와 같은 7종의 실과류, 2열에 유과·약과·옥춘당·과자 등 9종의 고임 유과류, 3열에 여러 색의 설기를 비롯해 절편·약밥·콩시루떡 등 7종의 정병류를 차린다. 아울러 양쪽에는 지화를 꽂은 화병으로 장엄한다.

천왕문의 동쪽에는 사자단과 나란히 마구단을 설치한다. 마구단은 사자들이 타고 다니는 말을 위한 단으로, 명부계에 바칠 금은전을 싣고 가는 역할도 겸한다. 마구단에는 10필의 말과 낙타를 그린 두 폭 병풍을 펼쳐 두며, 그림 위의 위목은 '운마낙타십필등중雲馬駱駝十匹等衆'이다. 마구단에는 말의 먹이인 여물·콩·당근을 각 10그릇씩 차린다.

어산단에서 〈신묘장구대다라니〉를 염송하는 가운데 모든 대중이 사자단 앞으로 이동한다. 사자단을 향해 어산단과 증명단의 자리를 갖춘 다음 의식이 진행된다. 먼저 〈정삼업진언〉·〈정법계진언〉·〈개단진언〉·〈건단진언〉으로 업과 도량을 청정하게 한 다음 재단을 열고 세우는 진언을 염송한다.

'제5편 소청사자召請使者'는 사자를 청해 모시는 의식이다. 먼저 천수바라무를 춘 다음 〈거불〉로 부처님의 명호를 거명하고 귀의하며, 〈사자소使者疏〉로 사자를 모신다. 이어 〈수설수륙대회소〉로 수륙법회를 개설하는 취지를 고한다. 내용 가운데 며칠간 번과 기를 달아 휘날리고, 저승에 보내는 공문서로 공첩公牒을 써서 발송하며, 단을 세우고 여러 공양을 법

제5편 소청사자 의식을 통해 사자를 청해 모신다.

식에 맞추어 빈틈없이 차려 초청함을 아뢴다. 아울러 임무를 완성하는 데 한 치의 흐트러짐 없이 신속한 사자의 덕을 칭송하는 글귀도 들어 있다.

> 총명하고 정직하며 민첩하고 빠르게 문서를 지니고 오갈 분이여! 그곳에서 떠나올 적에는 우레처럼 신속하게 달려오고 갈 적에는 번개처럼 빠르게 가십니다. 위풍은 헤아릴 길 없고 거룩한 힘 생각하기 어려우며, 명命을 받은 기약을 어기지 않고 사사로움 없는 소원에 잘 부응해 주십니다.

다음은 요령을 흔들어 사자를 청하는 〈진령게〉, 사자를 모셔 부르는 〈소청사자진언召請使者眞言〉, 연유를 아뢰는 〈유치〉, 모시는 말인 〈청사請詞〉 등이 따른다. 〈유치〉와 함께 신도들이 단에 올라 절을 올리고, 이어 향과 꽃으로 청하며 노래하는 〈향화청香花請〉·〈가영〉 등을 염송한다.

'제6편 안위공양安慰供養'은 자리에 편히 앉게 하여 공양을 올리는 의식이다. 자리를 권하는 〈헌좌진언〉을 한 뒤, 공양을 올리기 위한 단을 세우고자 먼저 법계를 청정하게 하는 〈욕건만나라선송 정법계진언欲建曼拏羅先誦 淨法界眞言〉, 공양을 올리는 〈진공진언進供眞言〉에 이어, 차를 올리는 〈다게〉를 염송할 때 다게작법무를 춘다.

〈기성가지祈聖加持〉로 공양물에 성현의 신묘한 가지를 기원할 때, 신도들이 네 그릇의 마지를 사자단에 올리기 시작한다. 이어 〈변식진언〉을 염송하여 무량하고 수승한 힘으로 음식을 변화시키고, 〈감로수진언〉으로 감로수를 베푼다. 이 무렵 사다라니바라무를 추는 가운데, 신도들이 네 잔의 차를 올리기 시작한다. 다음은 〈수륜관진언〉으로 물의 본성을 관하고, 〈유해진언〉으로 우유가 바다처럼 넘치는 진언을 염송한다.

〈가지게加持偈〉로 가지가 작용하는 게송을 한 다음, 널리 공양을 올리

사자단에 네 그릇의 마지를 올리는 신도들

고 회향하는 〈보공양진언〉과 〈보회향진언〉이 이어진다. 〈탄백〉으로 찬탄하여 아뢰고, 〈행첩소行牒疏〉로 천계·허공계·지계·명계에 전달할 공문을 펼치며, 〈수설수륙대회소〉로 수륙법회를 개설하는 취지를 고한다.

'제7편 봉송사자奉送使者'는 사자를 봉송하는 의식이다. 시방세계에 법회 개설을 두루 알려 주기를 다시 부탁하며 얼른 길에 오르기를 바라는 뜻을 고한다. 받들어 보내드리는 〈봉송진언〉과 〈봉송게〉를 염송하고, 마구단 앞에서 〈마구단〉을 염송하며 사자가 타고 갈 말을 청한 다음, 〈보공양진언〉으로 널리 공양을 올리고 반야심경을 염송한다. 사자의 위목이 적힌 4위의 번을 떼어 태움으로써 사자를 떠나보낸다.

사자단의(使者壇儀) 절차와 의미

사자단의 절차	의 미
정삼업진언(淨三業眞言)	세 가지 업을 맑게 하는 진언
정법계진언(淨法界眞言)	법계를 청정하게 하는 진언
개단진언(開壇眞言)	법단을 여는 진언
건단진언(建壇眞言)	법단을 세우는 진언
제5편 소청사자(召請使者)	사자를 청해 모시는 의식
– 천수바라무(4인)를 춤 – 〈사자소〉·〈수설수륙대회소〉 등으로 사자를 청해 법회 개설의 취지를 고함 – 〈진령게〉·〈소청사자진언〉·〈유치〉·〈청사〉 등으로 연유를 아뢰고 모심	
제6편 안위공양(安慰供養)	자리에 편히 앉게 하여 공양을 올리는 의식
– 〈헌좌진언〉·〈욱건만나라선송 정법계진언〉·〈진공진언〉·〈다게〉 등으로 자리를 권하고 공양과 차를 올리며, 다게작법무(4인)를 춤 – 〈기성가지〉와 〈변식진언〉·〈감로수진언〉·〈수륜관진언〉·〈유해진언〉·〈가지게〉 등으로 음식의 질과 양을 변화시키고, 사다라니바라무(4인)를 춤 – 〈보공양진언〉·〈보회향진언〉으로 널리 공양을 올리고 회향함 – 〈탄백〉·〈행첩소〉 등으로 찬탄하며 수륙법회의 개설 취지를 고함	
제7편 봉송사자(奉送使者)	사자를 봉송하는 의식
– 〈봉송진언〉·〈봉송게〉로 받들어 보내드림 – 〈마구단〉·〈보공양진언〉으로 말에게 공양을 올림	

3) 오로단의

오로단의는 다섯 방위를 관장하는 황제를 모시고 공양을 올리는 절차이다. 오방의 오제는 동쪽의 청제靑帝, 남쪽의 적제赤帝, 중앙의 황제黃帝, 서쪽의 백제白帝, 북쪽의 흑제黑帝를 말한다. 불보살을 비롯한 모든 성현·신중과 영가 제위가 걸림 없이 수륙도량에 참석할 수 있도록 다섯 방위를 활짝 여는 의식이다.

오로단은 의식의 주 무대인 중정 앞쪽에 설치하여, 사찰을 들어섰을 때 가장 먼저 보이는 위치로 장엄한 위용을 갖추게 된다. 오로단은 2단으로 구성하여 윗단에는 다섯 황제의 위목을 사각의 나무판에 정갈하게 써서 가운데 모신다. 그 앞으로 8종의 실과류를 차리고, 아랫단에는 1열과 2열에 각각 9종의 고임 유

오로단 위목

과류와 7종의 정병류를 차리며, 단의 양쪽에는 큰 화분에 색색의 지화로 만든 팽이난등을 장엄한다.

오제를 청하여 오방의 길을 여는 오로단의는 특히 무주 고혼들이 수륙도량에 오지 못할 것을 염려하는 뜻이 담겨 있다. 이는 무차법회로 수륙재의 성격을 띠는데, 중국 수륙재에는 보이지 않는 한국 수륙재만의 특징[31]으로 꼽을 수 있다.

의식은 불법을 찬양하고 환희로움을 나타내는 법고무로 시작한 다음, 〈신묘장구대다라니〉를 염송하는 가운데 천수바라무를 춘다. 이어

---

31 연제영(미등), 「한국 水陸齋의 儀禮와 설행양상」 고려대학교 대학원 박사학위논문, 2014, 170쪽.

지는 '제8편 개벽오방開闢五方'은 다섯 방위를 활짝 열어젖히는 의식이다. 먼저 〈거불〉로 부처님께 귀의하고, 〈개통오로소開通五路疏〉로 다섯 길을 여는 취지문을 염송하며, 〈수설수륙대회소〉로 수륙법회를 개설하는 취지를 고한다. 다음은 요령을 흔들어 오방 황제를 청하는 〈진령게〉·〈보소청진언〉이 이어진다.

오방 황제에게 연유를 아뢰는 〈유치〉가 시작되면서 신도들이 차례로 올라와 오로단에 절을 하기 시작한다. 모시는 말인 〈청사〉를 한 다음, 향과 꽃으로 청하고 노래하는 〈향화청〉·〈가영〉이 이어진다. 〈유치〉 가운데 다음의 내용은 오로단의 목적을 잘 말해 준다.

> 만약 다섯 길이 열리지 않는다면 온갖 신령들이 모이기 어렵지 않을까 염려하여, 삼가 향등香燈을 갖추어 공양을 올립니다. 생각해 보니 인천人天과 지옥, 귀축鬼畜과 아수라는 아직 성인의 자리에 오르지 못한 무리들로 어찌 위엄과 신통력이 있겠사옵니까? 지나가는 곳곳마다 장애와 어긋남이 있을 터이니 먼저 오방에 아뢰고, 이어 널리 세 번 청하옵니다.

'제9편 안위공양安位供養'은 자리에 편안히 앉게 하여 공양을 올리는 의식이다. 지극한 정성과 신심에 호응하여 황제들과 그 권속의 강림을 바라는 말씀을 아뢴 뒤, 〈헌좌진언〉으로 자리를 권하고, 〈욕건만나라선송정법계진언〉으로 법계를 청정히 한다. 이 무렵은 사시마지 시간이기도 하여 신도들은 상단·중단에 마지를 올린다. 공양과 차를 올리는 〈진공진언〉·〈다게〉를 염송하면서 다게작법무를 추기 시작하고, 마지 시간이 되어 상단·중단에 마지를 올린 다음 오로단에도 다섯 그릇의 마지와 다섯 잔의 차를 차례로 올린다. 성현께 가지해 주시길 기원하는 〈기성가지〉, 음식을 변화시키는 〈무량위덕 자재광명승묘력 변식진언〉과 〈감로수진언〉·〈수륜관진언〉·〈유해진언〉이 이어지고, 사다라니바라무를 춘다.

다섯 방위를 찬탄하는 〈오방찬五方讚〉에서는 불교에서 설정한 다섯 방위의 부처님 각각의 명호와 함께, 광명을 발하는 부처님께 깊이 참배하는 내용을 담고 있다. 다섯 가지 공양을 올리고 가지하는 〈오공양五供養〉·〈가지게〉, 널리 공양을 올리고 회향하는 〈보공양진언〉·〈보회향진언〉이 이어진다.

이때 증명법사가 오로단의 사방을 돌며 청수를 뿌려 모든 방위를 청정하게 하고, 〈개통도로진언開通道路眞言〉으로 길을 열어 주며 오로단의를 마무리한다.

오로단의(五路壇儀) 절차와 의미

오로단의 절차	의 미
제8편 개벽오방(開闢五方)	다섯 방위를 활짝 열어젖히는 의식
– 법고무(1인)·천수바라무(4인)를 추고, 〈개통오로소〉·〈수설수륙대회소〉·〈유치〉·〈청사〉 등으로 오방 황제를 청해 모신 다음 다섯 길을 여는 취지를 고함 – 향과 꽃으로 청하고, 오방 황제의 강림을 찬탄하고 노래함	
제9편 안위공양(安位供養)	자리에 편히 앉게 하여 공양을 올리는 의식
– 자리를 권한 다음, 공양과 차를 올리며 다게작법무(4인)·사다라니바라무(4인)를 춤 – 〈기성가지〉·〈변식진언〉·〈감로수진언〉·〈수륜관진언〉·〈유해진언〉으로 성현의 가지에 의지해 공양의 질과 양을 변화시킴 – 〈오방찬〉·〈오공양〉 등으로 다섯 방위를 찬탄하며 공양을 올린 다음, 쇄수로 오방을 청정하게 하고 〈개통도로진언〉으로 길을 열어 줌	

4) 상단의

상단의는 불보살과 상위의 성현을 청해 모시고 공양을 올리는 절차이다. 상단의 불보살은 수륙법회를 증명하는 성현이자 신묘한 가지加持로써 영가 제위와 육도중생을 깨달음으로 이끌어 주는 존재이다. 따라서 상단의는 하단의와 함께 수륙재의 핵심을 이루는 단계로, 가장 오랜 시간에 걸쳐 세밀한 절차로 진행된다.

괘불을 중심으로 오색목과 대형 번, 보산개로 장엄한 상단은 불법의 환희로움과 도량을 옹호·정화하는 뜻을 지닌다.

　중정의 괘불 앞에 자리한 상단은 수륙도량의 아름다운 위용을 드러내는 환희로운 공간이다. 괘불대 중앙에서 오색목五色木이 뻗어 나가는 가운데 수많은 대형 번과 보산개寶傘蓋가 장엄하게 도량을 압도하며, 그 아래 차린 갖가지 공양물에는 사부대중의 정성이 집약되어 있다. 이처럼 수륙도량을 화려하게 장엄하는 것은 불법의 환희로움을 드러내고 찬탄하며, 도량을 옹호·정화하는 뜻을 지닌다.

　가장 돋보이는 것은 자연 속에 모신 대형의 괘불이다. 삼화사 수륙재의 괘불은 오불회괘불탱으로, 비로자나불을 중심으로 좌우에 노사나불·석가모니불과 아래쪽에 약사여래불·아미타불을 모심으로써 삼신불三身佛과 삼세불三世佛을 함께 나타내었다. 하단에는 도솔궁을 가운데 두고 관음보살과 지장보살이 양쪽에 자리하고, 도솔궁 위에는 미륵보살이 입상으로 서 있는 모습이다. 따라서 오불을 통한 진리의 깨우침과 관음·지장·미륵 보살을 통한 구원의 체계를 함께 담고 있다.

상단은 3단으로 구성한다. 맨 윗단에는 5위의 불패를 모신다. 위목은 '나무청정법신 비로자나불南無淸淨法身 毗盧遮那佛, 나무원만보신 노사나불南無圓滿報身 盧舍那佛, 나무천백억화신 석가모니불南無千百億化身 釋迦牟尼佛, 나무당래교주 미륵존불南無當來敎主 彌勒尊佛, 나무서방교주 아미타불南無西方敎主 阿彌陀佛'로 약사불 대신 미륵불을 모신다. 가운데 단에는 토마토·자몽·아보카도·멜론·감·키위·수박·사과·망고·망고스틴·용과·파인애플·바나나와 같은 13종의 실과류를, 아랫단에는 1열과 2열에 각각 잣·은행·대추·호두·밤·옥춘당·과자 등 14종의 고임 유과류와 9종의 갖가지 떡을 풍성하게 차린다. 모든 실과와 고임에는 세 송이의 지화로 장엄하여 화려한 위용을 더하고, 상단의 좌우에는 지화로 거대한 부채난등을 만들어 장엄한다.

상단의의 내용은 크게 관욕과 공양으로 구분된다. 먼저 불보살을 청해 모신 뒤, 성현의 강림을 찬탄하는 관욕으로 청정함을 드러내는 일련의 절차가 이어진다. 다음은 관욕을 마친 불보살을 상단의 자리에 모시고 예를 갖춘 뒤 공양을 올리게 된다. 삼화사 수륙재에서는 공양을 마치고 나서, 여법하게 차를 올리는 헌다례의를 별도로 행하고 있다.

(1) 소청과 관욕

'제10편 소청상위召請上位'는 불보살을 청해 모시는 의식이다. 먼저 도량을 정화하는『천수경』을 염송하는 가운데, 5인의 신도가 상단에 올린 마지를 퇴공한다. 부처님께 말씀을 전하듯 바라를 조심스레 부딪치며 명바라무를 추고, 비로자나불·노사나불·석가모니불의 명호를 부르며 귀의하는 〈거불〉이 이어진다. 다음은 주지스님이 앞으로 나와서 〈수설수륙대회소〉로 수륙법회를 개설하는 취지를 고한다. 동참한 모든 이들이 그 내용을 함께 공유할 수 있도록 다른 소문과 달리 한글로 된 내용이다. 다음은 〈진령게〉·〈청제여래진언請諸如來眞言〉·〈청제보살진언請諸菩薩眞言〉·〈청제현성진언請諸賢聖眞言〉으로 요령을 흔들며 여러 부처님, 여러 보살, 여러 성현을 각각 청한다. 이어지는 〈봉영거로진언奉迎車輅眞言〉은 수레를 받들어 맞이한다는 뜻을 지녔다.

이제 불보살과 여러 성현의 한량없는 공덕과 위신력을 찬탄하는 가운데, 연유를 아뢰는 장편의 〈유치〉가 이어지고, 신도들은 긴 줄을 이루어 차례대로 불단에 나와 절을 올리기 시작한다. 다음은 시방삼세의 부처님을 받들어 청하는 〈청사〉에 이어, 향과 꽃으로 법보와 승보를 각각 받들어 청하는 〈향화청〉, 원만한 강림의 환희로움에 꽃비를 내리며 노래하는 〈산화락〉과 〈원강도량 수차공양〉, 〈가영〉이 따른다.

제11·12·13편은 상위의 존재를 대상으로 한 관욕의 절차이다. 관욕은 '씻어서 정화'하는 보편적 의미를 공유하는 가운데, 성속聖俗의 대상에 따라 의미가 달라진다. 성聖의 존재에 대한 관욕이 경배와 찬탄의 뜻을 지닌다면, 속俗의 존재에 대한 관욕은 오염된 업을 씻어 주는 뜻을 지닌다. 성현은 본래 청정하지만, 육도 중생은 씻음으로써 청정한 존재로 거듭나는 데 초점이 맞추어져 있기 때문이다. 따라서 상단 관욕은 부처님을 찬탄·경배하는 것이자, '허공계의 형상 없는 분들을 관욕으로 표현함으로써 대중이 성현의 존재를 확인하고 느끼게 하는'[32] 뜻을 아울러 지니고 있다.

상단과 중단의 관욕 또한 위상의 차이가 분명하다. 『천지명양수륙재의찬요』를 보면 상단의 찬탄관욕讚嘆灌浴 편에 "여래는 육진에 물들지 않고 삼매의 빛을 내시나 왕사성에서 탁발하고 돌아와 발을 씻으셨으며,

---

32 혜일명조, 『예수재』, 에세이퍼블리싱, 2011, 324쪽.

니련하 강가에서 깨달으신 뒤 몸을 씻으셨습니다. 모든 일이 중생을 이롭게 하기 위한 일이라 하겠습니다."라는 내용이 나온다. 이에 비해 중단의 가지조욕加持澡浴 편은 하단관욕과 편명이 같고, 내용 또한 "…향기로운 물을 준비하였으니 신통력으로 밝게 비추시어 정성을 갸륵히 여겨 받아 주십시오. 오염된 때를 깨끗이 하여 청량한 심신으로 번뇌를 없애소서."라 하였다. 신중은 성스러운 대상이지만, 삼보에 귀의하여 깨달음을 구하는 존재이자 오염된 때를 씻어야 할 존재임을 나타낸 것이다. 하단의 가지조욕 편을 보면, "지난 겁 동안 쌓인 티끌과 번뇌를 씻어내고, 여러 생 동안 지은 죄의 때를 제거해 없애며 뜨거운 번뇌도 육신의 혼침도 털어 없애소서."라 하여 세세생생 살아오면서 지은 업을 씻어내는 의미를 강조하였다.[33]

'제11편 봉영부욕奉迎赴浴'은 상위의 존재를 받들어 성욕소로 나아가는 의식이다. 이때부터 성욕소를 향해 의식을 진행한다. 대중이 정성을 다해 경건하게 받들어 욕실로 인도하고자 함을 아뢰는 가운데, 학인 승려들이 중정을 돌아 불단 앞에 서서 합장 반배한 다음, 5위의 불패를 건네받는다. 불패를 모시고 인례법사의 인도로 중정을 돈 다음 상단 향 우측의 성욕소로 이운한다. 이어지는 〈정로진언淨路眞言〉·〈입실게入室偈〉는 성욕소로 나아가는 의미를 담고 있다.

성욕소는 직사각형의 구획을 만들어 지화로 장엄한 공간으로 자주색 장막을 쳐 두었다. 성욕소의 벽에는 5위의 부처님 위목을 적어두고 5개의 정갈한 수건을 비치하며, 아랫단에는 향탕수를 담은 5개의 놋대야를 준비해 둔다. 불패를 각자의 자리에 모시고 나면 그동안 덮어 놓았던 그물 모양의 주망朱網을 걷어 명호가 드러나게 한다. 지금부터는 장막을 드

---

33 구미래, 「천도재에서 관욕의 상징성과 수용 양상」, 『정토학연구』 제22집, 한국정토학회, 2014, 78쪽.

성욕소로 이운하여 주망을 걷어 놓은 불패

리운 채 의식을 진행한다.

'제12편 찬탄관욕讚歎灌浴'은 관욕을 찬탄하는 의식이다. 향기로운 목욕물을 준비했으니 관욕을 받아들이길 고한 다음, 아홉 마리 용을 찬탄하는 〈구룡찬九龍讚〉, 관욕을 하는 〈관욕진언灌浴眞言〉을 염송한다. 이어 관욕쇠바라무를 춘 다음 〈헐욕게歇浴偈〉로 관욕을 마치는 게송이 따른다.

'제13편 찬청출욕讚請出浴'은 성욕소에서 나오기를 청하는 의식이다. 향기로운 탕에서 나오시어 편안하고 고요한 자리에 오르기를 고한 다음, 감로수를 바치는 〈헌수게獻水偈〉로써 이를 나타낸다. 이때 성욕소에서는 불패를 다시 모시고 나갈 준비를 한다.

'제14편 인성귀위引聖歸位'는 불보살을 인도하여 자리로 돌아가게 하는 의식이다. 정결한 단에 올라 도량에 높이 좌정하여 향기로운 공양 받기를 고한 다음, 부처님이 꽃을 든 뜻을 새기는 〈염화게〉, 환희로운 꽃비를 내리는 〈산화락〉을 염송한다. '인성귀위' 편의 시작과 함께 성욕소에

제14편 인성귀위 의식을 통해 관욕을 마친 불패를 모시고 나간다.

서 불패를 모시고 나와서 한복을 갖춘 신도들과 함께 중정을 돈 다음, 상단의 본래 자리로 불패를 모신다. 부처님을 모시는 환희로움을 노래하고자 어산단에서는 둥글게 원을 이루어 짓소리로 '거령산居靈山'을 염송하고, 승려와 신도들은 인례법사의 인도로 중정을 천천히 돈다. 다음은 좌정을 청하는 〈좌불게〉가 이어진다.

(2) 공양의식

공양의식의 경우 상단과 중단에는 공양을 권해 올린다는 뜻에서 권공이라 하고, 하단에는 공양을 베푼다는 뜻에서 시식이라 부른다. 수륙재에서 공양이 지니는 상징성은 매우 크다. 공양은 동참 재자들이 삼보를 비롯한 모든 초월적 존재와 사부대중에게 올리는 보시이자, 수륙도량에 모인 성속과 명양明陽의 존재가 서로 소통하는 상징적 매개물이기 때문이다. 나아가 공양은 불보살의 가피에 따라 법식으로 변환되어, 영가는

제15편 헌좌안위 의식을 통해 불보살과 모든 성현이 편히 좌정하도록 권한다.

물론 동참 재자와 육도중생을 깨달음으로 이끄는 유기적 관계를 지니고 있다.

'제15편 헌좌안위獻座安位'는 자리에 편히 좌정하도록 권하는 의식이다. 불보살과 모든 성현께 장엄하게 꾸민 보배 자리로 오르기를 권한 다음, 좌정을 알리는 〈헌좌진언〉과 법계를 청정히 하는 〈욕건만나라선송 정법계진언〉에 이어 〈다게〉를 염송한다. 신도들은 다섯 그릇의 마지를 올리고, 이어 다섯 잔의 차를 올린다. 일상의 사시마지 시간에 이미 마지를 올렸지만, 수륙법회의 본격적인 상단공양 의식에 따라 다시 한 번 마지를 올리는 것이다.

'제16편 찬례삼보讚禮三寶'는 삼보를 찬탄하고 예배하는 의식이다. 부처님의 감응을 찬탄하고 삼보에 귀의한 다음, 그 한량없는 덕을 찬탄하는 〈사무량게〉와 〈찬양게讚揚偈〉, 삼보에 예를 올리는 〈삼정례三頂禮〉, 중생을 이롭게 하는 〈위리게爲利偈〉, 〈귀의삼보진언〉을 염송한다.

'제17편 가지변공加持變供'은 불보살의 가지력으로 상단의 공양을 변화시키는 의식이다. 가지로써 음식들을 변화시켜 공양이 원만하게 이루어지기를 간청한 다음, 변공變供을 위한 네 가지 다라니로 〈무량위덕 자재광명승묘력 변식진언〉·〈감로수진언〉·〈수륜관진언〉·〈유해진언〉의 염송과 함께 사다라니바라무를 춘다. 앞서 사자단의와 오로단의에서도 나왔듯이, 현실 세계에서 올린 공양을 초월적 세계에 적합한 양과 질로 바꾸기 위해 〈사다라니〉를 염송하는 것이다.

다음은 〈향화게〉를 염송하는 가운데 향화게작법무와 법고무가 이어진다. 가지하여 공양을 올리는 〈가지게〉, 널리 공양을 올리고 회향하는 〈보공양진언〉·〈보회향진언〉을 한 다음, 네 가지 큰 주문인 〈사대주四大呪〉로 ① 나무 대불정여래밀인 수증요의 제보살만행 수능엄신주南無 大佛頂如來密因 修證了義 諸菩薩萬行 首楞嚴神呪 ② 정본 관자재보살 여의륜주正本 觀自在菩薩 如意輪呪 ③ 불정심 관세음보살 모다라니佛頂心 觀世音菩薩 姥陀羅尼 ④ 불설소재길상다라니佛說消災吉祥陀羅尼를 염송한다.

〈여래장경실상장구如來藏經實相章句〉로 삼보에 귀의한 후, 모든 원이 이루어지기를 바라는 〈원성취진언願成就眞言〉, 빠진 문구들을 원만히 채워 넣는 〈보궐진언補闕眞言〉, 〈나무 석가모니불〉 정근, 석가여래의 마음을 키우는 〈석가여래종자심진언釋迦如來種子心眞言〉, 감탄하여 아리는 〈탄백〉을 이어 간다. 다음은 우리말 가사를 지역 민요토리에 얹어 친숙하게 부르는 〈화청〉을 하고, 신도들은 상단에 참배한다. 마지막으로 어산단 법주 스님의 〈축원〉과 함께, 여러 스님이 동참 재자의 명단을 염송한다.

상단의(上壇儀) 절차와 의미

상단의 절차	의 미
제10편 소청상위(召請上位)	불보살을 청해 모시는 의식

- 명바라무(4인)를 춘 뒤, 〈거불〉·〈수설수륙대회소〉로 상위의 존재를 청해 모시고 귀의하며 수륙법회를 개설하는 취지를 고함
- 〈진령게〉·〈청제여래진언〉 등으로 불보살과 여러 성현을 청한 뒤, 〈봉영거로진언〉으로 맞이함
- 〈유치〉·〈청사〉로 모시는 말을 올리고, 〈향화청〉·〈산화락〉·〈원강도량 수차공양〉·〈가영〉으로 원만한 강림과 환희로움을 찬탄함

제11편 봉영부욕(奉迎赴浴)	불보살을 받들어 성욕소로 나아가는 의식

- 정성을 다해 받들어 욕실로 인도하고자 함을 아룀
- 〈정로진언〉·〈입실게〉와 함께 불패를 성욕소로 이운함

제12편 찬탄관욕(讚歎灌浴)	관욕을 찬탄하는 의식

- 향기로운 목욕물을 준비했으니 관욕을 받아들이시길 고함
- 〈구룡찬〉으로 찬탄하며, 〈관욕진언〉으로 관욕을 하고, 관욕쇠바라무(5인)를 춘 뒤, 〈헐욕게〉로 관욕을 마침

제13편 찬청출욕(讚請出浴)	성욕소에서 나오기를 청하는 의식

- 탕에서 나오기를 고한 다음, 〈헌수게〉로 관욕을 마친 성현께 감로수를 바침

제14편 인성귀위(引聖歸位)	성현을 인도하여 자리로 돌아가게 하는 의식

- 정결한 단에 좌정하길 권한 다음 불패를 상단으로 모심
- 〈산화락〉으로 환희로운 꽃비를 내린 뒤, 〈좌불게〉로 좌정을 청함

제15편 헌좌안위(獻座安位)	자리에 편히 좌정하도록 권하는 의식

- 보배 자리에 오르기를 권함
- 〈헌좌진언〉으로 좌정을 알리고, 좌정한 성현께 다게로 차를 올림

제16편 찬례삼보(讚禮三寶)	삼보를 찬탄하고 예배하는 의식

- 〈사무량게〉·〈찬양게〉로 부처님의 덕을 찬탄함
- 〈삼정례〉로 예를 올리며, 중생을 이롭게 하는 〈위의게〉를 노래하고 〈귀의삼보진언〉으로 마무리 함

제17편 가지변공(加持變供)	불보살의 가지력으로 공양을 변화시키는 의식

- 수승한 가지로써 음식들을 변화시켜 공양이 원만하게 이루어지기를 간청한 뒤 변공을 위한 〈사다라니〉를 염송하고 사다라니바라무(3인)를 춤
- 〈운심게〉·〈운심공양진언〉으로 지성으로 마음을 움직여 공양을 들게 하고, 향화게작법무(4인)와 법고무(1인)를 춤
- 〈가지게〉·〈보공양진언〉 등으로 공양을 올리고, 〈사대주〉를 염송함
- 〈원성취진언〉·〈보궐진언〉·〈나무 석가모니불〉 정근·〈석가여래종자심진언〉으로 원이 이루어지길 바라고, 빠진 문구를 채워 넣고, 여래의 마음을 키움
- 〈탄백〉·〈화청〉·〈축원〉으로 마무리함

(3) 헌다례의

헌다례는 불보살에게 차공양을 올리는 의식이다. 차는 이른 시기부터 부처님께 올리는 주된 공양물이었다. 육법공양 가운데 차공양을 별도의 헌다례로 의례화한 것은 그만큼 차에 깃든 현묘한 이치를 높이 여기기 때문이다. 새벽 예불을 할 때 "제가 이제 맑고 깨끗한 물로 모든 감로의 차를 만들어 삼보님 전에 받들어 올리니, 원하옵건대 자비로이 받아 주소서."라 외우는 다게의 내용처럼, 불교에서는 차를 감로다甘露茶라 일컫는다. 감로는 범어 '암리타amrita'에서 온 용어로 불로장생하는 신묘한 천상계의 음료를 뜻한다. 따라서 부처님께 올리는 최상의 공양일 뿐만 아니라, 영가천도의 자리에도 차를 올려 깨달음의 세계로 이끌어 주는 감로의 법문으로 삼고 있다.

헌다례는 모든 의식을 신도들이 맡아 진행한다. 절차는 죽비를 든 신도의 죽비 소리에 따르고, 또 다른 신도는 중간중간 발원문 낭독을 이

불전에 지극한 정성으로 차를 올리며 삼보에 귀의한다.

어 간다. 부처님 앞에는 정갈하게 한복을 갖춘 18인의 다인茶人이 2인 1조로 나란히 앉아 직접 달인 차를 올리게 된다. 차는 열두 차례에 걸쳐 9잔씩 올려 총 108잔의 차공양이 이루어진다.

9조의 다인들이 차를 달일 때 필요한 풍로·탕관湯罐에서부터 다관·찻잔·찻상 등 다구 일체를 진열하고 나면, 다음의 발원문을 낭독하는 가운데 차를 달이기 시작한다. "일심 정례하옵고 지극한 정성으로 감로차를 올립니다. 하늘이 청명하고 앞산의 단풍이 더없이 아름다운 날, 무릉계곡 바위틈의 석간수를 받아 지극한 마음을 연두빛깔 차로 우려내어 부처님 전에 올립니다." 차가 준비되면 마주 앉은 다인이 찻상을 받쳐 들고, 상단 앞에 대기하고 있던 9인의 승려에게 전달하러 나아간다. 이때 "정법의 구현자이신 세존께 귀의합니다. 화엄의 세계 원하는 저희들의 발보리심을 담아 향기 가득 차를 올리오니 오직 바라옵건대 부처님이시여! 이 공양을 받으소서!"라는 발원문을 낭독하고, 1조의 승려들이 차를 불단에 올린다.

이러한 방식으로 2조는 학인 승려들이 부처님께 차를 올리고, 3조부터는 신도들이 차를 올리기 시작한다. 4조가 차를 받을 때 다시 "참되고 영원한 길이신 법보께 귀의합니다. 무릉계곡 소나무 사이 스치는 바람소리 담아 맑은 차 올리오니 바라옵건대 이 공양을 받으소서!"라는 발원문이 이어진다.

이어 7조가 차를 받을 때는 "청정과 화합의 모범이신 승가에 귀의합니다. 지극한 정성으로 감로의 청정한 차를 올리오니 바라옵건대 이 공양을 받으소서!", 10조가 차를 받을 때는 "선정의 맑은 차를 공양 올리오니 이 공덕 무량하여 부처님의 지혜 광명 드리우사 일체중생 모두 함께 성불하기를 원하나이다. 부처님이시여! 이 공양을 받으소서!"라고 발원한다. 마지막 12조가 차를 받을 때 낭독하는 발원문은 다음과 같다.

열두 차례에 걸쳐 9잔씩 총 108잔의 차 공양이 이루어진다.

과거 현재 미래가 다 같이 아름답기를,
나와 남과 우리가 다 같이 평화롭기를,
산 자와 죽은 자가 다 같이 평온하기를,
부처님 전에 공양 올린 이 공덕으로 부디 이루어지게 하옵소서!

불단에는 108잔이 놓여 있고, 18인의 다인이 불단 앞으로 나와서 나란히 합장한 채, 부처님과 승려들에게 반 배를 올리고 퇴장한다. 헌다례는 약 25분에 걸쳐 진행된다.

5) 설법의

설법의는 법사를 모시고 법문을 청해 듣는 절차이다. 상단의를 통해 부처님을 만나는 환희로움에 이어 불법을 듣는 시간을 가짐으로써 영산에서 펼쳐진 법회의 상징적·구체적인 구현이 가능해지는 셈이다.

2021년 삼화사 수륙재에서는 월정사 주지인 정념 스님을 법사로 모시고 설법을 들었다. 법사가 높은 법상法床에 좌정하면 〈청법게請法偈〉로 법문을 청하고, 삼배를 올린 다음, 잠시 선정에 들어 마음을 가다듬는 '입정入定'이 이어진다. 주장자를 들어 법상을 한 차례 친 법사는 수륙재를 찬탄하는 게송을 읊고 '창불'로 나무아미타불을 노래한 다음, 법문을 시작하였다.

수륙재는 삼악도에서 고통 받고 윤회하는 일체중생에게 지혜의 길을 열어 주는 대법석의 시간이며, 유주무주 일체 영가와 생명 있는 삼라만상이 서로 소통하고 화합하여 온 생명이 대 해방의 시간을 맞는 것임을 설파하였다. 인간의 욕망과 이기심으로 인한 자연 파괴와 지구촌의 재앙이 심각한 시대에 우리의 업보를 참회하며, 무차수륙대재의 정신으로 지혜롭고 자비로운 문명을 건설해 나가자는 가르침의 법문이었다. 다시 게송 한 구절을 염송한 다음 주장자를 세 차례 내리치면서 법문을 마쳤다.

불법을 듣는 시간을 가짐으로써 영산에서 펼쳐진 법회의 상징적·구체적인 구현이 가능해진다.

6) 중단의

중단의는 화엄성중華嚴聖衆과 수륙재 중단신앙의 대상인 삼장보살을 모시고 공양을 올리는 절차이다. 삼장보살은 하늘과 땅과 지하의 삼계를 다스리는 보살로 수륙재 중단신앙의 한 유형을 이루는 존재들이다. 구체적으로 천상을 다스리는 상계교주 천장보살天藏菩薩, 지상을 다스리는 음부교주 지지보살持地菩薩, 지하를 다스리는 유명계교주 지장보살地藏菩薩을 말한다.

따라서 상단 향 우측에 자리한 중단에는 삼장보살탱화三藏菩薩幀畵를 모신다. 탱화에는 중앙의 천장보살을 중심으로 좌우에 지지보살·지장보살이 자리하고, 각 보살의 주변에 협시보살과 수많은 권속이 포진한 모습이다. 이들은 수륙도량과 일체중생을 옹호하며 영가와 삼악도의 중생을 구제하는 존재들이라 하겠다. 중단 앞쪽으로 성중의 위목을 쓴 수많은 번을 드리우고, 좌우에는 지화로 팽이난등을 만들어 장엄한다.

중단은 2단으로 구성하여 윗단에 '일심봉청 천장보살, 일심봉청 지지보살, 일심봉청 지장보살'이라 쓴 위패를 모신다. 아랫단에는 1열에 파인애플·토마토·자몽·멜론·수박·배·사과·바나나·감과 같은 9종의 실과류를, 2열에는 10종의 고임 유과류를, 3열에는 정병류로 7종의 갖가지 떡을 차린다. 어산단과 악사들은 모두 중단을 향해 자리를 재배치한다. 중단의 또한 상단과 마찬가지로 관욕과 공양으로 이루어진다. 성중을 청해 모시고 관욕으로 정화의식을 거친 뒤, 불단에 참례케 한 다음 중단에 모시고 공양을 올리게 된다.

(1) 소청과 관욕

'제18편 소청중위召請中位'는 중위의 성현을 청해 모시는 의식이다. 『천수경』을 염송하는 가운데 중단에 헌향하고, 엎드려 청하는 〈복청게〉를 염송한 뒤 천수바라무를 춘다. 다음은 〈거불〉로 천장·지지·지장보살께

중단의 번과 고임

제18편 소청중위 의식의 천수바라무

귀의하고, 한글로 된 〈수설수륙대회소〉로 중위의 성중에게 수륙법회를 개설하는 취지를 고한다. 이때 일심으로 법계의 모든 성중을 받들어 초청함을 아뢰며 중위에 모실 존재들의 존함을 일일이 거명한다. 이들의 명호는 천계·지계·지하계의 존재 각 8위씩 모두 24위이다.

상세히 살펴보면 천계의 사공천중四空天衆·18천중十八天衆·육욕천중六欲天衆·일월천중日月天衆·제성군중諸星君衆·오통선중五通仙衆·제금강중諸金剛衆·팔부신중八部神衆, 지계의 제용왕중諸龍王衆·아수라중阿修羅衆·대야차중大夜叉衆·구반다중矩畔茶衆·나찰바중羅刹波衆·귀자모중鬼子母衆·대하왕중大河王衆·대산왕중大山王衆, 지하계의 유현신중幽顯神衆·제명왕중諸冥王衆·태산부군泰山府君·제판관중諸判官衆·제장군중諸將軍衆·제옥왕중諸獄王衆·제귀왕중諸鬼王衆·제졸리중諸卒吏衆 등 삼계에 포진한 모든 성중을 위로부터 아래에까지 빠짐없이 거론하는 것이다. 이어 "위로는 여래의 칙명을 받으시고 아래로는 신도의 마음을 불쌍히 여기시어, 거느리고 있는 대중을 모두 데리고 거룩한 단상에 오시어 미묘한 작용을 널리 베푸시길" 청하게 된다.

〈진령게〉로 요령을 흔들어 중위 성현을 청하기 시작하여 신도들의 중단 참배가 이어지는 가운데, 삼계의 모든 천신을 불러 청하는 〈소청삼계제천주召請三界諸天呪〉, 오통의 여러 선인을 불러 청하는 〈소청오통제선주召請五通諸仙呪〉, 일체 천룡을 불러 청하는 〈소청일체천용주召請一切天龍呪〉, 일체 선신을 불러 청하는 〈소청일체선신주召請一切善神呪〉, 염마라국의 왕을 불러 청하는 〈소청염마라왕주召請焰摩羅王呪〉가 따른다.

다음은 모시는 연유를 아뢰는 〈유치〉의 순서이다. 천계·지계·지하계 성중의 신통력과 공덕을 낱낱이 들어 찬탄하며, 공경하고 환희롭게 맞이할 것이니 향연에 내려오시기를 청한다. 모시는 말인 〈청사〉에 이어, 향과 꽃으로 시방 삼세의 성중을 청하고 노래하는 〈향화청〉·〈가영〉을 한다.

제19·20·21편은 중위의 존재를 대상으로 한 관욕의 절차이다. '제19

인례법사의 인도로 중단의 위패를 모시고 성욕소로 이운한다.

편 봉영부욕^{奉迎赴浴}'은 삼장보살을 맞이하여 성욕소로 나아가는 의식이다. 경건한 기도로 맞이할 것을 아뢰는 가운데, 승려들이 중단 앞에 서서 삼배를 올린 다음 신도들로부터 3위의 위패를 건네받는다. 위패를 모시고 인례법사의 인도로 이운하는 동안 〈정로진언〉·〈입실게〉로써 성욕소로 나아가는 게송이 이어진다. 성욕소는 상단 관욕을 행한 공간을 사용한다.

'제20편 가지조욕'은 가지하여 관욕을 하는 의식이다. "신통력으로 분명히 나타나시어, 정성껏 준비한 향탕수로 오염된 요소를 깨끗이 씻어 밝고 맑은 심신으로 즐거운 청량함을 얻고 번다한 번뇌를 없애기를" 아뢴다. 찬탄·경배의 뜻을 지닌 상단의 관욕과 분명한 차이를 알 수 있다. 관욕을 하는 〈관욕게〉에서는 관욕쇠바라무가 따르고, 다음은 관욕

제19편 봉영부욕 의식으로 성욕소에 위패를 이운하면 중정에서는 제20편 가지조욕 의식이 시작된다.

을 마치는 〈헐욕게〉, 감로수를 바치는 〈헌수게〉가 이어진다.

'제21편 출욕삼성出浴參聖'은 성욕소를 나와 불보살께 참배하는 의식이다. 관욕을 마친 중위 성중에게 도량으로 나아가려면 먼저 부처님께 예를 올려야 함을 아뢰고, 위패를 모신 승려들이 중정을 돌아 불단 앞에 나란히 선다. 꽃을 드신 뜻을 새기는 〈염화게〉, 환희로운 꽃비를 내리는 〈산화락〉이 이어진다.

'제22편 천선례성天仙禮聖'은 상위의 성현을 예배하는 의식이다. 불단 앞에 선 중위의 존재들에게, 삼보를 만나기 어렵다는 점을 생각하여 삼업三業을 가다듬고 삼보에 참례할 것을 아뢴다. 〈보례게〉·〈삼정례〉로 삼보에 예를 올리는 절차가 이어진다. 〈의상조사법성게〉의 염송과 함께 위패를 든 승려들이 중정을 돌아 중단의 본래 자리에 위패를 모시고, 중생을 이롭게 하는 〈위리게〉가 따른다.

(2) 공양의식

'제23편 헌좌안위獻座安位'는 성중이 자리에 편히 좌정하도록 권하는 의식이다. 각종 공양물을 진설한 자리에 편히 앉도록 권하며, 〈헌좌진언〉·〈욕건만나라선송 정법계진언〉에 이어, 차를 올리는 〈다게〉를 이어 간다. 이때 신도들이 중단에 세 그릇의 마지와 세 잔의 차를 차례로 올린다. 〈다게〉의 첫 구절을 "맑고 깨끗한 차와 약식은 능히 질병과 혼침을 없애 줍니다."라고 아뢰어, 상단 성현과 차이를 두었다. 중단 또한 사시에 마지를 올렸지만, 수륙법회의 중단의에 따라 올리는 공양이다.

'제24편 가지변공加持變供'은 불보살의 가지력으로 공양의 질과 양을 변화시키는 의식이다. 먼저 절실한 마음으로 공양을 올리니 수승한 가지로써 원만한 공양이 이루어지도록 불보살께 발원한 다음, 변공을 위한 네 가지 다라니로 〈변식진언〉·〈감로수진언〉·〈수륜관진언〉·〈유해진언〉의 염송과 사다라니바라무가 함께 어우러진다. 마음을 움직여 공양을 들게 하는 〈운심게〉의 염송과 운심게작법무·요잡바라무가 이어지고, 다시 법고무를 추어 환희로운 법석을 펼친다.

〈보공양진언〉·〈보회향진언〉·〈사대주〉로 공양을 올리고 회향한 다음, 〈여래장경실상장구〉·〈원성취진언〉·〈보궐진언〉 등으로 삼보에 귀의하면서 원 성취를 발언한다. 이어 '지장보살' 정근을 한 다음, 지장보살의 가피로 정업을 없애 주는 〈지장보살 멸정업진언地藏菩薩 滅定業眞言〉과 찬탄하여 아뢰는 〈탄백〉이 따른다. 특히 지장보살은 '죄고에 빠진 중생을 한 명도 남김없이 구제하지 않고서는 성불하지 않겠다'는 서원을 세운 존재이다. 따라서 〈탄백〉에서는 다음과 같이 지장보살의 서원을 칭송한다.

> 지장보살 큰 성인의 간절한 서원력이여!
> 갠지스강 모래알처럼 수많은 중생을 고해에서 건지시네.
> 열 채의 궁전에서 밝게 비춰 지옥을 비우시며
> 업이 다한 중생들 인간세계로 나가게 하시네.

다음은 중위 성중에게 영가를 가엾게 여겨 정토에 태어나게 해 주기를 바라는 민요 투의 〈화청〉을 부르고, 이어 우리말 가사의 축원을 화청 조로 부르는 〈축원화청〉으로 중단의를 마무리한다. 화청을 할 때는 범패승이 상황에 적합한 내용을 즉흥적으로 지어 부르기도 하여 대중과 더욱 가깝게 소통하는 시간을 갖게 된다.

화청이 이어지는 동안 신도들은 사자단·오로단에 올렸던 떡을 모두 썰어 오로단 앞쪽의 여러 곳에 푸짐하게 쌓아 둔다. 중단의와 함께 둘째 날을 마치고, 수륙재에 동참한 모든 이들과 재에 올린 공양물을 나누는 것이다.

중단의(中壇儀) 절차와 의미

중단의 절차	의 미
제18편 소청중위(召請中位)	중위의 성현을 청해 모시는 의식
– 천수바라무(2인)를 추고, 수설수륙대회소로 법회를 개설하는 취지를 고함 – 삼계제천(三界諸天), 오통제선(五通諸仙), 일체천용(一切天龍), 일체선신(一切善神), 염마라왕(焰摩羅王) 등 일체의 모든 중위 성현을 청함 – 〈유치〉·〈청사〉로 모시는 연유를 아뢰고, 향과 꽃으로 환희로움을 노래함	
제19편 봉영부욕(奉迎赴浴)	받들어 맞이하여 성욕소로 나아가는 의식
– 경건한 기도로 맞이할 것을 아뢰며, 〈정로진언〉·〈입실게〉를 통해 성욕소로 나아감	
제20편 가지조욕(加持澡浴)	가지하여 관욕을 하는 의식
– 관욕으로 심신을 밝고 맑게 하여 즐거운 청량함을 얻고 번뇌를 없애기를 아룀 – 〈관욕게〉·관욕쇠바라무(4인)와 함께 관욕하고, 〈헐욕게〉로 관욕을 마친 다음, 〈헌수게〉로 감로수를 바침	
제21편 출욕삼성(出浴參聖)	성욕소를 나와 불보살에게 참례하는 의식
– 〈염화게〉·〈산화락〉과 함께 중정을 돌아, 불단 앞에 나아감	
제22편 천선례성(天仙禮聖)	상위의 성현을 예배하는 의식
– 삼보에 예를 올리고, 〈법성게〉로 진리를 새기며, 〈위리게〉로 중생을 이롭게 함을 노래함	
제23편 헌좌안위(獻座安位)	자리에 편히 좌정하도록 권하는 의식
– 〈헌좌진언〉으로 자리를 권하고, 〈법계〉를 청정하게 한 다음, 마지와 차를 올림	

중단의 절차	의 미
제24편 가지변공(加持變供)	가지로 공양의 질과 양을 변화시키는 의식

- 수승한 가지로 음식의 질과 양을 변화시키기를 발원하고, 변식을 위한 사다라니 염송과 사다라니바라무(3인)를 춤
- 〈운심게〉 염송과 운심게작법무(2인)·요잡바라무(2인)·법고무(2인)를 춘 뒤, 공양을 올리고 회향함
- 삼보에 귀의하고 〈원성취진언〉으로 원이 이루어지기를 발원함
- 지장보살 정근, 정업을 없애 주는 〈지장보살 멸정업진언〉을 염송하고, 〈탄백〉·〈화청〉·〈축원화청〉으로 마무리함

7) 방생의

방생의는 산 생명을 놓아주어 선업을 쌓는 절차이다. 삼화사 수륙재에서는 3일째인 마지막 날, 하단의를 행하기 전에 뭇 생명을 살리고 자유롭게 해 주는 방생의로 시작한다. 방생은 불교의 생명 존중과 자비를 적극적으로 실천하는 행위이다. 살생을 금하고 악업을 짓지 않는 것이 소극적 계율이라면, 한 걸음 나아가 죽음에 처한 생명을 놓아주고 선업을 짓는 것이 방생에 담긴 사상이기 때문이다. 이에 사찰에서는 연중 특별한 날이면 방생 법회를 열고 살아 있는 생명을 자연 속에 풀어 주고 있다.

아울러 수륙재는 모든 생명 있는 존재에게 공양을 올리고 시식을 베푸는 것이기에, 역사적으로 수륙재를 행할 때 물고기에게 먹이를 주는 의식이 있었다. 1432년(세종 14) 한강에서 수륙재를 할 때 "7일간 날마다 백미(白米) 두어 섬을 강물 속에 던져서 물고기들에게 먹이를 베풀었다."[34]는 것이다. 따라서 오늘날 수륙재에서는 '수륙'의 의미를 구체화하는 의식으로 물에 의지해 살아가는 모든 존재에게 베푸는 시식과 실제 물고기를 놓아주는 방생이 나란히 전승되고 있음을 알 수 있다.

---

34 『세종실록』 권55, 세종 14년 2월 14일 계묘.

방생의 시작과 함께 번·깃발·기물을 들고 어산단·취타대와 사부대중이 행렬을 이루어 방생소로 향한다. 방생소는 천왕문 건너편의 계곡에 널찍한 구역을 설치하고, 각종 과일·유과와 함께 시루떡을 시루째 올려놓는 재단을 차린다. 단 옆에 증명법사의 자리를 마련하고 어산단은 단을 마주하며, 각종 번과 깃발과 기물은 방생소의 사방을 감싼다.

방생의는 먼저 받들어 찬탄하는 〈거찬擧讚〉으로 시작하여, '나무청량지보살마하살'을 염송하며 삼보에 귀의한다. 주지스님을 비롯한 승려들이 단 앞으로 나와서 삼배를 하고 들어가면, 공간을 청정하게 하기 위한 천수바라무와 도량게작법무를 춘다.

'제25편 청성가피請聖加被'는 성현의 가피를 청하는 의식이다. 석가모니불·약사여래불·아미타불·관세음보살·지장보살을 부르며, 자비를 베풀어 미물의 중생이 불보살의 가호를 깨닫기를 기원한다. "어류, 동식물, 조류 등의 중생은 죄의 장애가 깊고 무거워, 마음이 어둡고 미혹함에 대승 경전의 깊은 뜻을 알지 못하옵니다. 삼보를 받드오니, 위신력과 덕의 가피로 깨달음을 통달하고 어서 속히 해탈을 얻도록 자비로이 받아 주옵소서."라는 내용과 함께, 이들을 참회케 하고 삼귀의를 받게 하며 법의 실상을 널리 알리겠노라 발원하는 것이다. 이때부터 신도들이 차례로 나와 삼배를 하면서 저마다 방생의 공덕을 함께하는 시간이 시작된다. 원을 적은 소지所紙를 재단 위에 올려놓고 절을 하기도 한다.

'제26편 참제업장懺除業障'은 참회하여 업장을 없애는 의식이다. 과거·현재의 모든 이류異類 불자들에게 다생의 업이 무거워 축생과 미물이 되었으니 삼보 전에 죄업을 드러내고 지극정성으로 참회하기를 이른다. 〈참회게〉·〈참회진언〉으로 깊이 참회하고, 이어 일곱 분의 부처님께 죄를 멸해 주기를 기원하는 〈칠불여래멸죄진언七佛如來滅罪眞言〉이 따른다.

'제27편 수삼귀의授三歸依'는 삼귀의 계를 내리는 의식이다. 모든 이류 중생들에게 지금까지 삼보를 듣지도 귀의하지도 않아 축생과 미물이

방생소   방생의

되었음을 알리면서, 삼보에 귀의하게 하고 다시는 사악한 외도와 그 가르침과 무리에 귀의하지 말 것을 이른다. '제28편 설시인연법說示因緣法'은 인연법을 설하는 의식이다. 마침내 삼보에 귀의한 이류 중생들에게 여래의 명호와 공덕을 칭송하여 들려주고, 십이인연법으로 생멸의 이치를 일러 준다. 다음은 네 가지 큰 서원을 발원하는 '제29편 발홍서원發弘誓願', 여래의 명호를 찬탄하는 '제30편 칭찬명호稱讚名號'가 이어진다. 칭찬명호에서는 다보여래·보승여래·묘색신여래·광박신여래·이포외여래·감로왕여래·아미타여래의 일곱 여래 명호를 염송하며 이들의 서원력으로 모든 중생을 구제하고 무상도를 증득케 할 것임을 알려 준다.

'제31편 방석물명放釋物命'은 미물을 풀어 주는 의식이다. 방생 이후로 영원히 악의 무리와 만나지 않고 천상이나 인간으로 태어날 것이며, 계율을 수지하고 수행하면 원에 따라 왕생할 것이라 발원한다. 이때부터 계곡의 물가에서는 실제 물고기를 놓아주는 방생이 시작된다. 먼저 주지스님이 단 옆에 놓아 두었던 대야 속의 잉어를 물에 풀어 준 다음, 차례대로 신도들의 방생이 이어진다. 잉어는 한 마리씩 물속으로 들어가 힘차게 헤엄치고, 어산단에서는 정토에 왕생하는 〈불설왕생정토진언佛說往生淨土眞言〉 염송이 이어진다.

'제32편 회향발원廻向發願'은 회향을 발원하는 의식이다. "미물로 태어난 세월이 무한히 길고 혼미하니, 이제 삼보에 귀의하고 보리심을 발하여 그물망을 피해서 광활한 바다와 높은 하늘을 날아 부처님의 인도에 따라 도리천에 태어나시라."는 일체중생의 발원이다. 정토에서 왕생하기를 결정하는 〈결정왕생정토진언決定住生淨土眞言〉, 상품상생으로 왕생하는 〈상품상생진언上品上生眞言〉에 이어, 아미타불 본심의 미묘함을 아는 〈아미타불본심미묘진언阿彌陀佛本心微妙眞言〉·〈아미타불심중심진언阿彌陀佛心中心眞言〉이 따른다. 마지막으로 축원과 함께, 방생의 수승한 공덕과 복을 모두 회향하며 고통에 빠진 모든 중생이 속히 무량광 부처님의 도량에 왕생하기를 발원하는 〈회향게〉로 마무리한다.

방생의(放生儀) 절차와 의미

방생의 절차	의 미
– 받들어 찬탄하고 삼보에 귀의한 뒤, 천수바라무(5인)와 도량게작법무(5인)를 춤	
제25편 청성가피(請聖加被)	성현의 가피를 청하는 의식
제26편 참제업장(懺除業障)	참회하여 업장을 없애는 의식
– 〈참회게〉로 깊이 참회하고, 〈칠불여래멸죄진언〉으로 칠불에게 죄를 멸해 주기를 기원함	
제27편 수삼귀의(授三歸依)	삼귀의 계를 내리는 의식
제28편 설시인연법(說示因緣法)	인연법을 설하는 의식
제29편 발홍서원(發弘誓願)	네 가지 큰 서원을 발원하는 의식
제30편 칭찬명호(稱讚名號)	여래의 명호를 찬탄하는 의식
제31편 방석물명(放釋物命)	미물을 풀어 주는 의식
– 주지스님과 신도들이 잉어를 방생함 – 〈불설왕생정토진언〉으로 정토왕생을 기원함	
제32편 회향발원(廻向發願)	회향을 발원하는 의식
– 정토왕생을 결정하는 〈결정왕생정토진언〉과 〈상품상생진언〉을 염송함 – 〈아미타불본심미묘진언〉·〈아미타불심중심진언〉으로 아미타불 본심의 미묘함을 깨달음 – 〈축원〉과 〈회향게〉로 마무리함	

8) 하단의

하단의는 천도의 대상을 청해, 시식을 베풀고 왕생을 기원하는 절차이다. 하단의 주 대상은 동참 재자들이 모신 영가와 일체 고혼이며, 나아가 지옥·아귀·축생의 삼악도를 비롯해 육도 윤회하는 모든 중생이 해당한다. 이들을 도량으로 청해 관욕으로 업을 청정하게 하며, 시식을 베풀고 불법을 들려주는 것이다.

수륙재의 목적이 영가와 고혼의 무차천도라는 점에서 하단의식은 의례의 핵심에 해당한다. 따라서 동참 재자들은 자신이 모신 영가를 비롯해 일체 영가·고혼의 극락왕생을 위해 지극한 마음으로 기도를 올리며, 불보살과 신중의 가피가 영가와 고혼에 미치기를 발원하게 된다. 수륙도량의 모든 성현과 신적 존재들이 편안한 왕생을 돕고 사부대중의 정성과 발원이 미쳐, 영가는 무외시無畏施·재시財施·법시法施를 받아 환희로운 정토로 나아가는 구도를 지닌다.

하단

상단 향 좌측에 자리한 하단에는 2021년에 새로 제작한 감로탱화甘露幀畵를 모신다. 따라서 수륙재를 시작하기 전에 감로탱을 모신 다음, 간단한 점안식을 실시하였다. 이 감로탱은 가로 폭이 세로 폭의 3배에 가까운 길고 거대한 규모이다. 화면을 3단段으로 나누어 상단에는 칠여래七如來를 중심으로 아미타불과 관음보살·지장보살·인로왕보살 등 불보살을 모시고, 중단에는 천도재를 지내는 의례 장면을, 하단에는 천도의 대상인 망혼과 삼악도의 존재들을 갖가지 상相으로 표현하였다. 의례를 통해 상단의 존재가 하단의 육도중생을 구제하는 극적인 과정을 형상으로 구현한 것이다. 특히 하단에는 촛대바위 일출·묵호덕장·묵호항 등의 모습, 과거 동해에서 발생한 사고 현장, 코로나19 임시선별검사소 등을 묘사하여 동해의 특성과 오늘날의 현실을 사실감 있게 표현하였다. 감로탱화 앞쪽으로는 칠불의 명호를 번으로 드리운다.

하단은 2단으로 구성한다. 윗단에는 '일체유주무주고혼각열위 영가'를 중심으로 우측에 6위, 좌측에 10위 등 총 17위의 위패를 모신다. 향

하단에는 과거 동해에서 발생한 사고현장, 코로나19 임시선별검사소 등을 묘사하여 동해의 특성과 오늘날의 현실을 사실감 있게 표현하였다.

우측에는 대령·시련의에서 신분과 성별에 따라 전통적 방식으로 구분하여 모신 여신·남신·후비·장상·제왕·천류의 존재들이다.

향 좌측에 모신 10위의 위패는 삼화사 수륙재의 특성을 담고 있다. 먼저 5위의 위패는 전쟁과 관련해 희생된 존재들이다. 고대 삼척 지역의 소국인 실직국 전란 당시에 희생된 영가, 삼국통일 전란 당시에 희생된 영가, 조선 초 삼화사 수륙재 설행과 관련된 고려 34대 공양왕 영가, 임진왜란 당시에 희생된 영가, 6·25전쟁 때 희생된 영가를 모신다. 다음 3위는 이 지역에서 사건·사고로 세상을 떠난 존재들로 천재지변과 관련된 영가, 두타산 등반사고로 사망한 영가, 동해시 대형사고로 순직한 영가들의 위패이다. 마지막 2위는 삼화사 창건 이래 화주·시주·보시한 영가, 삼화사 개산조開山祖인 자장율사慈裝律師·범일국사梵日國師의 위패이다.

아랫단에는 1열에 바나나·사과·파인애플·멜론·수박·배·감·자몽과 같은 8종의 실과류를, 2열과 3열에는 각각 10종의 고임 유과류와 6종의 떡을 차린다. 중단에 비해 조금씩 수를 줄여 위상을 달리했음을 알 수

있다. 단 위의 양쪽에는 지화로 만든 연꽃을 화병에 꽂아 장엄하고, 감로탱의 3면을 수많은 연꽃과 연잎으로 두름으로써 거대한 연화세계를 표현한다. 아울러 동참 재자들이 각기 모신 수천 위의 종이 위패는 대

반야용선

개 가벽을 만들어 붙이게 되나, 삼화사에서는 하단 양쪽에 큼지막한 가마 모양의 사각 위패함을 조성하여 그곳에 모신 뒤 문을 닫아 둔다. 그 옆으로 양쪽에 거대한 금전과 은전을 걸어 두고, 은전 옆에는 하단의 존재들이 타고 서방정토로 나아가게 될 반야용선을 배치한다.

하단의는 크게 네 단계로 구분하여 살펴볼 수 있다. 첫째, 하위의 존재 각각에 대해 인연법을 설하며 청해 모시고 불법을 들려주는 단계이다. 둘째, 영가의 번뇌와 업을 씻어 주고 명부의 옷을 해탈복으로 갈아입히는 관욕의 단계이다. 셋째, 삼보를 친견케 하고 시식을 베푸는 단계이다. 넷째, 참회와 서원으로 귀의하여 계를 받아 지니게 하는 단계이다.

(1) 소청과 송경

'제33편 소청하위召請下位'는 영가 제위를 청해 모시는 의식이다. 어산단과 악사들은 하단을 향해 자리를 재배치한다. 『천수경』을 염송하는 가운데 하단에 헌향하고, 천수바라무·도량게작법무·요잡바라무를 춘 다음 다시 법고무가 이어진다. 〈거불〉로 아미타삼존께 귀의하고, 한글로 된 〈수설수륙대회소〉를 염송하며 하위의 존재들에게 수륙법회를 개설하는 취지를 고한다. 이때 삼악도에 막혀 고통 받는 중생이 자비에 의지하지 않

고는 해탈할 수 없음을 아뢰며, 부처님의 신통한 힘을 받아 도량에 강림하기를 청한다. 아울러 각각의 존재를 거명하며 만나기 어려운 법연法筵에 자리했으니 지난날의 잘못을 깊이 반성하고 온전한 정신으로 살필 것을 권한다.

〈진령게〉로 요령을 흔들어 영가들을 청한 다음, 〈파지옥진언〉·〈멸악취진언〉·〈소아귀진언召餓鬼眞言〉·〈구소제악취중진언鉤召諸惡趣衆眞言〉·〈보소청진언〉으로 지옥과 삼악도를 제어하고 아귀를 부르며 모든 악도의 중생을 끌어올린다.

다음은 〈증명청〉으로 불보살에게 공덕의 증명을 청하는 가운데, 주지와 신도 대표를 시작으로 신도들이 차례로 절을 올리기 시작한다. 〈유치〉로 연유를 아뢰고, 〈청사〉로 인로왕보살을 모시며 공덕을 증명해 주기를 청한 다음, 향과 꽃으로 청하고 노래하는 〈향화청〉·〈가영〉을 이어 간다. 인로왕보살께 차를 올리는 〈다게〉의 염송과 함께 다게작법무를 추고, 10위의 시왕번을 든 신도들이 승려들을 따라 작법무가 펼쳐지는 중정을 돌기 시작한다. 다시 요잡바라무와 〈보공양진언〉이 이어진다. 이 무렵은 마지 시간으로 상단·중단에 각각 10인·6인의 신도가 마지와 차를 올리게 된다.

다음은 외로운 영혼을 청하는 〈고혼청〉과, 이들을 청하는 연유를 아뢰는 〈유치〉의 순서이다. 성인이 모두 오셨으나 아직 외로운 혼령이 모이지 않았음을 알리면서, 죄업의 인과관계를 일러 주고 고통에서 벗어나기 위해 불법의 자리에 오실 것을 청하는 내용이 담겨 있다.

점심을 마치고 하단의 존재를 향해 경전을 들려주는 '송경' 의식이 이어진다. 천도재는 법석法席과 긴밀하게 결합되어 있다. 조선 초기 왕실의 칠칠재·기신재 등에서는 『법화경法華經』을 중심으로 『화엄경華嚴經』·『삼매참경三昧懺經』·『능엄경楞嚴經』·『미타경彌陁經』·『원각경圓覺經』·『참경懺經』 등 여러 경전을 읽는 법석이 펼쳐졌다.[35] 실록의 기록들을 참조하면, 법석을

중정을 여러 방향으로 돌며 소청의 간절함을 드러낸다.

펼치는 장소는 시신을 모신 빈전殯殿과 여러 사찰이었고, 백여 명의 승려가 약 5일에 걸쳐 경전을 읽는 방식이었음을 알 수 있다. 왕실 천도재에서 여러 경전을 염송하는 법석을 펼쳤듯이, 영가 제위에게 법문을 들려줌으로써 깨달음에 이르도록 이끌어 극락왕생의 길을 열어 주기 위함이다.

삼화사 수륙재에서는 『금강경金剛經』을 읽는다. 승려 17인과 신도 70인 등 총 87인이 하단을 향해 정연하게 앉아 함께 독송하는 모습은 수륙재의 여법함을 잘 보여 주고 있다. 중정에 오른 87인뿐만 아니라 수륙재에 동참한 모든 이들에게 경전을 나눠 주어 각자의 자리에서 사부대중이 함께 읽으니, 우렁찬 독경 소리와 장엄한 법석이 어우러진다. 송경의는 먼저 경전을 열고 펴는 〈개경게開經偈〉·〈개법장진언開法藏眞言〉에 이어, 약

---

35 『세종실록』 권9, 세종 2년(1420) 9월 24일.

30분에 걸쳐 경전을 독송하며, 마치면 모두 영단에 삼배한다. 송경의는 '제40편 수위안좌'를 마친 뒤에 행하기도 한다.

지금부터는 하위의 존재를 각각 청하는 고혼각청孤魂各請의 긴 내용이 이어진다. 존재와 죽음의 유형에 따라 25위로 나누어 각각 법회에 청하는 '청사—향연청—가영'을 스물다섯 차례 염송하게 된다. 2인의 어산이 짝을 이루어 각각 〈청사〉, 〈향연청〉·〈가영〉을 함께 염송하는 방식이다. 승려와 법복을 갖춘 신도들, 시왕번을 든 신도들이 중정을 여러 방향으로 돌기 시작하면서 소청의 간절함을 드러낸다. 이어 일반 신도들이 차례대로 동참하여 크고 작은 원을 만드는 행렬이 이어진다.

소청의 대상을 구체적으로 살펴보면 시방 법계의 일체 천인, 제왕·명군名君·후비, 대신·재상·충의장수忠義將帥, 비구·비구니·식차마나·사미·사미니·고행승, 평민·천민, 무간지옥·팔한지옥·팔열지옥·도산지옥·발설지옥·한빙지옥 등 시방 법계의 8만 4천 지옥에서 고통받는 중생들, 아귀도의 중생들, 축생과 물·허공에 살거나 미물의 중생들, 의지할 데 없이 타향에서 떠돌다 굶어 죽거나 얼어 죽거나 고통 속에 죽은 중생들, 질병에 시달리거나 업보로 인해 살해당한 중생들, 전쟁 등으로 교전을 벌이다 죽은 중생들, 원한이나 배신 등으로 죽은 중생들, 천재지변 등 횡액으로 죽은 중생들, 재물이나 잘못된 시술 등으로 죽은 중생들, 옥사 등으로 고통을 받다 죽은 중생들, 낙태 등으로 죽은 중생들, 물에 빠지거나 도적을 만나는 등으로 죽은 중생들, 과거를 준비하다가 죽은 중생들, 원수나 가족·사제·친지 등의 사이에 다툼으로 죽은 중생들, 점술인으로 살다가 죽은 중생들 등이다.

위로는 천인·제왕에서부터 아래로 삼악도의 존재와 미물에 이르기까지 모든 신분과 존재를 비롯해, 온갖 죽음의 유형을 거론하며 차별 없이 평등한 무차수륙재의 천도 대상으로 소청하는 것이다.

(2) 관욕

제34~37편은 하위의 존재를 대상으로 한 관욕의 절차이다. 관욕소는 영단의 향 좌측에 골조를 만들고 장막을 드리워 설치하며, 내부는 7칸의 구역으로 구분한다. 이는 시련·대령 의식에서부터 모신 '일체유주무주고혼각열위 영가'를 비롯해 여신·남신·후비·장상·제왕·천류로 구분한 것이다. 『작법귀감作法龜鑑』「하단관욕규下壇灌浴規」를 보면 중앙에 천류와 제왕, 동쪽에 장상과 남신, 서쪽에는 후비와 여신 등으로 관욕단을 3칸 6소로 나누고 대상을 세분하였다. 위상과 남녀를 구분해 3칸에 각 2위씩 모시게 한 것으로, 삼화사 수륙재에서는 이를 따르면서 6소 모두 별개의 칸을 만들고 유주무주 고혼의 위패를 추가한 것이다. 내부의 각 구역은 흰 장막을 쳐 두며, 각각 작은 상 위에 2개의 초를 밝히고 바지저고리로 접은 지의紙衣를 하나씩 올려 둔다. 상 앞에는 관욕에 필요한 여러 가지 준비물로 향탕수를 담은 놋대야, 수건, 난경卵鏡, 비누·칫솔·치약·빗, 고무신, 기왓장과 버들저 등을 차려 둔다.

'제34편 인예향욕引詣香浴'은 향기로운 욕실로 인도하여 나아가는 의식이다. 부처님의 자비를 받아들여 욕실로 나아갈 것을 아뢴 뒤 〈신묘장구대다라니〉를 염송하기 시작한다. 관욕을 행하기 위해 인례를 따라 7인의 승려가 하단의 위패를 모시고 중정을 돌아, 관욕소의 각 칸에 위패를 안치한다. 욕실로 향하는 길을 제시하는 〈정로진언〉, 욕실로 들어가 번뇌를 씻고 본래 자리로 돌아가게 되었음을 알리는 〈입실게〉가 이어진다. 관욕을 맡은 승려들은 관욕소 앞에 나란히 앉아 합장 반배하면서 대기한다.

'제35편 가지조욕'은 삼보의 가지력으로 업을 씻는 의식이다. 지난 겁 동안 쌓인 티끌과 번뇌를 씻고 청정함을 얻도록 아뢰고, 몸을 씻어 주는 〈관욕게〉·〈목욕진언〉을 염송한다. 관욕소를 향해 관욕쇠바라무를 추며 청정한 몸으로 거듭난 환희로움을 드러내고, 〈작양지진언嚼楊枝

관욕단

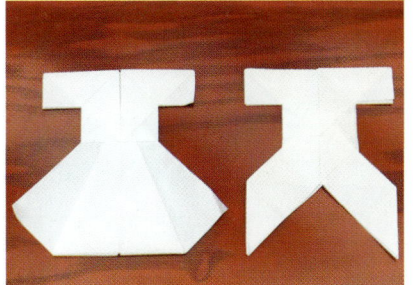
지의

眞言〉·〈수구진언漱口眞言〉으로 이를 닦고, 〈세수면진언洗手面眞言〉으로 손과 얼굴을 씻음을 게송으로 알린다. 작양지嚼楊枝는 출가수행자들이 버드나무 가지[楊枝]를 씹어[嚼] 이를 닦았던 생활문화를 반영한 것이다.

'제36편 가지화의加持化衣'는 종이옷을 태워 해탈복으로 바꾸는 의식이다. 삼보의 가지력으로 명부의 옷이 해탈복으로 바뀌었음을 아뢰고, 의복을 다루는 〈치의제진언治衣諸眞言〉을 염송한다. '제37편 수의복식授衣服飾'은 영가에게 해탈복을 전달하는 의식이다. 새 옷을 단정히 갖추기를 아뢰고, 의복을 변화시키는 〈화의진언化衣眞言〉, 해탈복을 입히는 〈착의진언着衣眞言〉, 영가가 입은 해탈복을 정돈하는 〈정의진언整衣眞言〉이 이어진다. 관욕소의 장막을 걷고 대기하던 승려들이 각 칸의 위패를 차례로 모시면서 관욕을 마친다.

(3) 참례와 공양

제38·39편은 관욕을 마친 영가 제위가 부처님을 친견토록 하는 절차이다. '제38편 출욕참성出浴參聖'은 청정해진 하위의 존재들이 성현을 참례하는 의식이다. 욕실을 나와 삼보를 친견할 것을 알린 다음, 〈지단진언〉으로 참례를 위해 나아갈 단을 가리키고, 법주는 팔을 뻗어 손가락으로 적광전을 가리키는 법인을 취한다. 관욕소의 위패를 모신 승려들이 인례법사와 함께 중정을 돌고, 〈염화게〉의 염송과 함께 상단의 부처님을 향해 일렬로 서서 절을 올린다. 〈산화락〉으로 환희로움을 찬탄하고, 인로왕보살을 세 차례 부르며 귀의한다.

'제39편 고혼례성孤魂禮聖'은 성현을 친견하기 위해 예를 갖추는 의식이다. 삼보께 받들어 예배할 것을 알린 다음, 널리 예를 올리는 〈보례게〉·〈삼정례〉를 염송한다. 중생을 이롭게 하는 삼보께 귀의하는 〈위리게〉에 이어, 영가 제위에게 영단으로 자리를 옮기기를 알리는 〈퇴귀명연〉을 염송한다. 〈의상조사법성게〉, 자리에 임하는 〈내림게來臨偈〉를 염송하는 가운데 하단에 위패를 모신다.

제40~44편은 하단에 좌정토록 하여 공양을 올리는 절차이다. '제40편 수위안좌'는 자리에 편히 앉기를 권하는 의식이다. 향기로운 법연에 편히 자리할 것을 알린 다음, 〈수위안좌진언〉으로 무사히 영단에 좌정한 영가 제위를 위해 〈다게〉를 염송한다.

'제41편 선밀가지宣密加持'는 비밀스러운 가지법을 행하는 의식이다. 다보여래多寶如來·묘색신여래妙色身如來·광박신여래廣博信如來·이포외여래離怖畏如來·감로왕여래甘露王如來 등 다섯 여래의 신묘한 가지력을 이른 다음, 다시 각 여래의 명호와 진언을 염송하며 이들의 가지력으로 인해 얻게 될 공덕을 하나하나 들려준다. 다보여래의 가지력으로 법재法財를 두루 갖추어 원하는 대로 받아 써도 다함이 없고, 묘색신여래의 가지력으로 추악한 과보를 면하여 상호가 원만해질 것이고, 광박신여래의 가지력으로 목구멍을 열어 굶주림의 과보를 면해 자재롭게 충족할 수 있고, 이포외여래의 가지력으로 항상 편안함과 즐거움을 얻으며 두려움이 없어져 자재로움을 얻고, 감로왕여래의 가지력으로 감로의 맛을 즐기며 대보리를 이룰 것이라는 내용이다.

선밀가지 의식이 시작되면서 하단에 17그릇의 밥을 올리기 시작한다. 밥그릇마다 숟가락을 하나씩 꽂아 두며, 가운데 유주무주 고혼의 위패 앞에 놓인 가장 큰 밥그릇에는 여러 개의 숟가락을 꽂아 둔다. 이어 맑은 두부탕 17그릇을 올려 밥과 국을 모두 갖추었다.

'제42편 가지멸죄加持滅罪'는 삼보의 가지력으로 죄를 소멸시키는 의식이다. 감로의 법식을 올리기에 앞서, 죄가 있으면 공양을 하는 데도 깨달음을 이루는 데도 장애가 있음을 알린다. 이에 죄업을 없애고 감로의 법식을 가지하기 위해 지장보살의 '멸결정업滅決定業 다라니'를 염송한다.

'제43편 주식현공呪食現功'은 공양의 질과 양을 변화시키는[變供] 의식이다. 변공을 위한 네 다라니의 신묘한 위력을 각각 알리면서 진언을 염송하는 방식으로 진행한다. 먼저 변식다라니는 적은 것을 많게 하고 없는 것을 있도록 변화시켜 모두 충족시키며, 감로다라니는 청수를 감로의 바닷물로 변화시켜 이를 마시면 온몸이 윤택해지고 업의 불길도 청량해질 것이며, 수륜관다라니는 풍성한 감로의 법수를 마음껏 마실 수 있게 하며, 유해다라니는 감로의 법수를 한량없는 유해乳海로 만들어 먼지와 장애가 사라지고 원만히 정각을 이룰 수 있게 하리라는 내용이다.

'제44편 고혼수향孤魂受饗'은 영가 제위가 잔칫상을 받는 의식이다. 부처님의 자비로 내린 음식에 대해, 중생의 근기에 따라 번뇌와 분별을 일으킬까 염려하며 이치에 맞게 받아 드시고 부처님의 가르침을 잘 새길 것을 알린다. "제가 지금 가지한 이 음식을 외로운 혼령과 중생에게 널리 베푸노니, 몸과 마음이 윤택해지고 청량함을 얻어 지옥에서 벗어나 좋은 세계에 태어나소서."라는 게송과 함께 신도들이 차례로 나와 하단에 절을 올리기 시작하고, 공양을 올리는 〈시식진언〉·〈보공양진언〉을 이어 간다.

한편, 하단시식이 이어지는 동안 초청받지 못한 영가를 위해 천왕문 밖에 차린 단외 전시식단에서도 공양을 올린다. 전시식단은 담장 아래 작은 상을 마련하여 3종의 실과류, 4종의 고임 유과류, 3종의 떡을 차리고, 화병에 지화를 꽂아 양쪽을 장엄한다.

(4) 참회와 수계

제45~55편은 참회와 서원으로 귀의하여 계를 받아 지니는 절차이다. '제45편 설시인연說示因緣'은 인연법을 설하여 보여 주는 의식이다. 육도중생에게 12인연법을 설하고 〈십이인연진언〉을 염송한다.

'제46편 원성수은願聖垂恩'은 성현께 은혜 내려 주시기를 기원하는 의식이다. 그 내용은 부처님의 위신력으로 향로의 향기가 법계에 가득 퍼져 중생이 해탈하기를 기원하고, 등불의 빛이 법계를 두루 비추어 어두운 저승까지 환하게 밝혀 주기를 기원하고, 발우의 감로수가 법계를 널리 적셔 중생의 뜨거운 번뇌를 없애 주기를 기원하고, 발우의 음식이 법계에 두루 퍼져 중생들 모두 배불리 먹게 되기를 기원하고, 경전의 소리가 법계에 가득 퍼져 듣는 이 모두가 해탈하기를 기원한다. 향, 등불, 감로수, 음식, 독경의 공덕에 부처님의 가피가 가득히 미쳐 모든 중생에게 두루 돌아가기를 바라는 것이다.

'제47편 청성수계請聖受戒'는 성현께 수계를 청하는 의식이다. 가지와 공양을 마쳐 굶주림과 갈증의 고통에서 벗어났을 영가 제위에게 환희심을 일으켜 계법을 받도록 알린다. 이어 여러 불보살에게 수계를 위한 화상和尙과 아사리가 되어 주기를 간청한다. '제48편 참제업장懺除業障'은 참회하여 업장을 없애는 의식이다. 장차 계법을 받아 지니려면 지나온 생 동안 지었던 죄와 허물을 참회해야 함을 말하면서, 죄업을 참회하는 〈참회게〉·〈참회진언〉을 염송하면서 함께하기를 권한다.

'제49편 발홍서원發弘誓願'은 네 가지 큰 서원을 발원하는 의식이다. 깨달음을 이루기 위해서는 발심이 필요하니 "중생을 모두 건지리다. 번뇌를 모두 끊으리다. 법문을 모두 배우리다. 불도를 모두 이루리다."는 〈발사홍서원〉을 일러 주고, 〈발보리심진언〉을 염송하면서 함께하기를 권한다. '제50편 사사귀정捨邪歸正'은 사특함을 버리고 바른길로 돌아가게 하는 의식이다. 삼보의 명호를 부르고 귀의하며 다시는 삼악도에 떨어지지 않을 것임을 알리고, 〈귀의삼보진언歸依三寶眞言〉을 염송한다. '제51편 석상호지釋相護持'는 계의 실상을 일러 주면서 받아 지니게 하는 의식이다. 영가 제위가 수계할 '불살생不殺生·불투도不偸盜·불사음不邪婬·불망어不妄語·불음주不飮酒'의 오계五戒를 이르고 이를 지키도록 이끌어 주며, 계를 시행하는 〈시계진언施戒眞言〉을 염송한다.

'제52편 득계소요得戒逍遙'는 계율을 얻어 소요함을 나타내는 의식이다. 이제 계를 받아 지닌 영가 제위에게 『범망경梵網經』의 다음 구절을 인용하며, 이를 지킬 것을 간곡히 당부한다. 이는 하단의 영가 제위뿐만 아니라 수륙도량에 모인 모든 중생에게 이르는 말이기도 하다.

아! 계율을 지키는 것은 어두운 밤에 밝은 등불을 만나는 것과 같고, 가난한 이가 보물을 얻은 것과 같고, 병든 이의 병세가 호전되는 것과 같고, 묶여 있던 죄수가 옥에서 풀려나는 것과 같고, 먼 길을 갔던 이가 집으로 돌아오는 것과 같도다.

'제53편 수성십도修成十度'는 수행하여 십바라밀을 성취함을 나타내는 의식이다. 계를 원만하게 받은 영가 제위에게 열 가지 바라밀다를 닦고 익히도록 일러 준다. 영가 제위가 지난날의 죄와 허물을 참회하고 깨달음을 이루기 위한 큰 서원을 발원한 다음, 삼보에 귀의하여 계를 받고 십바라밀의 수행을 다짐했으니 참된 여래의 제자로 거듭나게 된 셈이다. '제54편 의십획과依十獲果'는 십바라밀에 의지하여 얻게 될 결실을 나타내는 의식이다. 여러 가지 공덕을 일러 준 다음 정토왕생으로 이끄는 〈불설왕생정토진언佛說往生淨土眞言〉을 염송한다.

'제55편 관행게찬觀行偈讚'은 몸과 마음을 닦는 게송과 찬문의 의식이다. '진리는 본래 적멸하며 본성이 없고, 부처가 될 씨앗은 연기緣起에서 나오는 것'임을 이르면서, 중생의 마음에 두루 있는 본래의 이 길을 수행하면 반드시 부처를 이루게 될 것이라 찬탄한다. 하단 영가 제위의 극락왕생을 발원하며 길을 닦아 주는 〈화청〉이 이어지는 가운데, 신도들은 중정에서부터 봉송소까지 수백 미터에 달하는 거리에 길고 흰 소창을 깔고, 모든 위패에 드리운 망을 걷고, 지화와 번을 비롯한 장엄을 거두기 시작한다. 아미타불을 장엄하는 〈장엄염불〉이 따르고, 서방정토 극락세계를 열 가지로 장엄하는 〈극락세계십종장엄〉과 함께 아미타불의 여러 가지 공덕을 찬탄한다.

마지막은 죽은 자와 산 자 모두가 정토에 왕생하기를 기원하는 게송으로 회향한다.

원하노니 이 목숨 마치려 할 때 모든 장애가 없어지고
아미타 부처님 친견하여 그 즉시 극락에 왕생하게 하소서.
원하노니 이 공덕 법계에 두루 미쳐 나와 중생 모두 극락에 태어나
다 함께 무량수불 뵙고 불도를 이루게 하소서.

하단의(下壇儀) 절차와 의미

하단의 절차	의 미
제33편 소청하위(召請下位)	하위의 존재들을 청해 모시는 의식 ※ 천수바라무(5인)·도량게작법무(5인)·요잡바라무(5인)· 법고무(2인)·다게작법무(5인)·요잡바라무(5인)를 춤
송경의(誦經儀)	하위의 존재에게 경전을 읽어 주는 의식
제34편 인예향욕(引詣香浴)	향기로운 욕실로 인도하여 나아가는 의식
제35편 가지조욕(加持澡浴)	삼보의 가지력으로 업을 씻는 의식 ※ 관욕쇠바라무(5인)를 춤
제36편 가지화의(加持化衣)	삼보의 가지력으로 명부 옷을 해탈복으로 바꾸는 의식
제37편 수의복식(授衣服飾)	영가에게 해탈복을 전달하는 의식
제38편 출욕참성(出浴參聖)	몸을 씻고 나와 성현께 참례하는 의식
제39편 고혼례성(孤魂禮聖)	성현을 친견하기 위해 예를 갖추는 의식

하단의 절차	의 미
제40편 수위안좌(受位安座)	자리에 편히 앉기를 권하는 의식
제41편 선밀가지(宣密加持)	비밀스러운 가지법을 행하는 의식
제42편 가지멸죄(加持滅罪)	삼보의 가지력으로 죄를 소멸시키는 의식
제43편 주식현공(呪食現功)	공양의 질과 양을 변화시키는 의식
제44편 고혼수향(孤魂受饗)	외로운 혼령이 잔칫상을 받는 의식
제45편 설시인연(說示因緣)	인연법을 설하여 보여 주는 의식
제46편 원성수은(願聖垂恩)	성현께 은혜 내려 주시기를 기원하는 의식
제47편 청성수계(請聖受戒)	성현께 수계를 청하는 의식
제48편 참제업장(懺除業障)	참회하여 업장을 없애는 의식
제49편 발홍서원(發弘誓願)	네 가지 큰 서원을 발원하는 의식
제50편 사사귀정(捨邪歸正)	사특함을 버리고 정도로 돌아가는 의식
제51편 석상호지(釋相護持)	계의 실상을 해석해 주어 호지하게 하는 의식
제52편 득계소요(得戒逍遙)	계율을 얻어 소요하는 의식
제53편 수성십도(修成十度)	수행하여 십바라밀을 성취하는 의식
제54편 의십획과(依十獲果)	십바라밀에 의지하여 과를 얻는 의식
제55편 관행게찬(觀行偈讚)	관행 게송과 찬문에 대한 의식

9) 봉송의

봉송의는 모든 성현께 인사를 올리고 수륙재의 공덕을 중생에게 회향廻向하는 절차이다. 수륙재의 설행 목적인 하단의 존재를 천도하면서 함께 모인 성과 속, 명계와 양계의 모든 존재가 차별 없이 소통하며 진리의 법석을 펼친 대서사가 종결되는 시간이다. 이에 초월적 존재들을 떠나보내고 나면 수륙재를 위해 마련한 장엄과 의물을 거둬들여 불태우며, 법회를 열고 동참한 공덕을 일체중생에게 돌리는 회향으로써 막을 내리게 된다.

'제56편 원만회향圓滿廻向'은 원만하게 법회를 회향하는 의식이다. 여법한 수륙법회의 회향을 아뢰고 삼보의 증명을 기원하는 〈수설수륙대회소〉를 염송한다. 수륙법회의 공덕을 찬탄하며 일체중생의 성불을 기원하는 〈회향게찬廻向偈讚〉에 이어, 봉송소로 떠나기 전의 마지막 작법무가 펼쳐진다. "잔치처럼 보내 드리자"는 어장 인묵 스님의 말과 함께 4인은 중정에서, 5인은 하단 앞에서 환희로운 몸짓과 가락으로 펼치는 천수바라무이다. 연이어 법고무를 추기 시작하면, 신도들은 박수로 박자를 맞추며 원만 회향을 찬탄하는 마음을 함께한다.

이제 상단을 향해 널리 삼보께 예를 올리는 〈보례삼보〉로 인사를 올리고, 근원으로 돌아가 정토를 향해 발걸음을 내딛는 〈행보게〉와 꽃을 뿌려 찬탄하는 〈산화락〉을 염송한다. 인로왕보살에게 귀의한 다음, 상단·중단·하단 위패를 들고 배송하는 〈삼단도배송三壇都拜送〉, 〈의상조사법성게〉를 염송하는 가운데 각 단의 위패를 내려 모신다. 위패를 모신 승려들이 중정을 돌아 행렬의 중심에 서고, 그 앞에서 동자들이 꽃을 흩뿌리며 영가 제위가 타고 정토로 나아갈 반야용선, 영단을 장식했던 금은전, 종이 위패를 실은 2기의 위패함, 번과 기, 지화와 각종 장엄물을 든 채 긴 행렬을 이루어 흰 소창이 깔린 길을 걸어 천왕문 밖 소대로 향한다. 뒤따르는 승려와 신도들은 저마다 손에 지화를 한 송이씩 들고 있다.

봉송소는 기왓장을 이중으로 덧대어 둥글게 만든 소대를 커다랗게 설치하고, 연꽃과 연잎을 기와 사이마다 꽂아 연화단으로 꾸며 둔다. 중앙에는 기왓장을 쌓아 태울 거리를 얹을 수 있게 한다. 행렬은 소대를 몇 바퀴 돌아 각자의 위치에 자리를 잡고, 수많은 대중이 소대를 둥글게 에워싼다. '奉送所(봉송소)'라 쓴 방문 아래 긴 탁자를 마련하여 하단 위패들을 모시고, 그 뒤에 자리한 어산단에서는 봉송의 절차를 이어간다.

'제57편 화재수용化財受用'은 삼보의 가지력으로 명부계의 금은전을 살

행렬을 이룬 승려와 신도들은 천왕문 밖 소대로 향한다.

라 질적·양적으로 변화시키는 의식이다. 명부계의 재물이 무궁무진하게 변하여 고루 베풀어도 다함이 없고, 맑고 깨끗하여 사용해도 바닥이 나지 않게 해 주기를 기원하고, 재물을 변화시키는 〈화재게化財偈〉를 염송한다. 금은전, 지화, 번, 위패 등 각종 태울 거리를 쌓고, 맨 위에는 철사로 뼈대를 만든 뒤 한지를 붙여 아름답게 채색한 반야용선을 올린다.

'제58편 경신봉송敬伸奉送'은 공경히 모든 하위의 존재들을 전송하는 의식이다. 영가 제위에게 법연이 모두 끝났음을 아뢰며 깨달음의 세계로 돌아가기를 발원한다. 이윽고 4개의 거화봉에 점등을 하고, 법주 인묵스님이 선창하는 가운데 모든 대중이 "불! 법! 승!"을 외치고, 소대에 불을 붙인다. 최상의 극락에 태어나게 하는 〈상품상생진언上品上生眞言〉과 받들어 보내드리는 〈봉송진언〉을 염송하는 가운데 불길이 활활 타오르기 시작하고, 저마다 지니고 있던 지화와 지전을 불 속으로 던진다. 삼보에 귀의하는 염송과 함께 신도들은 타오르는 불길을 바라보며 합장한 채

Ⅲ_삼화사 수륙재의 설행 135

영가의 극락왕생을 기원한다.

'제59편 보신회향普伸廻向'은 법회를 마무리하며 그 공덕을 널리 회향하는 의식이다. 범부와 성현이 함께 기쁜 마음으로 만나, 모두 편안해지고 이로움을 얻었음을 아뢰고, 귀한 만남과 덕을 베푼 성현께 일심으로 감사를 올린다. 이어 지은 공덕을 일체중생에게 널리 회향하는 〈보회향진언〉을 염송하고 삼보에 귀의한 다음, 〈회향귀명廻向歸命〉으로 원만하게 회향했음을 고한다. 법주 인묵 스님의 선창으로 다 같이 "원만회향 만세!"를 외치며 대단원의 막을 내렸다.

봉송의(奉送儀) 절차와 의미

봉송의 절차	의 미
제56편 원만회향(圓滿廻向)	충분하여 모자람이 없이 회향하는 의식

- 〈회향게찬〉으로 회향하고 천수바라무(9인)와 법고무(1인)를 춤
- 삼보에 귀의하며, 〈행보게〉·〈산화락〉으로 환희로운 발걸음을 찬탄함
- 인로왕보살에게 귀의하며, 삼단의 존재를 배송함

제57편 화재수용(化財受用)	삼보의 가지력으로 명부계의 재물을 변화시키는 의식

- 〈화재게〉로 재물을 변화시킴

제58 경신봉송(敬伸奉送)	경건하게 고혼을 받들어 전송하는 의식

- 〈상품상생진언〉으로 상품상생 왕생을 기원하고, 받들어 보내드림

제59편 보신회향(普伸廻向)	법회를 마무리하며 그 공덕을 널리 회향하는 의식

- 〈보회향진언〉·〈회향귀명〉으로 널리 회향하며 귀의함

지화와 지전을 불 속으로 던진 뒤 불길을 바라보며 합장한 채 영가의 극락왕생을 기원한다.

2. 범패

강원도 동해시 삼화사의 국행수류재는 그 역사(고려 말~조선 초 유래)가 유구하고 과거 영남과 밀접한 문화권이었던 사실로 미루어 볼 때, 본래는 영제嶺制(경상도 아랫녘) 범패의 성격이 강했을 것으로 추정된다. 그런데 2013년 삼화사 수류재가 국가무형문화재로 지정되면서, 현재는 경제京制(서울 경기 윗녘) 어산단을 초청하여 전승하고 있다. 즉, 어산 인묵 스님을 중심으로 서울 동교의 범맥으로 인정받는 개운사 내 대원암에 설립된 조계종 어산작법학교를 통해 삼화사 수류재가 봉행되고 있다.[36] 이로 인해 대부분 경제 범패를 근간으로 하며, 완제 범패를 전승한 인묵 스님 아버지 일응 스님의 영향으로 완제 범패의 성격이 조금씩 나타나기도 한다.

범패는 종교성에 바탕을 두지만, 창작 및 전승 과정에서 수행자들의 예술성과 창조성이 가미된 독특한 음악 장르라 볼 수 있겠다. 그래도 의례의 성격 및 역할에 따라 선율이 형성되므로 종교적인 영향을 크게 받으며, 다라니나 게송이라도 대상과 재의식에 따라 선율의 특징 및 성격이 달라지기도 한다.

삼화사 수류재는 현재 2박 3일에 걸쳐 설행되고 있으며, 여기에서 나타나는 염불의 갈래도 크게 4가지로 분류된다. 첫째 평염불, 둘째 안채비소리, 셋째 바깥채비소리, 넷째 민요조 염불이다. 그런데 앞서 살펴보았듯이, 안채비소리는 착어성, 편게성, 유치성 등으로 종류가 또 구분되며, 바깥채비소리는 홑소리, 짓소리, 반짓소리로, 민요조 염불은 화청뿐 아니라 바라춤 반주 진언에도 나타나, 세부 종류가 다양하다.

따라서 본고에서는 3일 동안 설행되는 의식과 이에 따른 염불의 갈래

---

36 삼화사 수류재 어산단의 구성과 배경에 대한 논의는 다음 글을 참조하기 바란다. 윤소희, 「삼화사수류재 儀禮梵文과 율조의 특징」, 『삼화사국행수류재 문화』, (사)삼화사수류재보존회, 2020, 201~205쪽.

를 크게 평염불, 안채비소리, 바깥채비소리, 민요조로 나누고, 세부 분류가 가능한 염불의 종류[37]도 최대한 함께 살펴보겠다.[38]

1) 첫째 날

2021년도 삼화사 수륙재 첫째 날은 신중작법의, 괘불불패이운의, 대령·시련의, 조전점안의, 운수단의, 사자단의(마구단 포함) 순으로 행해졌다. 그 절차와 설행되는 염불의 갈래 및 종류를 표로 정리하면 다음과 같다.

신중작법의~괘불불패이운의

절 차	내 용	염불 갈래 및 종류
신중작법의	옹호게	바깥채비(반짓소리)
	소창불 신중작법	바깥채비(홑소리(봉청)+민요조(나머지))
	다게	바깥채비(홑소리)
	탄백	평염불(탄백성)
괘불불패이운의	석가모니불 정근	평염불(정근성)
	옹호게	바깥채비(반짓소리)
	찬불게	평염불(탄백성)
	출산게	
	염화게	

---

37 안채비와 바깥채비소리에 해당하는 염불 종류를 분류할 때, 범패승들은 고유의 '성聲'으로 구분하는 경우가 많다. 예컨대, 안채비소리에서는 유치성, 편게성, 착어성, 소성, 게탁성, 바깥채비소리 중 홑소리는 개계성, 거불성 등이 대표적인 예로, 본고에서는 보다 구체적인 염불의 종류 및 성격을 파악하기 위해 聲으로 분류 가능한 소리는 최대한 괄호()에 함께 다루었다. 한편 평염불 중 〈탄백〉의 선율이 수륙재에서 많이 활용되어, 본고에서는 일반 평염불(1자 1음식)과 구분하기 위해 '탄백성'이라 명명하여 이르고자 한다. 정근할 때 부르는 평염불은 '정근성'이라 이미 부르고 있다.

38 본고에서 다루는 수륙재 의식 절차는 정승석 역, 『삼화사수륙재 의례문』((사)삼화사수륙재보존회, 2021)을 기반으로 하였고, 조계종 어산작법 학교의 법안 스님을 통해 수정된 절차와 의식에 따른 염불의 갈래 및 종류를 조사하였다.

절 차	내 용	염불 갈래 및 종류
괘불불패이운의	산화락	평염불(탄백성)
	거령산	바깥채비(짓소리)
	등상게	평염불(탄백성)
	좌불게	
	사무량게	
	영산지심	바깥채비(안채비+홑소리(唯願 이하))
	헌좌진언	바깥채비(홑소리)
	다게	
	건회소·수설대회소	안채비(소성)

　신중들을 청하여 삿된 기운을 몰아내고 도량을 옹호하는 신중작법의와 괘불과 불패를 이운하는 괘불불패이운의에서는 소위 '탄백성'이라는 평염불이 가장 많이 설행된다. 그리고 신중들을 모시고 옹호하는 반짓소리 〈옹호게〉와 홑소리, 짓소리, 안채비소리, 민요조도 조금씩 출현하여, 대표적인 염불 갈래들이 모두 나타난다. 한편 이상의 의례 및 음악적 내용은 영산재의 것과 그 특징이 거의 같다.

대령·시련의

절 차	내 용	염불 갈래 및 종류
대령의	거불	바깥채비(홑소리(거불성))
	대령소·수설대회소·축원	안채비(소성)
	지옥게	안채비(게탁성+착어성)
	진령게	바깥채비(홑소리)
	파지옥진언	평염불
	멸악취진언	
	보소청진언	
	하단도청	

절 차	내 용	염불 갈래 및 종류
대령의	향연청	평염불
	가영	바깥채비(홑소리)+ 안채비(착어성(今日 이하))
	지단진언	평염불
시련의	강림게	평염불(탄백성)
	헌좌진언	바깥채비(홑소리)
	다게	
	행보게	평염불(탄백성)
	산화락	
	인성	바깥채비(짓소리)
	염화게	평염불(탄백성)
	정중게	안채비(착어성)
	개문게	
	보례삼보	평염불
	퇴귀명연	
	법성게	
	내림게	평염불(탄백성)
	수위안좌	안채비(착어성)
	수위안좌진언	평염불(탄백성)
	다게	바깥채비(홑소리)
	보공양진언	평염불

　유주무주 고혼들을 수륙도량 안으로 모셔와 불보살님께 보례하고 하단에 안치하는 대령의와 시련의도 영산재와 의식 내용 및 해당 염불은 거의 같다. 즉 영가를 맞이하고 인도하는 의식 내용에 따라 평염불(일반+탄백성)과 안채비소리(착어성)가 중심이 되며, 홑소리와 짓소리가 조금씩 출현한다.

조전점안의~운수단의

절 차		내 용		염불 갈래 및 종류
조전	점안	화취진언		평염불
		가지변전		
		월덕수진언		
		조전진언		
		성전진언		
		쇄향수진언		
		변성금은전진언		
		개전진언		
		괘전진언		
	이운	옹호게		바깥채비(반짓소리)
		이운게		평염불(탄백성)
		동전게		
		산화락		
		나무마하반야바라밀		바깥채비(짓소리)
		헌전게		평염불(탄백성)
		헌전진언		평염불
운수단의		할향게		바깥채비(홑소리)
		연향게		
		삼지심		
		계계소. 피봉식. 수설수륙대회소		안채비(소성)
		합장게		바깥채비(홑소리)
		고향게		
		제1편 설회인유	설회인유 云云	안채비(유치성)
			욕건만나라선송 정법계진언	평염불
			선취도향좌지우도진언	
			금강장어심인송 정삼업진언	
		제2편 엄정팔방	엄정팔방 云云	안채비(유치성)+바깥채비(홑소리(개계성))

절 차		내 용	염불 갈래 및 종류
운수단의	제2편 엄정팔방	쇄정게	평염불(탄백성)
		쇄정진언	평염불
		건단진언	
		개단진언	
		결계진언	
	제3편 주향통서	주향통서	안채비(유치성)
		분향진언	평염불
	제4편 주향공양	주향공양 云云	안채비(유치성)
		보공양진언	평염불
		보회향진언	
		신묘장구대다라니(사자단으로 이동)	

여기서도 운수단의의 〈고향게〉까지는 영산재와 그 절차 및 소리가 대동소이하고, 제1편 설회인유부터 이른바 본편으로 수륙재 고유의 의식 내용 및 염불들이 나오기 시작한다.

즉, 명부계에 헌납할 금전, 은전, 수생경, 금강경 등을 점안하는 조전점안의는 평염불(일반+탄백성) 중심으로 이루어지며, 운수단의 전반부는 영산재와 같은 홑소리로 많이 구성된다. 그리고 설회인유 편부터 수륙재 의식의 연고緣故를 아뢰는 의례적 성격으로 안채비소리(유치성)와 평염불이 중심이 되며 설행된다.

사자단의

절 차	내 용	염불 갈래 및 종류
사자단의	정삼업진언	평염불
	정법계진언	
	개단진언	
	건단진언	

사자단의	제5편 소청사자	거불	바깥채비(홑소리(거불성))
		사자소·수설수륙대회소·축원	안채비(소성)
		진령게	바깥채비(홑소리)
		소청사자진언	평염불
		유치	안채비(유치성)
		청사	안채비(청사성)
		향화청	바깥채비(홑소리)
		가영	
	제6편 안위공양	안위공양 云云	안채비(유치성)
		헌좌진언	바깥채비(홑소리)
		욕건만나라선송 정법계진언	평염불
		진공진언	
		다게	바깥채비(홑소리)
		기성가지	
		무량위덕~변식진언	민요조
		감로수진언	
		수륜관진언	
		유해진언	
		上來 加持已訖 이하+가지게	평염불
		보공양진언	
		보회향진언	
		탄백	평염불(탄백성)
		행첩소. 수설수륙대회소	안채비(소성)
	제7편 봉송사자	봉송사자 云云	안채비(소성)
		봉송진언	평염불
		봉송게	평염불(탄백성)
마구단		봉청운마 云云	평염불
		보공양진언	
		반야심경	

시공간을 초월하여 유명계幽冥界와 인간 세상을 연결시키는 사직사자四直使者를 청하는 사자단의도 소문疏文을 올리고 연고를 아뢰는 의례적 성격으로 인해, 다양한 안채비소리(소성, 유치성, 청사성)와 평염불이 가장 많이 설행되며, 신명을 돋우는 진언(바라춤 반주)의 민요조 염불과 홑소리가 간간이 출현한다.

요컨대, 첫째 날은 본격적인 수륙재를 위한 준비 단계의 재차로 구성되며, 바깥채비소리와 민요조는 조금씩 출현하고, 안채비소리와 평염불 중심으로 설행된다.

2) 둘째 날

둘째 날은 오로단의, 상단의, 설법의, 중단의 공양까지 설행되었다. 첫째 날은 수륙재를 위한 이른바 준비 과정이었다면, 둘째 날 의식은 본격적인 재차가 이루어진다고 볼 수 있다. 그 절차와 이에 따른 염불의 갈래 및 종류를 표로 정리하면 다음과 같다.

오로단의

절차		내 용	염불 갈래 및 종류
오로단의	제8편 개벽오방	거불	바깥채비(홑소리(거불성))
		개통오로소·수설수륙대회소	안채비(소성)
		진령게	바깥채비(홑소리)
		보소청진언	평염불
		유치	안채비(유치성)
		청사	안채비(청사성)
		향화청	바깥채비(홑소리)
		가영	
	제9편 안위공양	안위공양 云云	안채비(유치성)

절 차		내 용	염불 갈래 및 종류
오로단의	제9편 안위공양	헌좌진언	바깥채비(홑소리)
		욕건만나라선송 정법계진언	평염불
		진공진언	
		다게	바깥채비(홑소리)
		기성가지	
		변식진언	민요조
		감로수진언	
		수륜관진언	
		유해진언	
		오방찬	평염불
		오공양	
		가지게	
		보공양진언	
		보회향진언	
		개통도로진언	

다섯 방위(동·남·중앙·서·북)와 관련하여 수륙도량을 시공간적으로 활짝 여는 오로단의에서는 다양한 안채비소리(소성·유치성·청사성)와 평염불, 민요조의 바라춤 반주 진언, 홑소리가 두루 설행되며, 본격적인 재의식인 상단의, 중단의, 하단의 이전의 분위기를 돋우기 시작한다.

상단의

절 차		내 용	염불 갈래 및 종류
상단의	제10편 소청상위	거불	바깥채비(홑소리(거불성))
		상위소·수설수륙대회소	안채비(소성)
		진령게	바깥채비(홑소리)
		청제여래진언	평염불
		청제보살진언	

절 차		내 용	염불 갈래 및 종류
상단의	제10편 소청상위	청제현성진언	평염불
		봉영거로진언	
		유치	안채비(유치성)
		청사	안채비(청사성)
		향화청1.2	바깥채비(홑소리)
		산화락	평염불(탄백성)
		원강도량 수차공양	
		가영	바깥채비(홑소리)
	제11편 봉영부욕	봉영부욕 云云	안채비(유치성)
		정로진언	평염불
		입실게	평염불(탄백성)
	제12편 찬탄관욕	찬탄관욕 云云	안채비(유치성)
		구룡찬	평염불(탄백성)
		관욕진언	
		헐욕게	
	제13편 찬청출욕	찬청출욕 云云	안채비(유치성)
		헌수게	평염불(탄백성)
	제14편 인성귀의	인성귀의 云云	안채비(유치성)
		염화게	평염불(탄백성)
		산화락	
		거령산	바깥채비(짓소리)
		좌불게	평염불(탄백성)
	제15편 헌좌안위	헌좌안위 云云	안채비(유치성)
		헌좌진언	바깥채비(홑소리)
		욕건만나라선송 정법계진언	평염불
		다게	바깥채비(홑소리)
	제16편 찬례삼보	찬례삼보 云云	안채비(유치성)
		사무량게	평염불(탄백성)
		찬양게	

절 차		내 용	염불 갈래 및 종류
상단의	제16편 찬례삼보	삼정례	안채비(게탁성)
		위리게	평염불(탄백성)
		귀의 삼보진언	평염불
	제17편 가지변공	가지변공 云云	안채비(유치성)
		변식진언	민요조
		감로수진언	
		수륜관진언	
		유해진언	
		향화게	바깥채비(홑소리)
		가지게	평염불
		보공양진언	민요조
		보회향진언	
		후송-사대주	평염불
		여래장경실상장구	
		원성취진언	
		보궐진언	
		찰진심념가수지	평염불(탄백성)
		정근	평염불(정근성)
		석가여래종자심진언	평염불
		탄백	평염불(탄백성)
		상단 축원화청	민요조
		축원	평염불

모든 부처님과 보살, 그리고 모든 성문과 연각을 소청하여 모시고 공양을 올리는 상단의에서는 다양한 안채비소리(소성·유치성·청사성·게탁성)와 평염불(일반·탄백성·진언성), 홑소리, 짓소리, 민요조(진언·축원화청) 염불을 두루 많이 부르며, 재의식의 여법함과 장엄성을 고조시킨다. 특히 안채비소리 중 유치성과 평염불 중 탄백성이 재의식의 내용에 상응하며 가장 많이

설행된다. 그리고 뒤로 갈수록 민요조 염불들이 자주 등장하며 신명을 고조시킨다.

설법의

절 차	내 용	염불 갈래 및 종류
설법의	아금지차일주향	평염불
	삼정례	
	거량	
	수위안좌진언	
	법사 스님 등단	-
	청법게	평염불(탄백성)
	입정	-
	설법	-
	정근	평염불(정근성)
	석가여래종자심진언	평염불
	탄백	평염불(탄백성)

석가모니 부처님을 대신하여 법을 들려주는 설법 의식(불교의 우주관과 인연법)에서는 설법에 집중하는 차원에서 염불은 평염불 중심으로 간단히 설행된다.

중단의

절차	내 용		염불 갈래 및 종류
중단의	제18편 소청중위	거불	바깥채비(홑소리(거불성))
		중위소·수설수륙대회소	안채비(소성)
		진령게	바깥채비(홑소리)
		소청삼계제천주	평염불
		소청오통제선주	

절차	내 용		염불 갈래 및 종류
중단의	제18편 소청중위	소청일체천용주	평염불
		소청일체선신주	
		소청염마라왕주	
		유치	안채비(유치성)
		청사	안채비(청사성)
		향화청1.2	평염불
		향화청3	바깥채비(홑소리)
		가영	
	제19편 봉영부욕	봉영부욕 云云	안채비(유치성)
		정로진언	평염불
		입실게	평염불(탄백성)
	제20편 가지조욕	가지조욕 云云	안채비(유치성)
		관욕게	평염불(탄백성)
		헐욕게	
		헌수게	
	제21편 출욕참성	출욕참성 云云	안채비(유치성)
		염화게	평염불(탄백성)
		산화락	바깥채비(홑소리)
		나무마하반야바라밀	평염불(탄백성)
	제22편 천선례성	천선례성 云云	안채비(유치성)
		보례게	평염불(탄백성)
		삼정례	평염불
		의상조사법성게	
		위리게	평염불(탄백성)
		귀의 삼보진언	평염불
	제23편 헌좌안위	헌좌안위 云云	안채비(유치성)
		헌좌진언	바깥채비(홑소리)
		욕건만나라선송 정법계진언	평염불
		다게	바깥채비(홑소리)

절차		내 용	염불 갈래 및 종류
중단의	제24편 가지변공	가지변공 云云	안채비(유치성)+ 바깥채비(홑소리(개계성))
		변식진언	민요조
		감로수진언	
		수륜관진언	
		유해진언	
		운심게	바깥채비(홑소리)
		보공양진언	민요조
		보회향진언	
		후송-나무대불정여래밀인 이하	평염불
		여래장경실상장구	
		보궐진언	
		정근	
		지장보살 열정업진언	
		탄백	평염불(탄백성)
		화청(육십갑자)	민요조
		중단 축원화청	

　천계종(천신·천룡), 지계종(땅·허공), 염마계 명군(冥君) 등을 청하여 공양을 올리는 중단의에서도 평염불과 다양한 안채비소리, 민요조 진언, 홑소리가 두루 설행되지만, 특히 안채비 유치성과 평염불 탄백성이 중심이 된다. 그리고 상단에 비해 좀 더 빠르고 촘촘한 염불 가락을 많이 선보이며, 여기서도 의식의 뒤로 갈수록 민요조 염불(진언·화청·축원화청)이 많이 설행된다. 이를 통해 다양한 신장들을 모시고 신명 가득 담아 축원을 올리는 분위기가 더욱 고조된다.

　요컨대 둘째 날은 본격적인 수륙재 의식에 맞춰 오로단의, 상단의, 중단의에 이르기까지 다양한 종류의 염불들이 두루 출현하여 재의식의 분위기를 한껏 살리면서도, 안채비(유치성)와 평염불(탄백성)이 특히 비중 있는 역할을 담당한다.

3) 셋째 날

마지막 셋째 날은 방생의, 하단의, 봉송의가 설행되었다. 모든 재차 중에 하단을 향해 가장 많은 법문이 이루어진다. 이는 수륙재의 궁극적 목적이 하단 시식이고, 하단 시식에는 그만큼 주력(呪力)에 의한 가지 기능을 필요로 하기 때문이라 한다.[39] 그 절차와 염불 갈래 및 종류를 표로 정리하면 다음과 같다.

방생의

절차	내 용		염불 갈래 및 종류
방생의	거찬 云云		평염불
	나무청량지보살마하살		
	나무일심봉청~성백의관세음보살		평염불(탄백성)
	유원 가치차수~감문묘법		바깥채비(홑소리)
	나무감로왕보살마하살		평염불
	제25편 청성가피		
	제26편 참제업장	참제업장 云云	
		참회게	
		참회진언	
		칠불여래멸죄진언	
	제27편 수삼귀의		
	제28편 설시인연법		
	제29편 발홍서원	발홍서원	
		중생무변서원도 이하	평염불(탄백성)

---

39 윤소희, 「삼화사수륙재 儀禮梵文과 율조의 특징」, 『삼화사국행수륙재 문화』, (사)삼화사수륙재보존회, 2020, 211쪽.

절차	내용		염불 갈래 및 종류
방생의	제30편 칭찬명호 云云		
	제31편 방석물명	방석물명	
		불설왕생정토진언	
	제32편 회향발원	회향발원 云云	평염불
		결정왕생정토진언	
		상품상생진언	
		아미타불본심미묘진언	
		아미타불심중심진언	
		축원	안채비(축원성)
		회향게	평염불

수륙재에서 방생계의 미물까지 소통, 통합하는 의미를 지닌 방생의는 어류를 직접 방생 축원하는 과정과 내용으로 인해 주로 간단한 평염불로 설행된다.

하단의

절차	내용		염불 갈래 및 종류
하단의	제33편 소청하위	거불	바깥채비(홑소리(거불성))
		하위소·수설수륙대회소	안채비(소성)
		진령게	바깥채비(홑소리)
		파지옥진언	평염불
		멸악취진언	
		소아귀진언	
		구소제악취중진언	
		보소청진언	
		증명청	
		유치	안채비(유치성)

절차		내 용	염불 갈래 및 종류
하단의	제33편 소청하위	청사	안채비(청사성)
		향화청	바깥채비(홑소리)
		가영	
		다게	평염불
		보공양진언	
		고혼청	안채비(청사성)
		유치	안채비(유치성)
		고혼각청	평염불
		향연청과 가영 1번~24청	
		향연청과 가영 25청	바깥채비(홑소리)
	제34편 인예향욕	인예향욕 云云	안채비(편게성)
		신묘장구대다라니	평염불
		정로진언	
		입실게	평염불(탄백성)
	제35편 가지조욕	가지조욕 云云	안채비(편게성)
		관욕게	평염불(탄백성)
		목욕진언	평염불
		작양지진언	
		수구진언	
		세수면진언	
	제36편 가지화의	가지화의 云云	안채비(편게성)
		치의제진언	평염불
	제37편 수의복식	수의복식 云云	안채비(편게성)
		화의진언	평염불
		착의진언	
		정의진언	
	제38편 출욕참성	출욕참성 云云	안채비(편게성)
		지단진언	평염불
		염화게	평염불(탄백성)

절차		내 용	염불 갈래 및 종류
하단의	제38편 출욕참성	산화락	평염불
		나무대성인로왕보살	
	제39편 고혼례성	고혼례성 云云	안채비(유치성)
		보례게	평염불(탄백성)
		삼정례	평염불
		위리게	평염불(탄백성)
		퇴귀명연	평염불
		의상조사법성계	
		내림게	평염불(탄백성)
	제40편 수위안좌	수위안좌 云云	안채비(편게성)
		수위안좌진언	평염불(탄백성)
		다게	바깥채비(홑소리)
	제41편 선밀가지	선밀가지 云云	안채비(편게성)
		나무다보여래	평염불
		제불자 云云	안채비(편게성)
		나무묘색신여래	평염불
		제불자 云云	안채비(편게성)
		나무광박신여래	평염불
		제불자 云云	안채비(편게성)
		나무이포외여래	평염불
		제불자 云云	안채비(편게성)
		나무감로왕여래	평염불
		제불자 云云	안채비(편게성)
	제42편 가지멸죄	가지멸죄 云云	
		옴 바라 마니다니 사바하	평염불
	제43편 주식현공	주식현공 제불자 云云	안채비(편게성)
		변식진언	평염불
		제불자 云云	안채비(편게성)
		감로수진언	평염불

절차		내 용	염불 갈래 및 종류
하단의	제43편 주식헌공	제불자 云云	안채비(편게성)
		일자수륜관진언	평염불
	제44편 고혼수향	고혼수향 云云	안채비(편게성)
		아금이차가지식 云云	평염불(탄백성)
		시식진언	평염불
		보공양진언	
	제45편 설시인연	설시인연 云云	안채비(편게성)
		십이인연진언(옴 예달마혜)	평염불
	제46편 원성수은	원성수은 云云	
	제47편 청성수계	청성수계 云云	안채비(편게성)
		일심봉청 云云	평염불(탄백성)
	제48편 참제업장	참제업장 云云	안채비(편게성)
		참회게	평염불(탄백성)
		참회진언	평염불
	제49편 발홍서원	발홍서원 云云	안채비(편게성)
		발사홍서원	평염불(탄백성)
		발보리심진언	평염불
	제50편 사사귀정	사사귀정 云云	안채비(편게성)
		귀의삼보진언	평염불
	제51편 석상호지	석상호지 云云	안채비(편게성)
		제일 정계불살생 云云	평염불
		시계진언	
	제52편 득계소요	득계소요 云云	안채비(편게성)
	제53편 수성십도	수성십도 云云	
	제54편 의십획과	의십획과 云云	
		불설왕생정토주진언	평염불
	제55편 관행게찬	관행게찬 云云	
		화청	민요조
		장엄염불	평염불

아귀와 지옥중생, 고혼과 원혼 등 육도윤회 중생을 대상으로 법식을 베푸는 하단 의식은 수륙재에서 법문이 가장 많다. 따라서 고혼들에게 많은 불법과 그 뜻을 잘 전하기 위해, 일종의 엮음 소리처럼 가사를 촘촘히 엮어 부르는 안채비(편게성)와 평염불(탄백성)이 특히 중심이 되며, 수륙재에서 안채비 염불의 역할이 크게 드러나는 절차이다. 그리고 간간이 홑소리와 민요조 화청이 출현하며, 축원과 축복의 자비심이 섬세하게 표현되어 있는 음악적 묘미를 느끼게 한다.

송경의

절차	내 용	염불 갈래 및 종류
송경의	금강경계청	평염불
	정구업진언	
	안토지진언	
	개경게	
	개법장진언	
	법화경 약찬게(또는 금강반야바라밀경)	
	염라천자칙취장중 보궐진언	
	반야무지장진언	
	금강심진언	
	보회향진언	

공(空)의 사상과 요체를 담은 금강경을 독송하며 참된 절대 평등 세상을 염원하는 송경의에서는, 경전의 가르침에 집중하며 평염불로 전체 설행된다.

봉송의(회향)

절차		내 용	염불 갈래 및 종류
봉송의 (회향)	제56편 원만회향	피봉식·수설수륙대회소	안채비(소성)
		회향게찬	평염불
		(소대로 가기 전) 천수바라. 법고	–
		보례삼보	평염불
		행보게	바깥채비(홑소리)
		산화락	평염불(탄백성)
		나무대성인로왕보살	
		삼단도배송	평염불
		의상조사법성게	
	제57편 화재수용	화재수용 云云	안채비(편게성)
		화재게	평염불(탄백성)
	제58편 경신봉송	경신봉송 云云	안채비(편게성)
		상품상생진언	평염불
		봉송진언	
		처세간여허공 云云	
	제59편 보신회향	보신회향 云云	안채비(편게성)
		보회향진언	평염불
		화탕풍요천지괴 云云	평염불(탄백성)
		회향귀명	평염불

 마지막 영가를 봉송하고 수륙대재가 원만하게 끝난 것에 감사하는 봉송의에서도 평염불(탄백성)과 안채비소리(편게성·소성)를 중심으로 여법하고 경건하게 잘 마무리한다.
 즉, 마지막 날은 법문이 많은 하단 및 봉송 회향의 절차에 맞춰, 평염불(탄백성)과 안채비(편게성)가 특히 중심이 되고, 홑소리와 민요조 염불이 중간중간 설행되며 영가와 모든 중생들의 아픈 마음을 어르고 천도하

는 역할을 한다.

요컨대 삼화사 국행수륙재의 범패에서 가장 큰 비중을 차지하는 염불은 안채비소리와 평염불이다. 그중 안채비소리는 상단의와 중단의에서는 유치성, 하단의는 편게성, 평염불은 탄백의 가락이 가장 많이 활용되며 중추적인 역할을 한다.

수륙재에서 안채비소리와 평염불의 역할이 중요한 이유는 종교적 경건함과 여법함을 갖추면서도 상대적으로 바깥채비소리보다 평이하여 많은 법문과 그 가르침을 유주무주 고혼들에게 전달하는 데 보다 효과적이기 때문으로 보인다. 또한 민요조 염불(화청·축원화청·바라춤 반주 진언)은 영가 및 중생들의 마음을 보다 잘 터치하며 엄숙한 재 의식을 신명과 환희심으로 승화시키는 기능을 한다. 그러면서 바깥채비소리(홑소리, 반짓소리, 짓소리)가 간간이 출현하며, 불교 범패 특유의 장엄함과 장중함의 절묘한 조화를 느끼게 한다.

3. 작법

삼화사 수륙재에서는 바라무·착복무·법고무가 연행되는데, 바라무는 도량을 정화하기 위한 몸짓이고, 착복무는 불보살을 찬탄하기 위한 몸짓이며, 법고는 환희의 몸짓이다. 이런 상징적 의미를 지닌 작법무는 신업공양으로, 몸짓 하나 하나에 함축적·상징적 의미를 지니고 있다. 불교 재의식에서 각 재차의 구성과 작법무의 설행은 재가 올려질 때마다 어장을 중심으로 한 어산집단이 구성되고, 이 어산집단에서 재차의 구성과 재차에서 설행될 작법무를 결정한다고 한다. 이번 삼화사 수륙재에서는 바라무는 5종으로 천수바라무·요잡바라무·사다라니바라무·명바라무·관욕쇠바라무, 착복무도 5종으로 다게작법무·도량게작법무·기경작법무·향화게작법무·운심게작법무, 법고무는 1종이 설행되었다. 바라무·착복무·법고무의 기술 방식은 다음과 같이 진행하고자 한다. 먼저, 바라무·착복무의 기본동작을 신체 부위로 구분하여 설명하고, 이어서 삼화사 수륙재에서 연행된 바라무·착복무·법고무의 진행 절차에 대해 언급하였다. 삼화사 수륙재에서 연행된 바라무·착복무·법고무를 살펴보면 다음과 같다.

1) 바라무

바라무는 불법을 찬양하는 의미와 함께 나쁜 기운을 물리쳐서 도량을 청정하게 수호하고, 의식에 참여하는 이들의 내면을 정화하는 의미를 지닌다.[40] 바라무는 서양의 심벌즈와 유사한 바라를 양손에 들고 쇠소리를 내면서 추는 춤이다. 본래 바라는 서역에서 전래한 금부金部에 속하는 타악기로 자바라啫哱囉·발쇠鈸·제금提金이라고 부른다.[41] 바라의 연원은 추정하기 어려우나, 중국 선종의 규율을 적은 당나라 『백장청규』에는 불전에 향을 올리거나 설법할 때, 다비식, 주지 진산식 등에 바라를 울려 시작을 알리도록 하였다. 따라서 통일신라시대 선불교가 들어오면서 불교 의식에서 바라를 사용한 것으로 추정된다. 『고려도경高麗圖經』에는 "보제사普濟寺 승당에서 거행한 의식에서 바라를 사용하였는데, 생김새가 작고 소리가 시름겹다."라는 기록이 있어, 고려시대 불교 재의식에서 바라 사용이 어느 정도 보편화되었음을 알 수 있다.[42] 바라무의 복식은 스님의 일반 법복인 회색 장삼에 붉은 가사를 두른다.

---

40 한국민속예술사전, 바라춤, 2021.11.19. https://folkency.nfm.go.kr/kr/topic/detail/6414.
41 한국민족문화대백과사전, 바라, 2022.7.4. http://encykorea.aks.ac.kr/Contents/Item/E0020467.
42 한국민속예술사전, 바라춤, 2021.11.19. https://folkency.nfm.go.kr/kr/topic/detail/6414.

바라무의 동작은 단순하고 반복적이며, 빠르고 역동적이다. 특히 바라무의 역동성은 가르는 동작(번개바라)에서 바라를 뒤집었을 때 번뜩거림, 바라의 굉음과 같은 웅장한 소리, 바람을 가르는 듯한 회전 등에서 바라무의 연행 목적과 부합되어 잘 드러난다. 이와 같이 바라무는 강렬한 남성 춤의 성격을 지녔기 때문에 주로 비구에 의해 연행된다. 바라무는 염불과 진언에 맞추어 추는 춤으로, 태징에 따라 바라를 위·아래·좌·우를 그리면서

회색 장삼에 붉은 가사를 두르고 바라를 양손에 든다.

사방을 향해서 춘다. 바라무의 기본자세는 몸의 중심을 바로 세운 상태에서 시선은 좌선하는 것처럼 하단전에 기를 모은다. 또한 바라를 정수리 뒤로 넘기거나 단전 아래로 내리지 않는데, 이는 참선할 때 자세를 바라무에서도 그대로 유지하기 위함이다.[43]

삼화사 수륙재에 나타난 바라무의 기본동작에는 실어올리는 동작·가르는 동작·겹바라[44]가 있다. 2021년 삼화사 수륙재의 바라무는 모두 5종이지만, 명바라를 제외하고 대부분 바라무가 기본동작의 반복구조로 이루어진다. 이 항에서는 먼저 기본동작을 살펴보고, 이를 바탕으로 삼화사 수륙재에서 연행된 5종의 바라무를 살펴보고자 한다.

---

43 심상현, 「작법무의 연원과 기능에 대한 고찰」, 『동아시아불교문화』 제12집, 동아시아불교문화학회, 2012, 248쪽.
44 영제에서는 '접바라'라고 부른다.

(1) 바라무의 주요 동작

바라무의 기본자세는 고무레 정丁자 발디딤에서 하단전에 힘을 주고 몸의 중심을 바로 세운 상태이다. 이때 시선은 좌선하는 것처럼 코끝의 연장선을 지긋이 바라본다.

① 발동작

• 丁자

바라무의 발디딤은 丁자를 지속적으로 유지하면서 춤을 춘다. 삼화사 수륙재에서 丁자는 한 발에 중심을 두고, 반대 발의 뒤꿈치를 발의 안쪽 아치에 붙이는 형태이다. 이는 지역에 따라 한쪽 발로 중심을 잡고, 중심 잡은 발의 안쪽 복숭아뼈 위에 다른 쪽 뒤꿈치를 얹기도 한다. 명칭에 있어서도 경기도·전라도에서는 정丁, 영남에서는 비정비팔非丁非八이라고 하는데, 이는 丁자 모양도 아니고, 八자 모양도 아닌 그 중간의 형태를 나타내기 때문이다. 그러나 삼화사 수륙재에서는 정확히 丁자 모양으로, 一획은 몸의 중심을 잡는 발이고, l획은 다음 동작으로 이동하기 위해 준비하고 있는 발을 의미한다.

• 굴신

굴신이란 무릎을 구부렸다가 펴는 동작이다. 즉, 굴신은 하단전에 기를 모은 상태에서 호흡에 의해 무릎을 구부리고 펴는 것을 의미한다. 삼화사 수륙재 바라무의 굴신은 몸 중심을 바로 세우고, 태징 박에 맞추어 무릎을 구부려 몸을 낮추고, 무릎을 펴서 몸을 바로 세우는 것을 의미한다. 이때 들숨과 날숨의 호흡을 이용해서 굴신을 하면 무거운 바라를 쉽게 움직일 수 있으며, 바라무 동작이 단절되지 않고 물 흐르듯이 부드럽게 연결되어 예술적으로 완성도가 높은 춤동작을 표현할 수 있다.

• 회전(#자 돌기)

회전할 때는 중심 발 앞꿈치에 반대 발을 가로로 디뎌 丁자 형태를 만들어 돌아가는 것으로, 바닥에 정#자를 그리면서 도는 방식이다. 이는 궁중정재의 회전 방식과 유사한데, #자로 회전하면 거의 자리 이동 없이 제자리에서 회전할 수 있다. 법안 스님에 의하면, "과거 바라무를 학습할 때 방석 안에서 모든 움직임이 이루어질 수 있게 제자리에서 춤을 추었다고 한다. 삼화사 수륙재에서 발동작은 항상 丁자를 유지하기 때문에 90°·180°·360° 회전 시 여러 명이 같이 춤을 추어도 각도가 맞는다고 한다." 회전 방향은 몸을 중심으로 오른쪽으로 돌아가는 시계 도는 방향인 cw방향과 왼쪽으로 돌아가는 시계 도는 반대 방향인 ccw방향이 있는데, 주로 삼화사 수륙재에서는 시계 반대 방향인 ccw방향의 회전이 많았다.

② 손동작

손동작은 주로 바라를 위로 올렸다가 내리는 춤동작으로, 바라가 움직이는 범위는 몸통을 중심으로 수직선은 정수리에서 배꼽까지, 수평선은 어깨 범주 안에서 움직인다.

• 실어올리는 동작

실어올리는 동작은 번개바라라고도 하는데, 바라를 포개어 잡고, 양손을 위로 올렸다가 내리는 수직 선상의 춤동작이다. 실어올리는 동작의 준비 자세는 바라를 가슴 높이에서 왼손 아래·오른손 위로 마주 보게 포개어 잡는다. 실어올리는 동작은 주로 3글자 혹은 3소박의 동작으로, 1소박에 바라를 위로 올리고, 2소박에 바라를 내리며, 3소박에 바라를 짓누르듯이 돌려가면서 쳐서 소리를 낸다. 1소박은 준비 자세에서 양손을 위로 올리는 과정으로, 이때 왼손 위·오른손 아래로 바뀌는데, 양손은 정수리까지 올라가서 마지막에 호흡을 내리면서 양손이 살짝 벌어지면서 포개진 바라가 살짝 벌어져 고깔 형태를 만든다. 2소박은 바라를 위에서 아래로 내리는 과정으로, 벌어진 바라를 겹쳐 왼손 아래·오른손 위의 형태로 내려와 바라를 살짝 벌린다. 이때 바라는 가슴과 배꼽 사이에 있어야 한다. 3소박은 바라를 짓누르듯이 돌려쳐서 소리를 내는 것으로, 처음 동작인 준비 자세로 돌아간다.

- 가르는 동작

가르는 동작은 요잡바라라고도 부르는데, 왼손이 위로 올라가면 오른손이 내려오고, 오른손이 위로 올라가면 왼손이 아래로 내려오는 바라가 교차하는 춤동작이다. 이때 손목을 돌려 바라를 뒤집는다. 가르는 동작의 준비 자세는 왼손 위·오른손 아래 포개진 형태로 정수리에서 시작되는데, 2글자 혹은 2소박 구조의 춤동작이다. 1·2소박에는 호흡을 들었다가 내리면서 왼손을 머리 위에서 바라를 뒤집고, 오른손은 뒤집으면서 가슴과 배꼽 사이까지 내려 젖혀 든다. 다시 1·2소박에는 호흡을 들면서 오른손을 머리 위로 올려 왼손과 교차한 후, 호흡을 내리면서 오른손을 뒤집어 머리 위로 들고, 왼손을 뒤집으면서 가슴 위치까지 내려서 젖혀 든다. 이때 바라는 항상 머리 위에서 교차하는 것이 원칙이다. 삼화사 수륙재의 가르는 동작은 몸 중심인 코어의 선상에서 이동하는 것이 아니라, 어깨를 중심으로 회전하는 특징을 나타낸다. 즉, 손이 위로 올라가는 동선이 몸 중심을 따라 올라가는 것이 아니라, 어깨의 회전을 통해 머리 위에서 S자를 그리며 올라가고, 거꾸로 된 S자를 그리며 내려온다.

- 겹바라

양손을 머리 위로 들었다가 내리는 수직 선상의 춤동작으로, 가르는 동작의 연속선상에서 연결되는 동작이다. 삼화사 수륙재의 겹바라는 양 손을 함께 올리고 내리는 춤동작과 가르는 동작에서 오른손을 위로 붙여 일자사위를 하는 겹바라가 있다. 먼저, 양손을 함께 올리고 내리는 겹바라는 양손이 머리 위에서 젖혀 있는 상태(바라의 안쪽이 위를 향함)에서 시작하는 2글자 혹은 2소박의 춤동작이다. 겹바라는 양손을 돌려서 내리고, 돌려서 머리 위로 올려 젖힌다. 다음은 가르는 동작의 마지막 포즈인 왼손 위, 오른손 아래인 상태에서 오른손을 위로 올려서 붙인 다음, 양손을 옆으로 벌려 일자사위를 하고, 다시 머리 위로 올려서 붙인 후, 가슴 앞으로 돌려서 내리는데, 이때 오른손 바라를 돌려서 왼손 바라 위에 살짝 포갠다. 즉, 양손은 바라를 젖힌 형태가 된다. 겹바라는 동작을 마무리할 때 맺는 동작이거나, 혹은 자리를 바꾸기 위해 이동할 때 사용되는 손동작이다.

(2) 삼화사 수륙재에서 연행된 바라무

현재 불교 의례에서 연행되는 바라무는 모두 8가지 유형으로, 천수바라무·사다라니바라무·명바라무·요잡바라무·관욕쇠바라무·화의재진언바라무·내림게바라무·회향게바라무 등이 있다. 그러나 2021년 삼화사 수륙재에서는 천수바라무·사다라니바라무·명바라무·관욕쇠바라무·요잡바라무 등 5종의 바라무를 설행하였다.

① 천수바라무

천수바라무는 〈신묘장구대다라니〉에 맞추어 추는 작법무이다. 〈신묘장구대다라니〉는 불법승 삼보와 관세음보살에 귀의하고, 악업을 금하며, 탐욕·노여움·어리석음의 세 가지 독을 가라앉혀 깨달음에 다다르게 해줄 것을 기원하는 내용이다. 그래서 천수바라무는 도량의 정화를 위한 결계結界의 목적으로 대비주大悲呪를 염송할 때 춘다. 2021년 삼화사 수륙재에서, 천수바라무는 괘불불패이운의, 대령의, 운수단의(도량의식), 사자단의, 오로단의, 중단의, 방생의, 하단의, 봉송의에서 연행되었다. 각 재차에서 천수바라무는 4인을 중심으로 2인·5인·8인·9인으로 진행되었는데, 춤동작·춤 진행에 있어 큰 차이를 나타내지 않았다. 천수바라무의 기본 구조는 2인이며, 2인이 사방으로 확장한 것이 4인이다. 5인은 4인의 구조에 중앙에 1인을 두어, 오방을 상징한다. 8인은 4인을 확장한 것으로, 도량 정화의 상징적 의미를 시각적으로 확장한 것이다. 2021년 삼화사 수륙재에서 천수바라무의 진행 절차는 4인의 경우, 2열 종대로 서서 사각형의 구도 속에서 상대(相對)·상배(相背)하면서 제자리 혹은 상대 자리와 교차하면서 춤을 춘다. 천수바라무는 〈신묘장구대다라니〉에 맞추어 추기 때문에 각 재차 혹은 범패승마다 게송하는 속도의 차이는 있지만, 춤의 순서는 큰 차이를 보이지 않는다. 그러나 8인 연행한 운수단의의 천수바라무는 2인이나 4인이 추는 천수바라무와 달리 상대·상배 없이 상단을 향해서 제자리에서만 춤을 추었다. 또한 5인이 연행하는 방생의·하단의의 천수바라무는 중앙 1인과 사방의 4인으로 구분되는데, 4인의 천수바라무는 기존 4인의 천수바라무를 그대로 실행하고, 중앙 1인은 제자리에서 실어올리는 동작과 가르는 동작을 반복한다. 이번 천수바라무[45]는 〈신묘장구대다라니〉에 따라 기록하였다.

---

45 천수바라무 무보 용례
- 가르기: 가르는 동작 혹은 요잡바라
- 실어올리기: 시르는 동작 혹은 번개바라
- 붙이기: 양손의 바라를 머리 위로 올리는 동작
- 일자사위: 양손을 옆으로 펴는 동작으로 마치 한자의 一을 형상화한 동작, 무용에서는 평사위라고도 함.
- 상대(相對): 두 줄이 서로 마주 보고 선 상태
- 상배(相背): 대무(對舞)할 때, 상대편과 서로 등을 지고 있는 것으로, 삼화사 수륙재에서 상배는 주로 상대편과 자리를 교차하여 상대편 자리에 도착하였을 때 형성되는 몸 방향이다.

다라니(준비동작)		복청대중동음창화 신묘장구대다라니~	
타법		X	○○○○○
춤사위	발동작	丁자	
	손동작	가슴 앞에서 바라를 받쳐 들기	
	몸 방향	설단을 향해서 서기	

다라니①	나모라	다나	다라	야야	나막	알약	바로	기제	새바라야	
타법	○	○○	○○	○○	○○	○○	○○	○○	●●●●	○○○○○
춤사위	발동작	丁자	90°씩 돌면서 2글자 1보로 딛기→굴신	90°씩 돌면서 2글자 1보로 딛기→굴신		90°씩 돌면서 2글자 1보로 딛기→굴신		90°씩 돌면서 2글자 1보로 딛기→굴신	丁자
	손동작	왼쪽 바라 위에 오른쪽 바라를 살짝 포개어 받침	오른쪽 바라 끝으로 왼쪽 바라를 2글자에 1회를 가볍게 침						합장 상태에서 쾅쾅콰쾅 가볍게 침	
	몸 방향	제자리 상대	ccw방향으로 90° 회전하기 (정면→왼쪽)	ccw방향으로 90° 회전하기 (왼쪽→뒷면)		ccw방향으로 90° 회전하기(뒷면→오른쪽)		ccw방향으로 90° 회전하기 (오른쪽→정면)	제자리 상대

다라니②	모지	사다	바야	마하	사다	바야	마하가로	니가야
타법	○	○○	○○	○○	○○	○○	●●●●	○○
춤사위	발동작	丁자						
	손동작	가르기	가르기		가르기		가르기→일자사위→붙이기	양손을 내리면서 굴신
	몸 방향	제자리 상대						

다라니③	오옴	살바	바예수	다라나	가라야	다사명
타법	●	●●	○○	○○	○○	○○
춤사위	발동작	丁자		90° 회전하고 굴신	90° 회전하고 굴신	90° 회전하고 굴신
	손동작	겹바라	실어올리기	실어올리기	실어올리기	실어올리기
	몸 방향	제자리 상대		ccw방향으로 90° 회전해서 마주 보기(왼쪽→뒷면→오른쪽→정면 순으로 돌기)		

다라니④	나막	가리	다바	이맘	알야	바로기제		새바라
타법	○	○○	○○	○○	○○	●●●●		○○
춤사위	발동작	丁자							
	손동작	가르기		가르기		가르기	가르기→일자사위→붙이기		양손을 내리면서 바라를 침
	몸 방향	제자리 상대							

다라니⑤		다바	니라	간타	나막	하리나야	마발타	이사미	살발타
타법		○	○○	○○	○○	●●●●	○○	○○	○○
춤사위	발동작	丁자	180° 회전	丁자	180° 회전	丁자	오른발 살짝 옆으로 이동, 丁자	왼발 살짝 옆으로 이동 후, 丁자	오른발 살짝 옆으로 이동, 丁자
	손동작	가르기		가르기		가르기	붙이기→실어올리기	실어올리기	실어올리기
	몸 방향	ccw방향으로 180° 회전(정면→뒷면)		ccw방향으로 180° 회전(뒷면→정면)		제자리 상대	오른쪽 사선	왼쪽 사선	오른쪽 사선

다라니⑥		사다남수반	아예염살바	보다남
타법		●●●●	●●●●	○○
춤사위	발동작	오른발 디디면서 180° 회전, 왼발 돌려 모음, 丁자	오른발 디디면서 180° 회전, 왼발 돌려 모음, 丁자	丁자
	손동작	왼쪽 바라를 밀듯이 양손을 일자로 펴기→오른쪽 바라를 돌려서 머리 위로 올려 얹기	오른쪽 바라를 내리면서 일자사위	붙이기
	몸 방향	ccw방향으로 180° 회전(오른편→뒷면)	ccw방향으로 180° 회전(뒷면→정면)	제자리 상대

다라니⑦		바바	마라	미수다감	다냐타오옴	아로게	아로가
타법		○	○○	●●●	●●●●	○○	○○
춤사위	발동작	丁자	180° 회전	丁자→180° 회전	丁자	왼발 살짝 옆으로 이동 후, 丁자	오른발 살짝 옆으로 이동, 丁자
	손동작	가르기		가르기	붙이기→내림(이때 오른쪽 바라를 돌려서 내림)	붙이기→시르기	실어올리기
	몸 방향	ccw방향으로 180° 회전(정면→뒷면)		ccw방향으로 180° 회전(뒷면→정면)	제자리 상대	왼쪽 사선	오른쪽 사선

다라니⑧		마지	로가	지가	란제	혜혜	하례	마하모지	사다바	사마라	사마라
타법		○	○●	○●	○●	○●	○●	●●●●	○○	○○	○○
춤사위	발동작	오른발 2글자 1보	왼발 2글자 1보	오른발 2글자 1보	왼발 2글자 1보	오른발 2글자 1보	왼발 2글자 1보	1글자 1보로 4보 디디면서 180° 회전	오른발 살짝 옆으로 이동, 丁자	왼발 살짝 옆으로 이동 후, 丁자	오른발 살짝 옆으로 이동 후, 丁자
	손동작	바라를 엎어서 왼쪽 바라 끝이 오른쪽 바라 끝에 겹치게 하고 오른쪽 바라를 2글자 1회 침						붙이기	실어올리기	실어올리기	실어올리기
	몸 방향	오른쪽 이동	왼쪽 이동	오른쪽 이동	왼쪽 이동 하면서 교차	오른쪽 이동	왼쪽 이동	ccw방향으로 180° 회전 (뒷면→정면)	오른쪽 사선	왼쪽 사선	오른쪽 사선

다라니⑨		하리	나야	구로	구로갈마	사다야	사다야
타법		○	○●	○●	●●●●	○○	○○
춤사위	발동작	丁자		오른발 디디면서 180° 회전, 왼발 돌려 모음 丁자, 이를 반복함	丁자	왼발 살짝 옆으로 이동, 丁자	오른발 살짝 옆으로 이동 후, 丁자
	손동작	가르기		가르기	일자사위→붙이기 →내리면서 바라를 침	실어올리기	실어올리기
	몸 방향	제자리 상대		ccw방향으로 180° 회전→(정면→뒷면)	ccw방향으로 180° 회전 (뒷면→정면)	왼쪽 사선	오른쪽 사선

다라니⑩		도로도로	미연제마하	미연제	다라	다라	다린나례	새바라
타법		●●●●	●●●●●	○○	○	○●	●●●●	○○
춤사위	발동작	丁자	오른발 앞으로 디디면서 왼발 돌려 모음, 丁자, 이를 반복함	丁자				
	손동작	가르기	가르기→붙이기	실어올리기	가르기		가르기→일자 사위→붙이기	내리면서 바라를 침
	몸 방향	제자리 상대	ccw방향으로 180° 회전, 다시 ccw방향으로 180° 회전 (정면→뒷면→정면)	제자리 상대				

다라니⑪	자라	자라마라	미마라	아미라몰제	예혜혜로계	새바라라아	미사미	나사야
타법	○	●●●●	○○	●●●●●	●●●●●	●●●●●	○○	○○
춤사위 - 발동작	오른발 디디면서 180° 회전, 왼발 돌려 모음, ㄒ자		ㄒ자		왼발 중심, 오른발로 디디면서 회전	오른발 중심, 왼발로 디디면서 회전	오른발 살짝 옆으로 이동, ㄒ자	왼발 살짝 옆으로 이동 후, ㄒ자
춤사위 - 손동작	일자사위	오른손을 위로 올려 가르기 준비	실어올리기 → 바라를 침	붙이기 → 일자사위	일자사위	일자사위 → 붙이기	실어올리기	실어올리기
춤사위 - 몸 방향	ccw방향 180° 회전	ccw방향으로 270° 회전	제자리 상대		ccw방향으로 360° 회전 (뒷면)	cw방향으로 180도 회전 (뒷면→정면)	오른쪽 사선	왼쪽 사선

다라니⑫	나베	사미사미	나사야	모하자라	미사미	나사야
타법	○	●●●●	○○	● ●●	○○	○○
춤사위 - 발동작	ㄒ자				왼발 살짝 옆으로 이동, ㄒ자	오른발 살짝 옆으로 이동 후, ㄒ자
춤사위 - 손동작	가르기	가르기→일자사위 →붙이기	실어올리기	가르기→붙이기	실어올리기	실어올리기
춤사위 - 몸 방향	제자리 상대				왼쪽 사선	오른쪽 사선

다라니⑬	호로	호로	마라	호로하례	바나마
타법	○	○○	○○	●●●●	○○
춤사위 - 발동작	ㄒ자		오른발 디디면서 180° 회전, 왼발 돌려 모음, ㄒ자	오른발 디디면서 180° 회전, 왼발 돌려 모음, ㄒ자	ㄒ자 디딤
춤사위 - 손동작	가르기		가르기	가르기→일자사위 → 붙이기	양손 내림(이때 오른쪽 바라를 돌려서 내려 왼쪽 바라에 살짝 얹음)
춤사위 - 몸 방향	상대		ccw방향으로 180° 회전(정면→뒷면)	ccw방향으로 180° 회전(뒷면→정면)	상대

다라니⑭		나바	사라	사라	시리	시리	소로	소로	못댜못댜	모다야	모다야
타법		○	○○	○○	○○	○○	○○	○○	●●●●	○○	○○
춤사위	발동작	丁자	오른발 2글자 1보	왼발 2글자 1보	오른발 2글자 1보	왼발 2글자 1보	오른발 2글자 1보	왼발 2글자 1보	1글자 1보로 4보 디디면서 180° 회전	왼발 살짝 옆으로 이동, 丁자	오른발 살짝 옆으로 이동후, 丁자
	손동작	바라를 엎어서 왼쪽 바라 끝이 오른쪽 바라 끝에 겹치게 하고 오른쪽 바라를 타법에 맞추어 침.							붙이기	실어 올리기	실어 올리기
	몸 방향	제자리 상대	오른쪽 이동	왼쪽 이동	오른쪽 이동	왼쪽 이동하면서 교차	오른쪽 이동	왼쪽 이동	ccw방향으로 180° 회전 (뒷면→정면)	왼쪽 사선	오른쪽 사선

다라니⑮		매다	리야	니라간타	가마사	날사남
타법		○	○○	●●●●	○○	○○
춤사위	발동작	丁자		왼발 중심 오른발을 디디며 180° 회전, 丁자	왼발 중심 오른발을 디디며 270° 회전, 丁자	오른발 살짝 옆으로 이동, 丁자
	손동작	가르기		붙이기→실어올리기	실어올리기	실어올리기
	몸 방향	제자리 상대		ccw방향으로 180° 회전 (정면→뒷면)	ccw방향으로 270° 회전 (뒷면→왼쪽 사선보기)	오른쪽 사선

다라니⑯		바라	하리	나야마낙	사바하	싯다야	사바하마하	싯다야	사바하
타법		○	○○	●●●●	○○	○○	●●●●	○○	○○
춤사위	발동작	丁자		왼발 중심 오른발을 디디며 180° 회전, 丁자	왼발 중심 오른발을 디디며 270° 회전, 丁자	오른발 살짝 옆으로 이동	丁자	왼발 살짝 옆으로 이동, 丁자	오른발 살짝 옆으로 이동 후, 丁자
	손동작	가르기	가르기	붙이기→실어올리기	실어올리기	가르기→붙이기	실어올리기	실어올리기	
	몸 방향	제자리 상대		ccw방향으로 180° 회전(정면→뒷면)	ccw방향으로 270° 회전(정면→오른쪽 사선 보기)	오른쪽 사선	제자리 상대	왼쪽 사선	오른쪽 사선

다라니⑰	싯다	유예	새바라야	사바하니라	간타야	사바하	바라하
타법	○	○○	●●●●	●●●●●	○○	○○	○○
춤사위 / 발동작	丁자		왼발 중심 오른발을 디디며 180° 회전, 丁자	왼발 중심 오른발을 디디며 180° 회전, 丁자	오른발 살짝 옆으로 이동 후, 丁자	왼발 살짝 옆으로 이동, 丁자	오른발 살짝 옆으로 이동 후, 丁자
춤사위 / 손동작	가르기		가르기	가르기	붙이기 → 실어올리기	실어올리기	실어올리기
춤사위 / 몸 방향	제자리 상대		ccw방향으로 180° 회전 (정면→뒷면)	ccw방향으로 180° 회전 (뒷면→정면)	오른쪽 사선	왼쪽 사선	오른쪽 사선

다라니⑱	목하싱하	목카야	사바하	바나마	하따야	사바하	자그라	욕다야
타법	● ●●	○○	○○	○○	○○	○○	○○	○○
춤사위 / 발동작	丁자		왼발 이동, 오른발 붙이면서 丁자	왼발 이동, 오른발 붙이면서 丁자	왼발 이동, 오른발 붙이면서 丁자	왼발 이동, 오른발 붙이면서 丁자	왼발 이동, 오른발 붙이면서 丁자	왼발 이동, 오른발 붙이면서 丁자
춤사위 / 손동작	가르기	붙이기→ 실어올리기	실어올리기	실어올리기	실어올리기	실어올리기	실어올리기	실어올리기
춤사위 / 몸 방향	제자리 상대	제자리 상대	ccw방향으로 90° 회전 (정면→왼쪽)	ccw방향으로 90° 회전 (왼쪽→뒷면)	ccw방향으로 90° 회전 (뒷면→오른쪽)	ccw방향으로 90° 회전 (오른쪽→정면)	ccw방향으로 90° 회전 (정면→왼쪽)	ccw방향으로 90° 회전 (왼쪽→뒷면)

다라니⑲	사바하상카	섭나네	모다나야	사바하	마하라구타	다라야
타법	●●●●	○○	● ●●		●●●●	○○
춤사위 / 발동작	오른발, 왼발 딛기	오른발 디디면서 丁자	丁자			
춤사위 / 손동작	가르기→붙이기	실어올리기	왼손 머리 위에 얹은 상태에서, 오른손 거꾸로 된 S자와 오른손 8자 그리면서 바라를 돌린 후, 머리 위로 얹기		오른쪽 바라를 돌려서 내림→왼쪽 바라도 돌려서 내림	실어올리기
춤사위 / 몸 방향	ccw방향으로 90° 회전 (뒷면→오른쪽)	ccw방향으로 90° 회전 (오른쪽→정면)	제자리 상대			

다라니⑳		사바하바마	사간타이사	시체다	가릿나	이나야	사바하	마가라
타법		●●●●	●●●●	○○	○○	○○	○○	○○
춤사위	발동작	丁자			왼발 이동, 오른발 붙이면서 丁자	왼발 이동, 오른발 붙이면서 丁자	왼발 이동, 오른발 붙이면서 丁자	왼발 이동, 오른발 붙이면서 丁자
	손동작	가르기	가르기→붙이기	실어올리기	실어올리기	실어올리기	실어올리기	실어올리기
	몸 방향	제자리 상대			ccw방향으로 90° 회전 (정면→왼쪽)	ccw방향으로 90° 회전 (왼쪽→뒷면)	ccw방향으로 90° 회전 (뒷면→오른쪽)	ccw방향으로 90° 회전 (오른쪽→정면)

다라니㉑		잘마이바	사나야	사바하	나모라
타법		● ●●	○○	○○	○○
춤사위	발동작	丁자	오른발 살짝 옆으로 이동, 丁자	왼발 살짝옆으로 이동, 丁자	오른발 살짝 옆으로 이동, 丁자
	손동작	가르기→붙이기	실어올리기	실어올리기	실어올리기
	몸 방향	제자리 상대	오른쪽 사선	왼쪽 사선	오른쪽 사선

다라니㉒		다라	다라	야야	나막	알야	바로	기제	세바라야	사바하
타법		○o	○o	○o	○o	○o	○o	●●●●	○○o○	
춤사위	발동작	丁자		왼발 이동, 오른발 붙이면서 丁자		왼발 이동, 오른발 붙이면서 丁자		왼발 이동, 오른발 붙이면서 丁자	왼편 줄은 왼발, 오른편 줄은 오른발을 설단을 향해 돌리면서 丁자	
	손동작	가르기(½)→ 오른쪽 바라 돌리면서 위로 올려 겹바라 준비		겹바라		겹바라		겹바라	양손 바라를 내리면서 오른쪽 바라를 한 바퀴 돌려 왼쪽 바라 위에 살짝 겹침	
	몸 방향	제자리 상대		ccw방향으로 90° 회전(정면→뒷면)		ccw방향으로 90° 회전(뒷면→오른쪽)		ccw방향으로 90° 회전(오른쪽→정면)	설단을 향해 인사	

② 사다라니바라무

사다라니란 부처님의 가르침의 핵심으로, 신비한 힘을 지니고 있다고 믿는 4개의 주문이다.[46] 사다라니에는 〈변식진언〉, 〈감로수진언〉, 〈수륜관진언〉, 〈유해진언〉이 있는데, 〈변식진언〉은 한량없는 위엄과 덕, 걸림 없는 광명 수승하고 묘한 힘으로 음식을 변화시키는 진언으로 '나막 살바 다타아다 바로기제 옴 삼마라 삼마라 훔', 〈감로수진언〉은 불사不死와 천주天酒의 뜻을 지닌 생명수를 베푸는 진언으로 '나무 소로바야 다타아다야 다냐타 옴 소로소로 바라소로 바라소로 사바하', 〈수륜관진언〉은 물의 본성에 관한 진언으로 독립된 진언이 아닌 〈유해진언〉을 거행하기 위한 준비단계의 진언으로 '옴 밤 밤 밤 밤', 〈유해진언〉은 부처님의 말씀이 바다처럼 넘친다는 감로제호甘露醍醐를 베푸는 진언으로 '나모 사만다 못다남 옴 밤'을 부른다.[47] 이 4개의 진언에 맞추어 추는 춤을 사다라니바라무라고 한다. 사다라니바라무는 정성스럽게 올린 공양물이 4개의 다라니를 통해 불보살뿐만 아니라 신중과 영가 등 모든 중생이 부족함 없이 공양할 수 있도록 공양물이 변화하여 법계에 충만하기를 기원하는 춤이다.[48] 2021년 삼화사 수륙재에서 사다라니바라무는 사자단의, 오로단의, 상단의와 중단의에서 실행하였는데, 사자단의와 오로단의에서는 다게작법무 이후 착복무 복식 상태에서 4인에 의해 연행되었고, 상단의와 중단의에서는 관욕쇠바라무 이후 착복무 상태로 3인에 의해 실행하였다. 사다라니바라무의 기록은 삼화사 수륙재 상단의의 연행을 중심으로 하였는데, 이때 사다라니바라무는 3명이 연행하였다.

---

46 차형석, 「〈사다라니〉의 음악적 연구」, 『한국음악연구』 제48집, 한국국악학회, 2010, 339쪽.
47 이연경(도경), 「사다라니 바라춤에 관한 연구: 경제와 완제의 비교를 통하여」, 동국대학교 문화예술대학원 석사학위논문, 2009, 21~22쪽.
48 차형석, 「〈사다라니〉의 음악적 연구」, 『한국음악연구』 제48집, 한국국악학회, 2010, 341쪽.

			발동작	손동작	몸 방향/비고
준비동작	①		설단을 향해, 꿇어앉은 상태에서 가슴 앞에 양손의 바라를 젖혀서 받쳐듦 (이때 왼쪽 바라 위에 오른쪽 바라를 살짝 겹침)		
	②		상단을 향해 일어서기 丁자 자세		
	③		丁자 자세, 오른쪽 바라를 살짝 떨어 왼쪽 바라와 잘게 부딪침→바라를 합장 자세로 부딪치기		
게송			'나막 살바 다타아다 바로기제 옴 삼마라 삼마라 훔'을 3회 반복해서 염송		
변식진언	①		상단을 향해 丁자 자세	실어올리기	정면
	②	a	상단을 향해 丁자 자세	가르기	정면
		b	오른발 디디면서 ccw방향으로 90°→丁자	가르기	ccw방향으로 90° 회전 (정면→왼쪽)
		c	오른발 디디면서 ccw방향으로 90° 회전 →丁자	가르기	ccw방향으로 90° 회전 (왼쪽→뒷면)
		d	오른발 디디면서 ccw방향으로 90°→丁자	가르기	ccw방향으로 90° 회전 (뒷면→오른쪽)
		e	오른발 디디면서 ccw방향으로 90°→丁자	가르기	ccw방향으로 90° 회전 (오른쪽→정면)
	③		상단을 향해 丁자 자세	오른손 위로 붙이기	정면
	④	a	오른발 디디면서 ccw방향으로 90°→丁자	겹바라	정면→왼쪽
		b	오른발 디디면서 ccw방향으로 90°→丁자	겹바라	ccw방향으로 90° 회전 (왼쪽→뒷면)
		c	오른발 디디면서 ccw방향으로 90°→丁자	겹바라	ccw방향으로 90° 회전 (뒷면→오른쪽)
		d	오른발 디디면서 ccw방향으로 90°→丁자	겹바라	ccw방향으로 90° 회전 (오른쪽→정면)
	⑤		상단을 향해 丁자 자세	일자사위→위로 올리기	정면
	⑥	a	오른발 디디면서 ccw방향으로 90°→丁자	실어올리기	ccw방향으로 90° 회전 (정면→왼쪽)
		b	오른발 디디면서 ccw방향으로 90°→丁자	실어올리기	ccw방향으로 90° 회전 (왼쪽→뒷면)
		c	오른발 디디면서 ccw방향으로 90°→丁자	실어올리기	ccw방향으로 90° 회전 (뒷면→오른쪽)
		d	오른발 디디면서 ccw방향으로 90°→丁자	실어올리기	ccw방향으로 90° 회전 (오른쪽→정면)
	⑦		오른발 디디면서 ccw방향으로 360°→ 굴신	일자사위	ccw방향으로 360°

		발동작	손동작	몸 방향/비고
감로수진언	게송	\'나무 소로바야 다타아다야 다냐타 옴 소로소로 바라소로 바라소로 사바하\'를 5회 반복해서 염송		
	준비동작	양손 머리 위로 올리기→가슴 앞에서 양손의 바라를 젖혀서 받쳐 둠		
	⑧	상단을 향해 丁자 자세	실어올리기	①반복
	⑨ a	상단을 향해 丁자 자세	가르기	②-a반복
	⑨ b	오른발 디디면서 ccw방향으로 90°→ 丁자	가르기	②-b반복
	⑨ c	오른발 디디면서 ccw방향으로 90°→ 丁자	가르기	②-c반복
	⑩	丁자 자세	오른손 붙이기	뒷면
	⑪ a	오른발 디디면서 ccw방향으로 90°→ 丁자	가르기	뒷면→오른쪽
	⑪ b	丁자 자세	실어올리기	오른쪽
	⑫ a	오른발 디디면서 ccw방향으로 90°→ 丁자	가르기	⑪변형 (오른쪽→정면)
	⑫ b	상단을 향해 丁자 자세	실어올리기	
	⑬ a	상단을 향해 丁자 자세	가르기	정면
	⑬ b	상단을 향해 丁자 자세	붙이기→일자사위	정면
	⑬ c	상단을 향해 丁자 자세	실어올리기	정면
	⑭	상단을 향해 丁자 자세	·왼손: 머리 위(겹바라 자세) ·오른손: 머리 위에서 뒤집어 내리면서 크게 한 바퀴 돌린 후, 머리 위로 둠(겹바라 자세)→돌려서 내림	정면
	⑮ a	상단을 향해 丁자 자세	가르기	⑪변형(정면)
	⑮ b	상단을 향해 丁자 자세	실어올리기	
	⑯ a	상단을 향해 丁자 자세	가르기→붙이기	정면
	⑯ b	상단을 향해 丁자 자세	실어올리기	정면
	⑰ a	상단을 향해 丁자 자세	가르기→붙이기	정면
	⑰ b	오른발 디디면서 ccw방향 180° 회전→丁자 자세	위로 붙인 상태	ccw방향 180° 회전 (정면→뒷면)
	⑱ a	丁자 자세	가르기→붙이기	뒷면
	⑱ b	丁자 자세	실어올리기	뒷면

			발동작	손동작	몸 방향/비고
감로수진언	⑱	c	丁자 자세	가르기→붙이기→겹바라로 내림	뒷면
	⑲	a	왼발 디디면서→丁자 자세	겹바라	cw방향으로 90° 회전 (뒷면→왼쪽)
		b	丁자 자세	겹바라	왼쪽
	⑳	a	오른발 디디면서 ccw방향 90° 회전→丁자 자세	실어올리기	ccw방향 90° (왼쪽→뒷면)
		b	丁자 자세	가르기	뒷면
		c	丁자 자세	실어올리기	뒷면
		d	丁자 자세	가르기	뒷면
	㉑		오른발 디디면서 ccw방향 180° 회전→丁자 자세	위로 붙인 상태→오른손을 바라를 어깨 높이로 받쳐 들고, 왼손은 오른 팔꿈치를 받쳐 든다(뫼를 올릴 때 자세와 유사)	⑱변형 (뒷면→정면)
수륜관진언	게송		'옴 밤 밤 밤 밤'을 5회 반복해서 염송		
	준비동작		·뫼를 올릴 때 자세를 하면서 ccw방향으로 360°회전 ·설단을 향해 합장한 상태		
	㉒	a	상단을 향해 丁자 자세	합장 상태에서 바라 1회 치기	정면
		b	오른발 디디면서 ccw방향 90° 회전→丁자 자세	가르기	②-b반복 (정면→왼쪽)
		c	丁자 자세	붙이기→내리기	⑬-b변형
	㉓	a	丁자 자세(왼쪽)	합장 상태에서 바라 1회 치기	㉓변형 (왼쪽→뒷면)
		b	丁자 자세	가르기	
		c	오른발 디디면서 ccw방향 90° 회전→丁자 자세(뒷면)	붙이기→내리기	
	㉔	a	丁자 자세(뒷면)	합장 상태에서 바라 1회 치기	㉓변형 (뒷면→오른쪽)
		b	丁자 자세	가르기	
		c	오른발 디디면서 ccw방향 90° 회전→丁자 자세(오른쪽)	붙이기	
	㉕	a	丁자 자세(오른쪽)	합장 상태에서 바라 1회 치기	㉓변형 (오른쪽→정면)
		b	丁자 자세	가르기	
		c	오른발 디디면서 ccw방향 90° 회전→丁자 자세(정면)	붙이기→일자사위	
	진행절차		ccw방향 90° 회전, 가르는 동작(2번)→실어올리는 동작을 사방을 향해서 4번 반복→재단을 향해 준비 자세에서 천천히 한 바퀴 돈다.		

		발동작	손동작	몸 방향/비고
게송		'나모 사만다 못다남 옴 밤'을 3회 반복해서 염송		
준비동작		일자사위에서 가슴 앞으로 손을 모아, 바라가 젖혀진 상태 ccw방향으로 360°회전		
유해진언	㉖	상단을 향해 丁자 자세→굴신	바라가 젖혀진 상태	정면
	㉗	상단을 향해 丁자 자세	실어올리기	정면
	㉘ a	상단을 향해 丁자 자세	가르기	정면
	㉘ b	오른발 디디면서 ccw방향 180° 회전→丁자 자세(뒷면)	양손 머리 위로 들기	ccw방향 180° 회전 (정면→뒷면)
	㉘ c	丁자 자세	가르기→붙이기	뒷면
	㉙ a	丁자 자세(뒷면)	가르기	㉙변형 (뒷면→정면)
	㉙ b	오른발 디디면서 ccw방향 180° 회전→丁자 자세(정면)	양손 머리 위로 들기	
	㉙ c	丁자 자세	가르기→붙이기	
	㉚	상단을 향해 丁자 자세	가르기	정면
	㉛	상단을 향해 丁자 자세	붙이기	정면
	㉜	상단을 향해 丁자 자세	실어올리기	정면
	㉝	상단을 향해 丁자 자세	가르기→붙이기	정면
	㉞	상단을 향해 丁자 자세	옆으로 펴서 내리기→인사하기	정면

③ 명바라무

명바라무는 상단의를 여는 춤으로, 의식이 연행되는 수륙도량의 결계와 도량의 정화, 의식의 시작을 알리기 위해 추는 작법무이다. 대부분 재차에서 천수바라무가 도량을 정화하는 기능으로 시작을 알리는 반면, 상단의는 불보살을 모시는 재차이기 때문에 명바라무로 시작한다. 그래서 바라무의 동작도 다른 바라무와 달리 바라를 치는 다양한 몸짓과 독특한 춤동작으로 구성되어 있다. 즉, 명바라무는 바라 소리와 춤동작이 어우러진 독특한 춤으로, 주로 바라의 굉음과 같은 울림소리를 목적으로 한다. 이렇게 명바라무가 다른 바라무와 차별성을 지니는 것은 명바라무가 불교 재의식의 최고인 불보살을 모시기 때문에 그 진행 절차 또

상단의 명바라무(착복무 상태에서 연행)

한 다른 재차와 다름을 드러낸 것이다.

명바라무는 대무 형식으로 춤을 추는 사람이 짝수로 구성하는데, 홑소리 없이 태징에 맞추어 춤을 춘다. 명바라무는 큰 재에서만 볼 수 있는 춤이다. 명바라무는 삼화사 수륙재 상단의의 연행을 중심으로 기록하였는데, 이때 명바라는 4명이 연행하였다.

- 상단을 향해 4명이 일렬횡대로 서면, 태징이 당 당 당 당 당 당 덕으로 6번 징을 치고 마지막에 맺는데, 이를 반복해서 친다.

순서		발동작	손동작	몸 방향/비고
입동작	준비 동작	상단을 향해 丁자 서기	바라를 합장 상태로 들기	정면
	①	상단을 향해 丁자 서기	가슴 앞에서 바라를 젖혀 들고, 오른쪽 바라로 왼쪽 바라 태징에 맞추어 잘게 부딪침(3회 반복)	정면
	②	상단을 향해 丁자 서기	일자사위→ 합장 자세에서 바라 부딪치기(3회 반복)	정면
앉은 동작	③	상단을 향해 丁자 서기	바라를 바닥에 두고, 절하기(3회 반복)	정면
	④	꿇어앉는 자세	바라 끝을 바닥에 놓고, 태징에 맞추어 바닥에 바라를 잘게 부딪히기[始鈸]	정면
	⑤	꿇어앉는 자세	·바라 부딪치고 들기(3회 반복) 일자사위→ 합장 자세에서 바라 부딪치기→ 오른손 머리 위로 들기→합장 자세에서 바라 부딪치기→왼손 머리 위로 들기→합장 자세에서 바라 부딪치기→오른손 머리 위로 들기	정면
	⑥	꿇어앉는 자세	바라를 합장한 상태에서 4번 부딪치기→ 실어올리는 동작(4회 반복)	정면
입동작	준비 동작	일어서기→ 제자리 丁자	바라를 머리 위로 올린 상태(머리 위에서 실어올리는 동작)	상대
	⑦ a	왼발·오른발·왼발·오른발 순으로 앞으로 딛기	바라를 머리 위로 올린 상태	상대→일렬종대

순서		발동작	손동작	몸 방향/비고
⑦	b	굴신→왼발·오른발·왼발·오른발 순으로 앞으로 딛기→오른발 디디면서 180° 회전	바라를 가슴 앞으로 내려, 합장 상태에서 바라 치기	일렬종대→상배 →상대(자리 교체)
⑧	a	제자리 丁자	양손을 내리면서 크게 원을 그려 머리 위에서 바라의 끝이 마주침(고깔 형태)	상대
	b	오른발 1보 딛기→왼발 붙이기(상대) →왼발 1보 딛기→오른발 붙이기(상배)	바라를 뒤집어 머리 위로 든 상태에서 마주친 바라 끝을 잘게 부딪침	상대→일렬종대
	c	오른발 1보 딛기→왼발 붙이기(상대) →왼발 1보 딛기→오른발 붙이기(상배)	바라를 뒤집어 머리 위로 든 상태에서 마주친 바라 끝을 잘게 부딪침	일렬종대→상배 (자리 교체)
	d	오른발 디디면서 ccw방향 180° 회전→ 제자리 丁자	바라를 치면서 양손을 내리면서 크게 원을 그려 머리 위에서 바라의 끝이 마주침 (고깔 형태)	⑧-a변형
	e	오른발 1보 딛기→왼발 붙이기(상대) →왼발 1보 딛기→오른발 붙이기(상배)	바라를 뒤집어 머리 위로 든 상태에서 마주친 바라 끝을 잘게 부딪침	⑧-b반복
	f	오른발 1보 딛기→왼발 붙이기(상대) →왼발 1보 딛기→오른발 붙이기(상배)	바라를 뒤집어 머리 위로 든 상태에서 마주친 바라 끝을 잘게 부딪침	⑧-c반복
⑨	a	오른발 디디면서 ccw방향 180° 회전→ 제자리 丁자(상대)	丁자: 바라를 치면서 양손을 내리면서 바라를 돌려 가슴 앞에서 젖히기(왼쪽 바라 위에 오른쪽 바라 살짝 겹침)	⑧-a변형
	b	오른발 1보 딛기→왼발 붙이기(상대) →왼발 1보 딛기→오른발 붙이기(상배)	바라를 젖힌 상태에서 잘게 치기	상대→일렬종대
	c	오른발 1보 딛기→왼발 붙이기(상대) →왼발 1보 딛기→오른발 붙이기(상배)	바라를 젖힌 상태에서 잘게 치기	일렬종대→상배 (자리 교체)
	d	오른발 디디면서 ccw방향 180° 회전→ 제자리 丁자	바라를 젖힌 상태→바라를 치면서 양손을 내리면서 바라를 돌려 가슴 앞에서 젖히기	⑨-a반복
	e	오른발 1보 딛기→왼발 붙이기(상대) →왼발 1보 딛기→오른발 붙이기(상배)	바라를 젖힌 상태에서 잘게 치기	⑨-b반복
	f	오른발 1보 딛기→왼발 붙이기(상대) →왼발 1보 딛기→오른발 붙이기(상배)	바라를 젖힌 상태에서 잘게 치기	⑨-c반복
⑩		제자리 丁자	바라를 합장한 상태에서 4번 치기	상대
⑪	a	오른발 디디면서 ccw방향 90° 회전→ 丁자	실어올리는 동작	ccw방향 90° 회전 (정면→왼쪽)
	b	오른발 디디면서 ccw방향 90° 회전→ 丁자	실어올리는 동작	ccw방향 90° 회전 (왼쪽→뒷면)

입동작

순서		발동작	손동작	몸 방향/비고
⑪	c	오른발 디디면서 ccw방향 90° 회전→丁자	실어올리는 동작	ccw방향 90° 회전 (뒷면→오른쪽)
	d	오른발 디디면서 ccw방향 90° 회전→丁자	실어올리는 동작	ccw방향 90° 회전 (오른쪽→정면)
⑫	a	오른발 디디면서 ccw방향 90° 회전→丁자	가르는 동작	ccw방향 90° 회전 (정면→왼쪽)
	b	오른발 디디면서 ccw방향 90° 회전→丁자	가르는 동작	ccw방향 90° 회전 (왼쪽→뒷면)
	c	오른발 디디면서 ccw방향 90° 회전→丁자	가르는 동작	ccw방향 90° 회전 (뒷면→오른쪽)
	d	오른발 디디면서 ccw방향 90° 회전→丁자	가르는 동작	ccw방향 90° 회전 (오른쪽→정면)
⑬		왼발·오른발·왼발·오른발 순으로 앞으로 딛기	바라를 머리 위로 올린 상태	⑦-a반복
		왼발·오른발·왼발·오른발 순으로 앞으로 딛기→오른발 디디면서 ccw방향 180° 회전	합장 상태에서 바라를 1보 1회 치기→회전하면서 치기	일렬종대→상배→상대
⑭		제자리 丁자	바라를 합장한 상태에서 4번 치기	⑩반복
⑮	a	오른발 디디면서 ccw방향 90° 회전→丁자	실어올리는 동작	⑪반복
	b	오른발 디디면서 ccw방향 90° 회전→丁자	실어올리는 동작	
	c	오른발 디디면서 ccw방향 90° 회전→丁자	실어올리는 동작	
	d	오른발 디디면서 ccw방향 90° 회전→丁자	실어올리는 동작	
⑯	a	오른발 디디면서 ccw방향 90° 회전→丁자	가르는 동작	⑫반복
	b	오른발 디디면서 ccw방향 90° 회전→丁자	가르는 동작	
	c	오른발 디디면서 ccw방향 90° 회전→丁자	가르는 동작	
	d	오른발 디디면서 ccw방향 90° 회전→丁자	가르는 동작	
⑰		상단을 향해 丁자 서기	가슴 앞에서 바라를 젖혀 들고, 오른쪽 바라로 왼쪽 바라 태징에 맞추어 잘게 치기 (3회 반복)	①반복
⑱		상단을 향해 丁자 서기	인사하기	상대

④ 관욕쇠바라무

관욕쇠바라무는 관욕게바라무라고도 하는데, 상단의, 중단의, 하단의에서 연행되었다. 상단의와 중단의에서 성현을 소청하여 목욕하는 이유는 "룸비니 동산에서 탄생하실 때 금색의 묘한 몸에 더러움이 없었지만, 중생의 이익을 위해 강변에 이르셨듯이 지금의 목욕도 같은 것이다."라고 한다. 즉 상·중단의의 목욕은 중생제도를 위한 방편이다.[49] 하지만 하단의의 관욕은 신업 즉 행동으로 짓는 죄(살생(殺生)·투도(偸盜)·음행(淫行) 등의 죄)를 깨끗하게 씻는 의미로 관욕쇠 태징에 맞추어 바라무를 춘다. 관욕쇠바라무는 태징법이 독특하여 망치 수를 들고, 육도의 문을 연다고도 한다. 또 여섯 가지 태징법은 보살이 되기 위한 육바라밀(보시(布施), 지계(持戒), 인욕(忍辱), 정진(精進), 선정(禪定), 지혜(智慧))를 뜻하기도 한다.[50] 특히, 하단의의 관욕은 몸이 아닌 마음의 번뇌를 씻는 것으로, 영가가 욕실에 들어가 번뇌를 씻을 때 관욕쇠 소리를 듣고 일체 잡념을 일으키지 말라는 의미에서 바라를 치는데, 영혼이 태징이나 요령 소리를 들으면 그 소리에 귀를 기울이고 모든 번뇌를 쉬게 되기 때문이라고 한다. 관욕쇠바라무는 영가의 환희심을 불러일으킨다고 한다.[51] 2021년 삼화사 수륙재에서는 관욕쇠바라무는 상단에서는 5인, 중단에서는 4인, 하단에서는 5명의 착복무 복식을 한 비구니에 의해 연행되었다.

관욕쇠바라무는 관욕소를 향해 서서 진행하였는데, 진행 절차는 태징에 맞추어 바라를 부딪치면서 시작된다. 이어서 ccw방향으로 실어올리는 동작→가르는 동작→실어올리는 동작→가르는 동작을 반복한 후, 겹바라를 춘다. 다시 제자리에서 태징에 맞추어 바라를 친다. 그리고

---

49 최명철(원명), 『수륙재의 설행양상과 문화적 함의』, 민속원, 2020, 146쪽.
50 국립무형유산원, 『진관사 수륙재』, 민속원, 2017, 182~183쪽; 이애경, 『영산재 작법무』, 푸른세상, 2008, 181쪽 재인용.
51 한국민속예술사전, 바라춤, 2021.12.18. https://folkency.nfm.go.kr/kr/topic/detail/6414.

관욕소를 향해 합장하고 인사한다. 관욕쇠바라무는 제자리에서 연행하는 춤으로 실어올리는 동작이나 가르는 동작보다는 바라를 쳐서 울려, 육도문을 여는 것을 목적으로 하는 신업공양이다.

⑤ 요잡바라무

요잡바라무는 일명 번개바라·막바라라고도 한다. 요잡바라무는 도량을 정화하는 의미와 법열의 환희를 표현한 춤이다.[52] 2021년 삼화사 수륙재에서 요잡바라무는 신중작법의·시련의에서는 4인, 중단의에서는 2인, 하단의에서는 5인에 의해 연행하였다. 신중작법의·시련의에서 요잡바라무는 옹호게를 마친 이후 연행되는데, 이는 옹호게에서 모시고자 하는 성중의 강림이 실행된 것에 대한 감사와 환영의 의미를 지닌다. 또한 중단의와 하단의에서는 정적靜的인 착복무가 진행된 이후 역동적인 요잡바라무를 춤으로써 대중들의 환희심을 불러일으키는 역할을 한다. 4인·2인의 요잡바라무는 서로 마주 보고 추는 대무 형식이고, 5인의 요잡바라무는 중앙에 1인, 사방인 동서남북에는 4인이 서서 춤을 춘다. 요잡바라무는 빠른 박에 맞추어 추는 간단한 진행 과정을 나타내는 춤이다.

요잡바라무의 진행 과정은 제자리에서 태징 박에 맞추어 바라를 친 후, ccw방향으로 사방을 향해 돌면서 실어올리는 동작→가르는 동작→실어올리는 동작→가르는 동작→겹바라로 마무리하고, 설단을 향해 인사한다.

2) 착복무

착복무는 불법을 찬양하고 불보살에게 몸짓을 올리는 의미를 지닌다. 착복무는 일명 나비춤·어산춤·고기춤이라고 부르기도 하는데,[53] 일응

---

52 국립무형유산원, 『진관사 수륙재』, 민속원, 2017, 170·199쪽.

스님에 의하면, 전북지방의 어산춤은 "머리에 낙관은 고기의 머리를 상징하고 무복 소매의 소매 폭이 넓고 긴 도포는 잉어의 지느러미를 상징하며, 발의 디딤새는 물고기 꼬리의 움직임을 상징한다."[54]고 한다. 이와 같이 착복무의 명칭은 동작의 표현에서 나온 것으로, 착복무는 춤의 종류도 많지만 지칭하는 이름도 다양하다.

착복무는 양손에 모란과 작약꽃을 들고 일자로 펴서 잔잔하게 물이

흰 장삼에 가슴에는 붉은 가사와 오색 대령을 드리우고 화려한 고깔을 쓴다.

흐르듯이 천천히 움직이면서 무아無我의 세계로 스며드는 춤으로, 춤동작이 느리고 조용한 정적인 춤이다. 착복무도 바라무와 마찬가지로 동작이 단순하고 반복적이다.

착복무의 복식을 살펴보면,[55] 흰 장삼은 소매가 땅에 닿을 듯 길고, 가슴에는 붉은 가사에 오색 대령을 드리우고, 화려한 고깔을 쓴다. 착복무의 가사를 육수가사라고 하는데, 이는 6가닥은 앞뒤로 각각 두 가닥씩 황색·청색·녹색 등 대령 4가닥과 적색의 가사 앞뒷면 2가닥을 합한 수이다. 여섯가닥은 육바라밀을 상징한 것으로 해석하기도 하고, 다른 하나는 육수六銖로 새기는 것으로, 이는 『석문의범』 「수계편」에 나오

---

53 정병호, 『한국의 전통춤』, 집문당, 1999, 140쪽.
54 정병호, 『한국의 전통춤』, 집문당, 1999, 141쪽.
55 한국민속예술사전, 나비춤, 2021.11.30. https://folkency.nfm.go.kr/kr/topic/detail/6397.

는 표현으로 장수천長壽天이 착용하는 매우 가벼운 옷이라는 의미를 지니고 있다. 장수천은 색계色界 사선천四禪天의 네 번째 하늘 무상천無想天의 별호이다. 장수천 도량에서 춤추는 것은 불법佛法이다. 즉, 진리는 시공을 초월한 진리를 의미하고, 도량은 진리가 베풀어지는 현장이며, 이때 추는 착복무는 단순히 미를 추구하는 세속적인 춤이 아니라 진리의 전당임을 드러낸다.[56] 머리에 쓰는 삼각형 모양의 고깔은 고래로부터 전승되는 삼신사상을 담고 있을 뿐만 아니라, 경제에서는 불탑을 상징한다는 설,[57] 완제에서는 고기 머리를 상징한다는 설이 있다.[58] 착복무의 소도구인 양손에 드는 꽃은 처염상정處染常淨의 불성을 나타내며, 모란이나 작약을 들기도 한다.[59] 인원에 따라 혼자 추는 향나비, 2인이 추는 쌍나비, 5인이 추는 오행나비 등이 있으며, 규모에 따라 인원이 추가되기도 한다. 오행나비의 경우 중앙의 1인은 자리를 지키며 춤을 추고 사방에 선 4인이 서로 교차하며 추게 된다.

착복무는 7언4구 혹은 5언4구의 한문 사설이나 산문의 게송에 맞추어 춤을 추는데, 착복무의 기본자세는 바라무와 마찬가지로 몸 중심을 바로 세운 상태에서 시선은 코끝의 연장선을 바라보면서 하단전에 기를 모은다. 삼화사 수륙재 착복무의 기본동작은 길고 깊은 호흡에 의한 굴신의 춤으로, 일자사위에서 양손을 모으고 펴는 반복 구조를 나타낸다. 이 장에서는 먼저 착복무의 기본동작을 살펴보고, 이를 바탕으로 삼화사 수륙재에서 연행된 5가지 유형의 착복무를 살펴보면, 다음과 같다.

---

56 심상현, 「작법무의 연원과 기능에 대한 고찰」, 『동아시아불교문화』 제12집, 동아시아불교문화학회, 250쪽.
57 한국민속예술사전, 나비춤, 2021.11.30. https://folkency.nfm.go.kr/kr/topic/detail/6397.
58 정병호, 『한국의 전통춤』, 집문당, 1999, 141쪽.
59 한국민속예술사전, 나비춤, 2021.11.30. https://folkency.nfm.go.kr/kr/topic/detail/6397.

(1) 착복무의 기본동작

① 발동작

- 丁자: 고무레 정丁자로 바라무와 마찬가지로 오른발 안쪽 아치에 왼발 뒤꿈치를 붙인다.
- 광반廣半: 몸을 바로 세우고 정면을 본 상태에서 양쪽 발뒤꿈치를 붙이고 앞꿈치를 45° 정도 벌린다.
- 반좌립半坐立: 양팔을 든 채 서서히 무릎을 굽혀 반쯤 앉았다 일어나는 동작이다.
- 돋움새: 광반의 상태에서 호흡을 들면서 뒤꿈치를 살짝 올린다.

② 손동작

착복무에서는 손이 보이면 안 되므로, 꽃을 잡을 때는 장삼 소매와 함께 꽃을 잡고, 꽃을 들지 않을 때는 장삼 소매를 엄지와 검지로 가볍게 살짝 잡는다.

- 합장: 몸을 바로 세운 상태에서 양손의 꽃을 바로 세워서 가슴 앞에서 모은다.
- 양손 펴기: 양손의 꽃을 세운 상태에서 양손을 사선 방향으로 올려 어깨와 귀 사이에서 옆으로 벌린다. 양손 펴기의 준비 자세는 양손 모으기에서 시작한다. 이를 무용계에서는 일자사위 혹은 평사위라고 부른다.
- 양손 모으기: 양손 모으기 동작은 2가지 유형이 존재하는데, 하단전에서 모으기와 가슴 앞에서 모으기가 있다. 먼저, 하단전에서 모으기는 양손을 옆으로 편 일자사위에서 몸 중심의 하단전을 향해 사선 방향으로 천천히 내려와 양손을 모은다. 이때 발동작은 광반 혹은 丁자를 유지하면서 굴신하는데, 무릎을 굽히면 몸통을 앞으로 살짝 숙

이고, 무릎을 펴며 허리를 바로 세운다.
- 좌우치기: 몸을 바로 세운 상태에서 좌·우편으로 양손의 꽃을 마주치는 동작이다. 이 동작은 크게 왼쪽으로 치기와 오른쪽으로 치기로 구분되는데, 좌左치기는 일자사위에서 몸통이 왼쪽으로 돌아가면서 오른쪽 꽃을 왼쪽 꽃과 마주치는 것이고, 우右치기는 일자사위에서 몸통이 오른쪽으로 돌아가면서 왼쪽 꽃이 오른쪽 꽃과 마주치는 동작이다. 이때 몸통은 정면에서 45°정도 돌아가고, 발동작은 광반의 굴신한 상태에서 45°정도 회전하면서 양쪽 발의 앞꿈치가 사선으로 향해 돌아간다.
- 꽃 희롱: 양손 모으기에서 좌·우 손목을 중심으로 위·아래로 교차하는 동작이다. 이때 양손의 꽃은 반원을 그리면서 ccw 혹은 cw 방향으로 회전한다. 일반적으로 꽃 희롱은 양손 모으기에서 소리의 여운이 있을 때 연행된다.

③ 기타
- 요신搖身: 일자사위에서 양손을 천천히 ∞를 그리면서 굴신하는 동작이다. 이때 굴신은 하단전을 중심으로 천천히 무릎을 구부렸다가 같은 속도로 천천히 무릎을 편다.

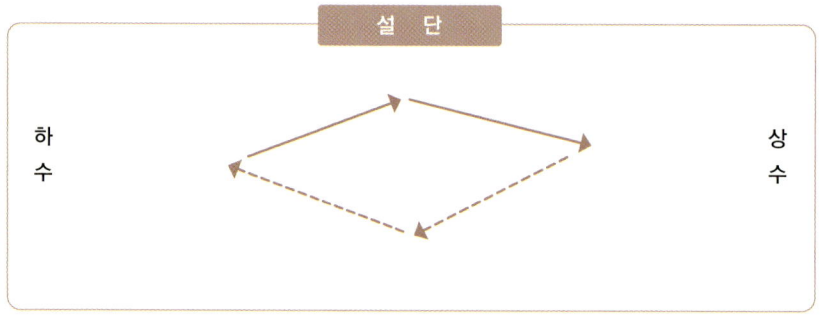

자리 교체할 때 춤길

- 사방요신: 요신을 사방(동서남북)으로 실행하면서 한 바퀴 도는 동작이다.
- 상수·하수: 작법승이 서 있는 자리로, 설단을 바라보고 오른편에 서 있는 사람을 상수, 왼편에 서 있는 사람을 하수라고 한다. 이는 무대에서 방향을 가리키는 용어이다.
- 교차 시 춤길: 2인이 마주 보고 서서 자리를 이동할 때는 야간 왼쪽 사선으로 발을 디뎌 직진하고, 교차 지점에서는 오른쪽 사선으로 발을 딛는다. 이는 착복무의 손동작이 일자사위이기 때문에 서로 부딪히는 것을 방지하기 위함이다.

(2) 삼화사 수륙재에서 연행된 착복무

현재 불교 의례에서 연행되는 착복무는 모두 14종으로 도량게작법무·다게작법무·사방요신四方搖身·정례작법무頂禮作法舞·향화게작법무·운심게작법무·지옥고작법무地獄苦作法舞·자귀의불작법무自歸依佛作法舞·만다라작법무慢多羅作法舞, 삼남태·기경작법무·삼귀의작법무三歸依作法舞·모란찬작법무牡丹讚作法舞·구원겁중작법무久遠劫中作法舞·오공양작법무五供養作法舞 등이 있다. 그러나 2021년 삼화사 수륙재에서는 다게작법무·도량게작법무·기경작법무·향화게작법무·운심게작법무 등 5종의 작법무를 설행하였다.

① 다게작법무

다게는 법회 도량에 강림하신 불보살이나 성중께 차를 올리는 의식이다. 다게를 올리는 것은 감로를 상징하는 것으로, 부처님의 가르침으로 중생들의 갈증을 면하게 한다는 의미를 지닌다. 여기서 감로는 하늘에서 내리는 단이슬을 뜻한다. 차는 일상의 음료이지만, 여기서는 예를 바치는 사람은 정성스러운 마음으로 올려야 하며, 불보살이나 성중이 차를 드시는 것은 곧 예를 바치는 사람이 원하는 것에 부응한다는 것을 상징한다. 따라서 예를 바치는 사람은 최선을 다해 정성을 기울어야 하

는데, 그 최선을 몸짓으로 보이는 것이 착복무이다.[60]

다게작법무는 홑소리로 합창으로 부르는데[61] 5언 4구의 사설로 구성되어 있다. 다게 사설은 재차마다 차이를 나타내는데, 이는 차를 올리는 대상이 다르기 때문이다. 삼화사 수륙재에서 다게작법무는 괘불불패이운의·사자단의·오로단의·하단의에서 연행하였다. 다게작법무는 원래 4인의 대무 형식이나, 하단의에서는 5명이 오방五方 구조를 연행하였다. 다게 사설을 살펴보면, 괘불불패이운의에서는 금장묘약급명다今將妙藥及名茶 봉헌수륙대법회奉獻水陸大法會 부감단나건간심俯鑑檀那虔懇心 원수애납수願垂哀納受, 사자단·오로단에서는 금장감로다今將甘露茶 봉헌사자·오제전奉獻使者·五帝前 감찰건간심鑑察虔懇心 원수애납수願垂哀納受로 괘불불패이운의는 7언4구, 오로단의는 5언4구의 구조이다. 다게작법무는 삼화사 수륙재 오로단의의 연행을 중심으로 기록하였다. 이때 다게작법무는 4인에 의해 연행하였다.

- 합장하고, 2명씩 서로 마주 보고 선다.

순서		발동작	손동작	몸 방향/비고
준비 동작		제자리에서 丁자	가슴 앞에서 양손 모아 합장 상태	상대
기본형식	①	제자리에서 丁자	양손 펴서 일자사위	상대
	②	1보 앞으로 디디면서 丁자	하단전에서 양손 모으기	상대
	③	왼발·오른발·왼발·오른발 순으로 앞으로 디뎌 상대편 자리로 이동(교차)	양손을 천천히 펴서 일자사위	상대→상배 (자리 교체)
	④ a	오른발 디디면서 270° 회전→돋움새→굴신(무릎 굽히기→펴기)	일자사위	ccw방향으로 270° 회전

60 심상현, 「작법무 거행의 배경과 의의」, 『공연문화연구』 제12집, 한국공연문화학회, 2006, 165쪽.
61 한국민족문화대백과사전, 다게, 2021.12.2. http://encykorea.aks.ac.kr/Contents/Item/E0013403.

순서		발동작	손동작	몸 방향/비고
기본형식	④ b	왼발 디디면서 180° 회전→돋움새→굴신(무릎 굽히기→펴기)	・회전・돋움새: 일자사위 ・굽힐 때: 하단전에서 양손 모으기 ・펼 때: 천천히 펴서 일자사위	cw방향으로 180° 회전
	④ c	오른발 디디면서 180° 회전→돋움새→굴신(무릎 구부리기→무릎 펴기)	・회전・돋움새: 일자사위 ・굽힐 때: 하단전에서 양손 모으기 ・펼 때: 천천히 펴서 일자사위	ccw방향으로 180° 회전
	④ d	왼발 디디면서 cw방향 180° 회전→돋움새→굴신(무릎 구부리기→무릎 펴기)	・회전・돋움새: 일자사위 ・굽힐 때: 하단전에서 양손 모으기→꽃 희롱하기 ・펼 때: 양손을 천천히 펴서 일자사위	cw방향으로 180° 회전
	⑤	오른발 디디면서 ccw방향 90° 회전→굴신(무릎 구부리기→무릎 펴기)	・회전: 일자사위 ・굽힐 때: 하단전에서 양손 모으기 ・펼 때: 양손을 천천히 펴서 일자사위	ccw방향으로 90° 회전
	⑥	왼발・오른발・왼발・오른발 순으로 앞으로 디뎌 상대편 자리로 이동(교차)	양손을 천천히 펴서 일자사위	③반복
	⑦	오른발 디디면서 ccw방향 270° 회전→돋움새→굴신	일자사위	④-a반복
	⑧ a	왼발 디디면서 180° 회전→丁자	우치기(오른쪽 방향으로 왼쪽 꽃을 끌어당겨 오른쪽 꽃에 마주치기)→일자사위	cw방향으로 180° 회전→상대
	⑧ b	오른발 디디면서 180° 회전→丁자	좌치기(왼쪽 방향으로 오른쪽 꽃을 끌어당겨 왼쪽 꽃에 마주치기)→일자사위	ccw방향으로 180° 회전→상대
변형 I	⑨	제자리에서 丁자	가슴 앞에서 양손 모으기→양손 펴면서 일자사위	①반복
	⑩	1보 앞으로 디디면서 丁자	하단전에서 양손 모으기	②반복
	⑪	왼발・오른발・왼발・오른발 순으로 앞으로 디뎌 상대편 자리로 이동(교차)	일자사위	③반복
	⑫ a	오른발 디디면서 270° 회전→돋움새→굴신(무릎 굽히기→펴기)	・회전・돋움새: 일자사위 ・굽힐 때: 하단전에서 양손 모으기 ・펼 때: 천천히 펴서 일자사위	④-a반복
	⑫ b	왼발 디디면서 180° 회전→돋움새→굴신(무릎 굽히기→펴기)	・회전・돋움새: 일자사위 ・굽힐 때: 하단전에서 양손 모으기 ・펼 때: 천천히 펴서 일자사위	④-b반복
	⑫ c	오른발 디디면서 ccw방향 180° 회전→돋움새→굴신(무릎 구부리기→무릎 펴기)	・회전・돋움새 시: 일자사위 ・굽힐 때: 하단전에서 양손 모으기→꽃 희롱하기 ・펼 때: 천천히 펴서 일자사위	④-c변형

순서			발동작	손동작	몸 방향/비고
변형 I	⑬	a	왼발 디디면서 180° 회전→丁자	우치기→일자사위	⑧반복
		b	오른발 디디면서 180° 회전→丁자	좌치기→일자사위	
	⑭		제자리에서 丁자→굴신(무릎 구부리기→무릎 펴기)	·丁자: 일자사위 ·굽힐 때: 하단전에서 양손 모으기→꽃 희롱하기 ·펼 때: 천천히 펴서 일자사위	상대
	⑮		오른발 디디면서 90° 회전→丁자	좌치기→일자사위	⑫반복
			왼발 디디면서 180° 회전→丁자	우치기→일자사위	⑪반복
변형 II	⑯		제자리에서 丁자	양손 펴면서 일자사위	①반복
	⑰		1보 앞으로 디디면서 丁자	하단전에서 양손 모으기	②반복
	⑱		왼발·오른발·왼발·오른발 순으로 앞으로 디뎌 상대편 자리로 이동(교차)	양손을 천천히 펴서 일자사위	③반복
	⑲	a	오른발 디디면서 270° 회전	일자사위	④-a반복
		b	왼발 디디면서 cw방향 180° 회전→굴신(무릎 굽히기→펴기)	·굽힐 때: 양손 하단전 앞으로 모으기→꽃 희롱하기 ·펼 때: 양손을 천천히 펴서 일자사위	④-b반복
		c	오른발 디디면서 ccw방향 180° 회전→굴신(무릎 굽히기→펴기)	·회전: 일자사위 ·굽힐 때: 양손 하단전 앞으로 모으기 ·펼 때: 양손을 펴서 일자사위	④-c반복
		d	왼발 디디면서 cw방향 180° 회전→굴신(무릎 구부리기→무릎 펴기)	·회전: 일자사위 ·굽힐 때: 양손 하단전 앞으로 모으기 ·펼 때: 양손을 펴서 일자사위	④-d반복
		e	오른발 디디면서 ccw방향 180° 회전→굴신(무릎 구부리기→무릎 펴기)	·회전: 일자사위 ·굽힐 때: 양손 하단전 앞으로 모으기 ·펼 때: 양손을 펴서 일자사위	④-c반복
	⑳		왼발 디디면서 cw방향 180° 회전→丁자	우치기→일자사위	⑧반복
	㉑		오른발 디디면서 ccw방향 180° 회전→丁자	좌치기→일자사위	
	㉒		제자리에서 丁자	양손을 가슴 앞으로 천천히 모으기→인사하기	상대

② 도량게작법무

도량게는 엄정게嚴淨偈라고 하는데, 의식 장소를 정화한 후 불보살 강림을 기원하는 의식이다. 도량게는 재 올리는 장소의 부정不淨을 천수다라니와 천수바라무로 가시고, 청결해진 도량의 사방을 찬탄하는 〈사방찬〉을 염송한 다음 불보살의 강림을 기원하는 절차이다.[62] 도량게작법무는 대중창화大衆唱和하며 홑소리로 부르는데, 7언4구의 사설로 "도량청정무하예道場淸淨無瑕穢, 삼보천룡강차지三寶天龍降此地, 아금지송묘진언我今持誦妙眞言, 원사자비밀가호願賜慈悲密加護"를 부른다.[63]

2021년 삼화사 수륙재에서 도량게작법무는 대령의 5인·운수단의 6인·방생의 5인, 하단의 5인에 의해 연행되었다. 도량게작법무는 크게 짝수로 구성되는 대무對舞와 오방의 사상이 담긴 5인무로 구분되는데, 대무는 2인이 서로 상대·상배의 형식이다. 반면, 5인무는 중앙(1인)과 사방(4인)으로 구분되는데, 사방은 2인씩 서로 대무하고, 중앙의 1인은 제자리에서 착복무의 기본 사위와 더불어 착복무의 독특한 춤사위를 연행 상황에 맞게 즉흥적으로 실연한다. 도량게작법무는 삼화사 수륙재 방생의의 연행을 중심으로 기록하였다. 이때 도량게작법무는 5인에 의해 연행하였는데, 이번 기록에서는 중앙의 1인은 연행 상황에 따라 자유롭게 제자리에서 방향만 바꾸어 춤을 추므로 제외하고, 도량게작법무의 기본 순서에 충실한 4인을 중심으로 기록하였다.

---

62 한국민족대백과사전, 도량게, 2021.12.1. http://encykorea.aks.ac.kr/Contents/Item/E0015584.

63 한국민족대백과사전, 도량게, 2021.12.1. http://encykorea.aks.ac.kr/Contents/Item/E0015584.

게송	순서	발동작	손동작	몸 방향/비고
준비동작		제자리에서 丁자	일자사위	상대
도량청정무하예	①	제자리에서 丁자→굴신(무릎 굽히기→펴기)	·굽힐 때: 가슴 앞에서 양손 모으기 ·펼 때: 양손을 펴면서 일자사위	상대
	②	왼발·오른발·왼발·오른발 순으로 전진 상대편 자리로 이동(교차)	일자사위	상대→상배
	③	오른발 디디면서 270° 회전→돋움새→굴신(무릎 굽히기→펴기)	일자사위	ccw방향으로 270° 회전
	④	왼발 디디면서 180° 회전→굴신(무릎 굽히기→무릎 펴기)	·회전·돋움새: 일자사위 ·굽힐 때: 양손 하단전 앞으로 모으기 ·펼 때: 양손을 천천히 펴서 일자사위	cw방향으로 180° 회전
	⑤	오른발 디디면서 180° 회전→돋움새→굴신(무릎 굽히기→펴기)	·회전·돋움새: 일자사위 ·굽힐 때: 하단전에서 양손 모으기 ·펼 때: 천천히 양손 펴서 일자사위	ccw방향으로 180° 회전
	⑥	왼발 디디면서 180° 회전→돋움새→굴신(무릎 굽히기→펴기)	·회전·돋움새: 일자사위 ·굽힐 때: 하단전에서 양손 모으기→꽃 희롱하기 ·펼 때: 천천히 양손 펴서 일자사위	cw방향으로 180° 회전
	⑦	오른발 디디면서 180° 회전→丁자	좌치기→일자사위	ccw방향으로 180° 회전→상대
	⑧	왼발 디디면서 180° 회전→丁자	우치기→일자사위	cw방향으로 180° 회전→상대
삼보천룡강차지	⑨	제자리서 丁자→굴신(무릎 굽히기→펴기)	·丁자: 가슴 앞에서 양손 모으기→양손 천천히 펴서 일자사위 ·굴신: 일자사위	상대
	⑩	1보 앞으로 디디면서 丁자	하단전에서 양손 모으기	상대
	⑪	왼발·오른발·왼발·오른발 순으로 전진 상대편 자리로 이동(교차)	일자사위	②반복
		오른발 디디면서 270° 회전→돋움새→굴신(무릎 굽히기→펴기)	일자사위	③반복
		왼발 디디면서 180° 회전→굴신(무릎 굽히기→펴기)	·회전·돋움새: 일자사위 ·굽힐 때: 하단전에서 양손 모으기 ·펼 때: 천천히 양손 펴서 일자사위	④반복
		오른발 디디면서 180° 회전→돋움새→굴신(무릎 굽히기→펴기)	·회전·돋움새: 일자사위 ·굽힐 때: 하단전에서 양손 모으기 ·펼 때: 천천히 양손 펴서 일자사위	⑤반복

게송	순서	발동작	손동작	몸 방향/비고
삼보천룡강차지	⑪	왼발 디디면서 180° 회전→돋움새→굴신(무릎 굽히기→펴기)	·회전·돋움새: 일자사위 ·굽힐 때: 하단전에서 양손 모으기 →꽃 희롱하기 ·펼 때: 천천히 양손 펴서 일자사위	⑥반복
		오른발 디디면서 180° 회전→丁자	좌치기→일자사위	⑦반복
		왼발 디디면서 180° 회전→丁자	우치기→일자사위	⑧반복
아금지송묘진언	⑫	제자리서 丁자→굴신(무릎 굽히기→펴기)	·丁자: 가슴 앞에서 양손 모으기 →천천히 펴서 일자사위 ·굴신: 일자사위	⑨반복
		1보 앞으로 디디면서 丁자	하단전에서 양손 모으기	⑩반복
		앞으로 오른발·왼발·오른발·왼발 순으로 디뎌 상대편 자리에 도착	일자사위	②반복
		오른발 디디면서 270° 회전→돋움새→굴신(무릎 굽히기→펴기)	일자사위	③반복
		왼발 디디면서 180° 회전→굴신(무릎 굽히기→무릎 펴기)	·회전·돋움새: 일자사위 ·굽힐 때: 하단전에서 양손 모으기 ·펼 때: 천천히 양손 펴서 일자사위	④반복
	⑬	오른발 디디면서 180° 회전→돋움새→굴신(무릎 구부리기→무릎 펴기)	·회전·돋움새: 일자사위 ·무릎 구부릴 때: 하단전에서 양손 모으기 →꽃 희롱하기 ·무릎 펼 때: 천천히 양손 펴서 일자사위	ccw방향으로 180° 회전
	⑭	왼발 디디면서 180° 회전→丁자	우치기→일자사위	cw방향으로 180° 회전
	⑮	오른발 디디면서 180° 회전→丁자	좌치기→일자사위	ccw방향으로 180° 회전→상대
원사자비밀가호	⑯	제자리서 丁자→굴신(무릎 굽히기→펴기)	·丁자: 가슴 앞에서 양손 모으기 →천천히 펴서 일자사위 ·굴신: 일자시위	⑨반복
		1보 앞으로 디디면서 丁자	하단전에서 양손 모으기	⑩반복
		앞으로 오른발·왼발·오른발·왼발 순으로 디뎌 상대편 자리에 도착	일자사위	②반복
		오른발 디디면서 270° 회전→돋움새→굴신(무릎 굽히기→펴기)	일자사위	③반복

게송	순서	발동작	손동작	몸 방향/비고
원사자비밀가호	⑯	왼발 디디면서 180° 회전→굴신(무릎 굽히기→무릎 펴기)	·회전·돋움새: 일자사위 ·굽힐 때: 하단전에서 양손 모으기 ·펼 때: 천천히 양손 펴서 일자사위	④반복
		오른발 디디면서 180° 회전→돋움새→굴신(무릎 굽히기→펴기)	·회전·돋움새: 일자사위 ·굽힐 때: 하단전에서 양손 모으기 ·펼 때: 천천히 양손 펴서 일자사위	⑤반복
		왼발 디디면서 180° 회전→굴신(무릎 굽히기→무릎 펴기)	·회전·돋움새: 일자사위 ·굽힐 때: 하단전에서 양손 모으기 ·펼 때: 천천히 양손 펴서 일자사위	④반복
		오른발 디디면서 180° 회전→돋움새→굴신(무릎 굽히기→펴기)	·회전·돋움새: 일자사위 ·굽힐 때: 하단전에서 양손 모으기 ·펼 때: 천천히 양손 펴서 일자사위	⑤반복
	⑰	왼발 디디면서 180° 회전→丁자	우치기→일자사위	⑭반복
		오른발 디디면서 180° 회전→丁자	좌치기→일자사위	⑮반복
	⑱	제자리에서 丁자	앞으로 양손 모아서 합장→인사하기	상대

③ 기경작법무

기경작법은 경을 펼친다는 의미로 시련을 모시고, 인성을 부르면서 도량에 도착한다. 그리고 영축게를 탄백성으로 한 다음, 쇠를 몰아 기경작법무를 진행한다.[64] 기경작법무는 요잡바라무와 짝을 이루어 진행하는데, 일반적으로 기장작법무와 요잡바라무를 합해서 기경작법무라고 부른다. 기경작법무는 게송을 하지 않고, 태징에 맞추어 춤을 추는데, 2021년 삼화사 수륙재에서는 태징과 호적에 맞추어 실행하였다. 기경작법무는 다른 착복무에 비하여 구조가 간단하고, 춤사위도 단순하며 반복적이다. 기경작법무는 삼화사 수륙재 시련의의 연행을 중심으로 기록하였는데, 이때 기경작법무는 4인이 연행하였다.

---

64 한정미, 「한국불교 작법무의 성격에 관한 분류」, 『민족무용』 제22호, 세계민족무용연구소, 2018, 103쪽.

순서		발동작	손동작	몸방향/비고
준비동작		제자리에서 丁자	합장 자세	상대
기본형식	①	제자리에서 丁자	양손을 펴서 일자사위	상대
	②	오른발 디디면서 180° 회전→丁자	좌치기(왼쪽 방향으로 오른쪽 꽃을 끌어당겨 왼쪽 꽃에 마주치기)→일자사위	ccw방향으로 180° 회전
	③	왼발 디디면서 180° 회전→丁자	우치기(오른쪽 방향으로 왼쪽 꽃을 끌어당겨 오른쪽 꽃에 마주치기)→일자사위	cw방향으로 180° 회전→상대
	④	제자리에서 丁자	가슴 앞에서 양손 모으기→ 일자사위	상대
	⑤	1보 앞으로 디디면서 丁자	하단전에서 양손 모으기	상대
	⑥	왼발·오른발·왼발·오른발·왼발 순으로 전진 상대편 자리로 이동(교차)	천천히 양손 피면서 일자사위	상대→상배
	⑦	오른발 디디면서 180° 회전→굴신	일자사위	ccw방향으로 180° 회전 (상배→상대)
기본형식반복	⑧	오른발 디디면서 180° 회전→丁자	좌치기→일자사위	②반복
		왼발 디디면서 180° 회전→丁자	우치기→일자사위	③반복
		제자리에서 丁자	가슴 앞에서 양손 모으기→일자사위	④반복
		1보 앞으로 디디면서 丁자	하단전에서 양손 모으기	⑤반복
		왼발·오른발·왼발·오른발·왼발 순으로 전진 상대편 자리로 이동(교차)	천천히 양손 피면서 일자사위	⑥반복
		오른발 디디면서 180° 회전→굴신	일자사위	⑦반복
변형	⑨	오른발 디디면서 180° 회전→丁자	좌치기→내리기	ccw방향으로 180° 회전
	⑩	왼발 디디면서 180° 회전→丁자	우치기→내리기	cw방향으로 180° 회전→상대
	⑪	제자리에서 丁자	합장하고 인사하기	상대

④ 향화게작법무

향화게작법무는 불보살에게 향과 꽃을 받치는 신업공양으로, 착복무 중에서 가장 화려하고 장엄한 춤이다. 향과 꽃은 등燈·차茶·과일[果]·쌀[米] 등과 함께 부처님에게 올리는 육법공양六法供養 또는 육종공양물六種供養物이다. 『법화경』 서품序品에 의하면, '향화기악香華技樂 상이공양常以供養'이라 하여 향과 꽃의 공양을 특히 강조하고 있음에 알 수 있다. 향화게작법무의 절차는 향과 꽃을 불전에 올리고 향게香偈·염화게 등의 게송을 부른 후, 〈산화락〉을 부르면서 꽃가루를 휘날린다. 이는 의식 도량儀式道場을 정화하여 환희의 도량이 되게 한다는 의미를 지닌다.[65]

향화게작법무는 게송과 태징으로 구성되는데, 서서 추는 입立동작에는 게송, 앉은 동작에는 태징을 반주음악으로 사용한다. 향화게작법무는 사방요신·사방좌립·다게작법무·오공양작법무로 구성되며, 태징의 형태는 운심게작법무 반주음악과 동일한 형식으로 진행된다.[66] 향화게작법무는 삼화사 수륙재 상단의의 연행을 중심으로 기록하였다. 이때 향화게작법무의 진행 절차는 게송(입동작)→태징(입동작→앉은동작)→게송(입동작)→태징(앉은동작)→게송(입동작)으로 진행하였는데, 이때 향화게작법무는 4명에 의해 연행하였다.

---

65 한국민족대백과사전, 향화작법, 2021.12.3. http://encykorea.aks.ac.kr/Contents/Item/E0063006.
66 한정미, 「불교의식의 작법무 연구」, 동국대학교 문화예술대학원 석사학위논문, 2010, 43~46쪽.

순서		발동작	손동작	몸 방향/비고
게 송				
준비 동작		제자리에서 丁자	합장자세	상대
입 동 작	①	제자리에서 丁자→굴신(무릎 구부리기→펴기)	일자사위/요신	상대
	②	왼발 1보 딛고, 오른발 붙이면서 丁자→ 무릎 굽히기	·일자사위 ·굽힐 때: 하단전에서 양손 모으기	상대→상배
	③	왼발·오른발·왼발·오른발 순으로 디디면서 상대편 자리로 이동(교차)	일자사위	상수: 정면 하수: 뒷면
	④	오른발 디디면서 180° 회전→돋움새→ 굴신(깊숙히 무릎 구부리기→펴기)→돋움새	일자사위/요신	ccw방향으로 180° 회전 상수: 뒷면 하수: 정면
	⑤	왼발 디디면서 180° 회전→돋움새→ 굴신(깊숙히 무릎 구부리기→펴기)→돋움새	일자사위/요신	cw방향으로 180° 회전 상수: 정면 하수: 뒷면
	⑥	오른발 디디면서 90° 회전→돋움새→ 굴신(깊숙히 무릎 굽히기→펴기)→돋움새	일자사위/요신	ccw방향으로 90° 회전 상대
	⑦	왼발 1보 딛고, 오른발 붙이면서 丁자→ 무릎 굽히기	일자사위→양손 하단전에 모으기	②반복
		앞으로 오른발·왼발·오른발·왼발 순으로 디디면서 상대편 자리로 이동(교차)	양손 펴면서 일자사위	③반복
		오른발 디디면서 180° 회전→돋움새→ 굴신(깊숙히 무릎 구부리기→펴기)→돋움새	일자사위/요신	④반복
		왼발 디디면서 180° 회전→돋움새→ 굴신(깊숙히 무릎 구부리기→무릎 펴기)→ 돋움새	일자사위/요신	⑤반복
		오른발 디디면서 90° 회전→돋움새→ 굴신(깊숙히 무릎 굽히기→펴기)→돋움새	일자사위/요신	⑥반복
		왼발 1보 딛고, 오른발 붙이면서 丁자→무릎 굽히기	일자사위→양손 하단전에 모으기	②반복
		앞으로 오른발·왼발·오른발·왼발 순으로 디디면서 상대편 자리로 이동(교차)→ 모두 정면 보기	양손 펴면서 일자사위	③반복 상수: 제자리 하수: ccw방향으로 회전

순서		발동작	손동작	몸 방향/비고
			태 징	
입동작	⑧	상수 왼발, 하수 오른발 디뎌서 방향 전환→丁자→돋움새	일자사위/요신	상수: 오른쪽 사선 하수: 왼쪽 사선
	⑨	상수 오른발, 하수 왼발 디뎌서 방향 전환→丁자→돋움새	일자사위/요신	상수: 왼쪽 사선 하수: 오른쪽 사선
	⑩	제자리 丁자→돋움새	일자사위/요신	정면
		제자리 丁자→돋움새	일자사위/요신	
		제자리 丁자→돋움새→꿇어 앉기	일자사위/요신	
앉은동작	⑪	바닥에 앉기[67]	일자사위/허리 세우고, 상체 뒤로 젖히기	정면
		바닥에 앉기→엎드린 자세	일자사위/앞으로 숙이기[68]	정면
	⑫	무릎 세워서 90° 회전한 후 앉기[69]	일자사위→가슴 앞에서 양손을 모아 원을 그리기→합장	상대 상수: ccw방향 회전 하수: cw방향 회전
		무릎 세워서 180° 회전한 후 앉기	일자사위→가슴 앞에서 양손을 모아 원을 그리기→합장	상배 상수: cw방향 회전 하수: ccw방향 회전
		무릎 세워서 270° 회전한 후 앉기	일자사위→가슴 앞에서 양손을 모아 원을 그리기→합장	상수: ccw방향회전/정면 하수: cw방향 회전/뒷면
		무릎 세워서 180° 회전한 후 앉기	일자사위→가슴 앞에서 양손을 모아 원을 그리기→합장	상수: cw방향 회전/뒷면 하수: ccw방향회전/정면
준비동작	⑬	무릎 세워서 일어서기→丁자	일자사위→가슴 앞에서 양손을 모아 원을 그리기→합장→일자사위	상대

67 바닥에 앉기: 무릎을 벌리고 엉덩이와 발등이 바닥에 닿은 상태이다(향화게작법과 운심게작법에서만 사용하는 춤사위).

68 앞으로 숙이기: 바닥에 앉아 일자사위 상태에서 몸을 앞으로 숙인다. 이때 몸의 중심을 똑바로 세워 허리가 굽지 않게 주의해야 한다(향화게작법과 운심게작법에서만 사용하는 춤사위).

69 앉기: 양반다리 상태에서 엉덩이가 바닥에 닿는 상태로 앉는다(향화게작법과 운심게작법에서만 사용하는 춤사위).

순서		발동작	손동작	몸 방향/비고
게 송				
입동작	⑭	왼발 1보 딛고, 오른발 붙이면서 丁자→무릎 굽히기	일자사위 굽힐 때: 양손 하단전 앞으로 모으기	②반복
		왼발·오른발·왼발·오른발 순으로 디디면서 상대편 자리로 이동(교차)	일자사위	③반복
		오른발 디디면서 180° 회전→돋움새→굴신 (깊숙히 무릎 구부리기→펴기)→돋움새	일자사위/요신	④반복
	⑮	·상수: 왼발 디디면서 180° 회전→돋움새 ·하수: 왼발 디디면서 180° 회전→오른발 디디면서 270° 회전	일자사위	⑤변형 상수: cw방향 270° 회전/ 오른쪽 사선보기 하수: cw방향 180° 회전 →ccw방향 270° 회전/ 왼쪽 사선 보기
	⑯	상수 왼발, 하수 오른발 디뎌서 방향 전환→ 丁자→돋움새	일자사위/요신	⑧반복
		상수 오른발, 하수 왼발 디뎌서 방향 전환→ 丁자→돋움새	일자사위/요신	⑨반복
		제자리 丁자→돋움새	일자사위/요신	⑩반복
		제자리 丁자→돋움새	일자사위/요신	
		제자리 丁자→돋움새→꿇어 앉기[70]	일자사위/요신	

70 꿇어 앉기: 바닥에 두 무릎을 대고, 발가락을 꺾고 앉는 상태이다(향화게작법과 운심게작법에서 만 사용하는 춤사위).

순서		발동작	손동작	몸 방향/비고
			태 징	
앉은 동작	⑰	바닥에 앉기	일자사위/허리 세우고, 상체 뒤로 젖히기[71]	⑪반복
		바닥에 앉기	일자사위/앞으로 숙이기	
	⑱	바닥에 앉기	일자사위→가슴 앞에서 양손을 모아 원을 그리기(3회 반복)→일자사위	정면보기
	⑲	바닥에 앉기	일자사위/허리 세우고, 상체 뒤로 젖히기	⑪반복
		바닥에 앉기	일자사위/앞으로 숙이기	
	⑳	바닥에 앉기	일자사위→가슴 앞에서 양손을 모아 원을 그리기(3회 반복)→일자사위	⑱반복
	㉑	바닥에 앉기	일자사위/허리 세우고, 상체 뒤로 젖히기	⑪반복
		바닥에 앉기→엎드린 자세	일자사위/앞으로 숙이기	
	㉒	엎드린 자세→무릎 세워서 90° 회전→ 앉기	일자사위→가슴 앞에서 양손을 모아 원을 그리기(3회 반복)→일자사위	상대/⑫변형 상수: ccw방향 회전 하수: cw방향 회전
		무릎 세워서 180° 회전한 후 앉기	일자사위→가슴 앞에서 양손을 모아 원을 그리기(3회 반복)→일자사위	상배/⑫변형 상수: cw방향 회전 하수: ccw방향 회전
		무릎 세워서 270° 회전한 후 앉기	일자사위→가슴 앞에서 양손을 모아 원을 그리기(3회 반복)→일자사위	⑫변형 상수: ccw방향 회전/정면 하수: cw방향 회전/뒷면
		무릎 세워서 180° 회전한 후 앉기	일자사위→가슴 앞에서 양손을 모아 원을 그리기(3회 반복)→일자사위	⑫변형 상수: cw방향 회전/뒷면 하수: ccw방향 회전/정면
준비 동작	㉓	무릎 세워서 일어서기→丁자	일자사위→가슴 앞에서 양손을 모아 원을 그리기를 3회 반복→합장	상대/⑬변형

71 뒤로 젖히기: 바닥에 앉은 상태에서 일자사위로 몸을 뒤로 젖히는 동작이다. 이때 머리가 뒤로 젖혀지지 않게 주의해야 한다.

순서		발동작	손동작	몸 방향/비고
게 송				
	㉔	제자리 丁자	하단전에서 꽃 희롱→일자사위	상대
	㉕	오른발 오른쪽 1보 딛기→왼발 붙이면서 丁자	좌치기(왼쪽 방향으로 오른쪽 꽃을 끌어당겨 왼쪽 꽃에 마주치기)→일자사위	ccw방향으로 180°회전→상대
	㉖	왼발 왼쪽 1보 딛기→오른발 붙이면서 丁자	우치기(오른쪽 방향으로 왼쪽 꽃을 끌어당겨 오른쪽 꽃에 마주치기)→일자사위	cw방향으로 180°회전→상대
입동작	㉗	제자리에서 丁자→굴신(무릎 구부리기→펴기)	일자사위/요신	①반복
		왼발 1보 딛고, 오른발 붙이면서 丁자→무릎 굽히기	일자사위 굽힐 때: 하단전에서 양손 모으기	②반복
		왼발·오른발·왼발·오른발 순으로 디디면서 상대편 자리로 이동(상수 정면, 하수 뒷면 보기)	일자사위→하단전에서 양손 모으기	③반복
		오른발 디디면서 ccw방향 180°회전(상수 뒷면, 하수 정면)→돋움새→굴신	일자사위→하단전에서 양손 모으기	④변형
		왼발 디디면서 cw방향 180°회전(상수 정면, 하수 뒷면)→돋움새→굴신	일자사위→하단전에서 양손 모으기	⑤변형
		오른발 디디면서 ccw방향 180°회전(상수 뒷면, 하수 정면)→돋움새→굴신	일자사위→하단전에서 양손 모으기	④변형
		왼발 디디면서 cw방향 180°회전(상수 정면, 하수 뒷면)→돋움새→굴신	일자사위→하단전에서 양손 모으기→꽃 희롱	⑤변형
	㉘	제자리에서 오른발 디디면서 180°회전→丁자	좌치기→일자사위	㉕반복
	㉙	제자리에서 왼발 디디면서 180°회전→丁자	우치기→일자사위	㉖반복
	㉚	제자리 丁자	가슴 앞으로 양손 모으기→일자사위	상대
	㉛	왼발 1보 딛고, 오른발 붙이면서 丁자→무릎 굽히기	일자사위 굽힐 때: 하단전에서 양손 모으기	②반복
		왼발·오른발·왼발·오른발 순으로 디디면서 상대편 자리로 이동(상수 정면, 하수 뒷면 보기)→ccw방향 270°회전(상수 뒷면, 하수 정면)→무릎 굽히기	일자사위→하단전에서 양손 모으기	③변형
		왼발 디디면서 cw방향 180°회전(상수 정면, 하수 뒷면)→굴신	일자사위→하단전에서 양손 모으기	⑤변형

순서		발동작	손동작	몸 방향/비고
입동작	㉛	오른발 디디면서 ccw방향 180° 회전(상수 뒷면, 하수 정면)→굴신	일자사위→하단전에서 양손 모으기	④변형
		왼발 디디면서 cw방향 180° 회전(상수 정면, 하수 뒷면)→굴신	일자사위→하단전에서 양손 모으기→꽃 희롱	⑤변형
		왼발 1보 딛고, 오른발 붙이면서 丁자→무릎 굽히기	·일자사위 ·굽힐 때: 하단전에서 양손 모으기	②반복
	㉜	왼발·오른발·왼발·오른발 순으로 디디면서 상대편 자리로 이동(상수 정면, 하수 뒷면 보기) ccw방향 270° 회전(상수 뒷면, 하수 정면)→돋움새	일자사위	③변형
		왼발 디디면서 180° 회전	우치기→일자사위	㉖반복
		오른발 디디면서 180° 회전	좌치기→일자사위	㉕반복
		제자리 丁자	가슴 앞으로 양손 모으기→일자사위	㉚반복
	㉝	제자리 丁자에서 굴신(무릎 굽히기→펴기)→돋움새 4회 반복	일자사위/요신	상대
		왼발 1보 딛고, 오른발 붙이면서 丁자→무릎 굽히기	일자사위 굽힐 때: 하단전에서 양손 모으기	②반복
	㉞	왼발·오른발·왼발·오른발 순으로 디디면서 상대편 자리로 이동(상수 정면, 하수 뒷면 보기) ccw방향 270° 회전(상수 뒷면, 하수 정면)	일자사위	③변형
		왼발 디디면서 cw방향 180° 회전(상수 정면, 하수 뒷면)→굴신	일자사위→하단전에서 양손 모으기	⑤변형
		오른발 디디면서 ccw방향 180° 회전(상수 뒷면, 하수 정면)→굴신	일자사위→하단전에서 양손 모으기→꽃 희롱	④변형
		왼발 디디면서 180° 회전	우치기→일자사위	㉖반복
		오른발 디디면서 180° 회전	좌치기→일자사위	㉕반복
		제자리 丁자	가슴 앞으로 양손 모으기→일자사위	㉚반복
		왼발 1보 딛고, 오른발 붙이면서 丁자→무릎 굽히기	일자사위 굽힐 때: 하단전에서 양손 모으기	②반복
	㉟	왼발·오른발·왼발·오른발 순으로 디디면서 상대편 자리로 이동(상수 정면, 하수 뒷면 보기) ccw방향 270° 회전(상수 뒷면, 하수 정면)→굴신(깊숙히 무릎 구부리기→펴기)→돋움새	일자사위 돋움새: 일자사위/요신	③변형

순서		발동작	손동작	몸 방향/비고
입동작	㉟	왼발 디디면서 180° 회전→굴신(깊숙히 무릎 구부리기→펴기)→돋움새	일자사위/요신	⑤반복
		오른발 디디면서 90° 회전→돋움새→굴신(깊숙히 무릎 구부리기→펴기)→돋움새	일자사위/요신	⑥반복
	㊱	왼발 1보 딛고, 오른발 붙이면서 丁자→무릎 굽히기	일자사위 굽힐 때: 하단전에서 양손 모으기	②반복
		왼발·오른발·왼발·오른발 순으로 디디면서 상대편 자리로 이동(상수 정면, 하수 뒷면 보기)→ccw방향 270° 회전(상수 뒷면, 하수 정면)→무릎 굽히기	일자사위→하단전에서 양손 모으기	③변형
		왼발 디디면서 cw방향 180° 회전(상수 정면, 하수 뒷면)→굴신	일자사위→하단전에서 양손 모으기	⑤변형
		오른발 디디면서 180° 회전	좌치기→일자사위	㉕반복
		왼발 디디면서 180° 회전	우치기→일자사위	㉖반복
		제자리 丁자	가슴 앞으로 양손 모으기→일자사위	㉚반복
	㊲	왼발 1보 딛고, 오른발 붙이면서 丁자→무릎 굽히기	일자사위 굽힐 때: 하단전에서 양손 모으기	②반복
		왼발·오른발·왼발·오른발 순으로 디디면서 상대편 자리로 이동(상수 정면, 하수 뒷면 보기)→ccw방향 270° 회전(상수 뒷면, 하수 정면)→돋움새	일자사위	③변형
		왼발 디디면서 cw방향 180° 회전(상수 정면, 하수 뒷면)→굴신	일자사위→하단전에서 양손 모으기	⑤변형
		오른발 디디면서 ccw방향 180° 회전(상수 뒷면, 하수 정면)→굴신	일자사위→하단전에서 양손 모으기	④변형
		왼발 디디면서 cw방향 180° 회전(상수 정면, 하수 뒷면)→굴신	일자사위→하단전에서 양손 모으기	⑤변형
		오른발 디디면서 ccw방향 180° 회전(상수 뒷면, 하수 정면)→굴신	일자사위→하단전에서 양손 모으기	④변형
		왼발 디디면서 180° 회전	우치기→일자사위	㉖반복
		오른발 디디면서 180° 회전	좌치기→일자사위	㉕반복
	㊳	제자리 丁자	가슴 앞으로 양손 모으면서 합장하고 인사하기	정면

⑤ 운심게작법무

불가에서 운심이란 법을 내리는 스승 앞에서 자신의 잘못을 참회하며 마음을 돌린다는 의미로서, '마음을 움직이다'라는 뜻을 지니고 있다.[72] 큰 재의 경우, 서울은 다게작법무·향화게작법무를 설행하지만, 호남에서는 운심게작법무를 연행할 정도로 운심게작법무는 호남에서 중요한 위치를 차지한다.[73] 운심게작법무는 물고기가 헤엄쳐 승천하는 모습을 형상화 춤으로, 물고기의 펄떡거리는 힘찬 생명력으로 돌아앉는 앉은 사위와 활력이 샘솟는 손사위, 아정하게 양팔을 밖으로 펴서 위아래로 연꽃을 작게 흔들어 대는 움직임들은 운심게작법무만이 가지는 고유한 춤사위이다. 전반적으로 정적인 동작이 주를 이루면서도 수평적인 정精과 입체적인 동動 사이를 오가며 춤의 미감을 증폭시킨다.[74] 운심게작법무는 정적이고 평면적인 착복무와 달리 동적이면서 입체적인 춤을 춘다. 그래서 운심게작법무는 다른 작법무를 익힌 후, 배우는 어려운 작법무이다. 운심게작법무는 운심공양진언運心供養眞言인 "원차향공변법계願此燈供遍法界/ 보공무진삼보해普供無盡三寶海/ 자비수공증선근慈悲受供增善根/ 영법주세보불은令法住世報佛恩에 맞추어 춘다.[75]

운심게작법무는 크게 전前 작법무와 후後 작법무로 구분되는데, 전 작법무는 다시 서서 추는 입동작과 낮은 자세로 앉아서 추는 앉은 동작, 후 작법무는 입동작으로 구성된다. 전 작법무는 후 작법무와 달리 공간 사용을 극대화하였는데, 대부분의 작법무가 사방을 사용하는 것에 비

---

72 한국민속예술사전, 운심게작법춤, 2021.12.10. https://folkency.nfm.go.kr/kr/topic/detail/1388; 고경희·최영란, 「향화게작법과 운심게작법의 춤사위 비교분석」, 『한국무용연구』 32권 1호, 한국무용연구회, 2014, 174쪽.
73 고경희·최영란, 「일응스님의 운심게작법에 내재된 미의식」, 『정토학연구』 18, 2012, 242쪽.
74 고경희·최영란, 「일응스님의 운심게작법에 내재된 미의식」, 『정토학연구』 18, 2012, 244쪽.
75 한정미, 「한국불교 작법무의 성격에 관한 분류」, 『민족무용』 제22호, 세계민족무용연구소, 2018, 91쪽.

하여 전 작법무는 수평적인 면에서 사방과 사선, 즉 8방을 사용하고, 수직적인 면에서 서서 추는 입동작과 앉아서 추는 앉은 동작을 통해 높은 공간과 낮은 공간을 활용한다. 혜안 스님은 "원래 전 작법, 후 작법 다 헐라고 한다고 하면 사십 분, 사오십 분 걸리거든, 전 작법, 후 작법과 팔방요신까지 다 하면 사십 분 이상 걸린단 얘기지."[76]라고 언급하였다. 이와 같이 운심게작법무는 춤의 구성에 있어 두 부분으로 나누어질 정도로, 전과 후의 춤 구조가 다르고, 다른 착복무에 비하여 춤의 소요 시간도 매우 길다. 운심게작법무는 삼화사 수륙재 중단의 연행을 기록하였다. 이때 운심게작법무는 2명에 의해 연행하였다.

• 전前 작법무

어산이 게송을 하면, 제자리에서 丁자, 양손에 꽃을 들고 합장 자세로 서 있는다. 이어서 태징에 맞추어 전 작법무를 설행한다.

준비동작	춤사위	타법①	○○		○○		○			○ ○								
		발동작	제자리에서 丁자															
		손동작	합장→양손 옆으로 펴면서 일자사위															
		춤길	상대															
입동작	춤사위	타법②	○○	○○	○	○ ○	○○	○○	○	○ ○	○○	○○	○	○ ○	○○	○○	○	○ ○
		발동작	제자리에서 돋움새→丁자				제자리에서 돋움새→丁자				제자리에서 돋움새→丁자				제자리에서 돋움새→丁자			
		손동작	일자사위				일자사위				일자사위				일자사위			
		춤길	왼쪽 사선				상대				오른쪽 사선				상대			

---

76 고경희·최영란, 「일응스님의 운심게작법에 내재된 미의식」, 『정토학연구』 18, 2012, 245쪽.

	타법③	○○		○○		○		○ ○		○○		○○		○		○ ○	
입 동 작	춤사위	발동작	제자리에서 무릎 굽히기							왼발 들어, 오른쪽 사선 1보 딛기				오른발 붙여서 丁자			
		손동작	천천히 하단전에 양손 모으기							왼쪽 장삼 치기[77]→하단전에 양손 모으기				일자사위			
		춤길	상대							오른쪽 사선(상배)							
	타법④	○○		○○		○		○ ○		○○		○○		○		○ ○	
	춤사위	발동작	오른쪽 사선으로 오른발 1보 딛기→왼발 붙여서 丁자				돋움새→丁자			오른쪽 사선으로 왼발 1보 딛기→ 오른발 붙여서 丁자				돋움새→丁자			
		손동작	일자사위							일자사위							
		춤길	오른쪽 사선(상대)							오른쪽 사선(상배)							
	타법⑤	○○	○○	○	○ ○	○○	○	○ ○		○○	○○	○	○ ○	○○	○	○ ○	
	춤사위(③④반복)	발동작	무릎 굽히기→왼발 들어, 오른쪽 사선 1보 딛기→오른발 붙여서 丁자							오른쪽 사선으로 오른발 1보 딛기→왼발 붙여서 丁자→돋움새→丁자→오른쪽 사선으로 왼발 1보 딛기→오른발 붙여서 丁자→돋움새→丁자							
		손동작	천천히 하단전에 양손 모으기→왼쪽 장삼 치기→하단전에 양손 모으기→일자사위							일자사위							
		춤길	일렬(중앙에서 만남)		왼쪽 사선(상배)					왼쪽 사선(상배)				상배			
	타법⑥	○○		○○		○	○ ○	○○		○○	○	○ ○					
	춤사위(③반복)	발동작	무릎 굽히기→왼발 들어, 오른쪽 사선 1보 딛기→오른발 붙여서 丁자														
		손동작	천천히 하단전에 양손 모으기→왼쪽 장삼 치기→하단전에 양손 모으기→일자사위														
		춤길	상배(상대방 자리에 도착)														

77 치기: 장삼자락을 뒤로 치는 동작으로, 이때 머리·등·팔이 일직선이 되도록 한다(운심게 작법에서 사용되는 춤사위).

	타법⑦	○○	○○	○	○ ○	○○	○○	○ ○	○○	○○	○	○○	○○	○ ○
춤사위	발동작	오른발 디디면서 ccw 방향으로 270° 회전 丁자→돋움새				돋움새→丁자			돋움새→丁자			돋움새→丁자		
	손동작	일자사위				일자사위			일자사위			일자사위		
	춤길	ccw방향으로 270° 회전→왼쪽 사선				상대			오른쪽 사선			상대		
	타법⑧	○○	○○	○	○ ○	○○	○	○ ○	○○	○○	○	○○	○	○ ○
춤사위 ②반복	발동작	제자리에서 돋움새→丁자				제자리에서 돋움새→丁자			제자리에서 돋움새→丁자			제자리에서 돋움새→丁자		
	손동작	일자사위				일자사위			일자사위			일자사위		
	춤길	왼쪽 사선				상대			오른쪽 사선			상대		

	타법⑨	○○		○○		○		○ ○	○○		○○	○		○ ○
입동작 춤사위 ③반복	발동작	제자리에서 무릎 굽히기							왼발 들어, 오른쪽 사선 1보 딛기			오른발 붙여서 丁자		
	손동작	천천히 하단전에 양손 모으기							왼쪽 장삼을 치면서 왼손을 뒤로 뿌림→하단전에 양손 모으기			일자사위		
	춤길	상대							오른쪽 사선(상배)					
	타법⑩	○○		○○		○		○ ○	○○		○○	○		○ ○
춤사위 ④반복	발동작	오른쪽 사선으로 오른발 1보 딛기→왼발 붙여서 丁자				돋움새→丁자			오른쪽 사선으로 왼발 1보 딛기→오른발 붙여서 丁자			돋움새→丁자		
	손동작	일자사위				일자사위								
	춤길	오른쪽 사선(상대)							오른쪽 사선(상배)					

		타법⑪	○○	○○	○	○	○○	○○	○ ○	○	○	○○	○○	○	○ ○
입동작	춤사위 (③④반복)	발동작	제자리에서 무릎 굽히기→왼발 들어, 오른쪽 사선 1보 딛기→오른발 붙여서 丁자					오른쪽 사선으로 오른발 1보 딛기→왼발 붙여서 丁자→돋움새→丁자→오른쪽 사선으로 왼발 1보 딛기→오른발 붙여서 丁자→돋움새→丁자								
		손동작	천천히 하단전에 양손 모으기→왼쪽 장삼→하단전에 양손 모으기→일자사위					일자사위								
		춤길	일렬(중앙에서 만남)		왼쪽 사선(상배)			왼쪽 사선(상배)				상배				
		타법⑫	○○	○○	○	○	○○	○○	○ ○							
	춤사위 (③반복)	발동작	무릎 굽히기→왼발 들어, 오른쪽 사선 1보 딛기→오른발 붙여서 丁자													
		손동작	천천히 하단전에 양손 모으기→왼쪽 장삼 치기→하단전에 양손 모으기→일자사위													
		춤길	상배/이동하여 상대방 자리에서 실행													
		타법⑬	○○	○○	○	○ ○	○○	○	○ ○	○○	○	○ ○	○○	○	○ ○
	춤사위 (⑦반복)	발동작	오른발 디디면서 CCW 방향으로 270° 회전 丁자→돋움새			돋움새→丁자			돋움새→丁자			돋움새→丁자		
		손동작	일자사위			일자사위			일자사위			일자사위		
		춤길	CCW방향으로 270° 회전→왼쪽 사선			상대			오른쪽 사선			상대		
		타법⑭	○○	○○	○	○ ○	○○	○○	○ ○							
준비동작	춤사위	발동작	무릎을 구부리면서 천천히 꿇어앉음													
		손동작	일자사위													
		춤길	상대													
		타법⑮	○○	○○	○	○ ○	○○	○○	○ ○	○	○	○	○	○○	○ ○
앉은동작	춤사위	발동작	꿇어앉기													
		손동작	앞으로 숙이기(꽃을 바로 세우고 일자사위 상체 앞으로 천천히 숙이기)			앞으로 숙이기(일자사위에서 왼쪽으로 몸통 돌리기)			앞으로 숙이기			앞으로 숙이기(일자사위에서 오른쪽으로 몸통 돌리기)		
		춤길	상대			왼쪽 사선			상대			오른쪽 사선		

	타법⑯	○○	○○		○ ○	○○	○○	○○	○○	○○		○○	○○	○○	○○
춤사위(⑮반복)	발동작	꿇어앉기													
	손동작	앞으로 숙이기			앞으로 숙이기 (왼쪽으로 몸통 돌리기)			앞으로 숙이기				앞으로 숙이기 (오른쪽으로 몸통 돌리기)			
	춤길	상대			왼쪽 사선			상대				오른쪽 사선			

	타법⑰	○○		○○	○		○ ○		○		○		○ ○
춤사위	발동작	꿇어앉기					바닥에 앉기						
	손동작	앞으로 숙이기					가슴 앞에서 양손을 모아 머리 위로 올려내리기→일자사위		가슴 앞에서 양손을 모아 머리 위로 올려 내리기→일자사위		가슴 앞에서 양손을 모아 머리 위로 올리기		내리면서 일자사위
	춤길	상대					상대						

	타법⑱	○○		○○	○	○ ○	○○	○○	○○	○○	○○	○○	○ ○	○○	○○
앉은동작 춤사위(⑮반복)	발동작	꿇어앉기													
	손동작	앞으로 숙이기			앞으로 숙이기 (왼쪽으로 몸통 돌리기)			앞으로 숙이기				앞으로 숙이기 (오른쪽으로 몸통 돌리기)			
	춤길	상대			왼쪽 사선			상대				오른쪽 사선			

	타법⑲	○○	○○	○	○ ○	○○	○○	○○	○ ○	○○	○○	○○	○ ○	○○	○ ○
춤사위(⑮반복)	발동작	꿇어앉기													
	손동작	앞으로 숙이기			앞으로 숙이기 (왼쪽으로 몸통 돌리기)			앞으로 숙이기				앞으로 숙이기 (오른쪽으로 몸통 돌리기)			
	춤길	상대			왼쪽 사선 보기			상대				오른쪽 사선			

	타법⑳	○		○		○	○ ○	○		○			○ ○
춤사위(⑰반복)	발동작	꿇어앉기					바닥에 앉기						
	손동작	앞으로 숙이기					가슴 앞에서 양손을 모아 머리 위로 들어 내리기→일자사위		가슴 앞에서 양손을 모아 머리 위로 들어 내리기→일자사위		가슴 앞에서 양손을 모아 머리 위로 들기		내리면서 일자사위
	춤길	상대					상대						

	타법㉑	○o	○o	O	O	○o	○o	O	○o	O	O	O	○o	○o	O○
춤사위(⑮반복)	발동작	꿇어앉기													
	손동작	앞으로 숙이기				앞으로 숙이기 (왼쪽으로 몸통 돌리기)				앞으로 숙이기			앞으로 숙이기 (오른쪽으로 몸통 돌리기)			
	춤길	상대				왼쪽 사선				상대			오른쪽 사선			
	타법㉒	○o	○o	O	O	○o	○o	O	○o	O	O	O	○o	○o	O○
춤사위(⑮반복)	발동작	꿇어앉기													
	손동작	앞으로 숙이기				앞으로 숙이기 (왼쪽으로 몸통 돌리기)				앞으로 숙이기			앞으로 숙이기(오른쪽으로 몸통 돌리기)			
	춤길	상대				왼쪽 사선 보기				상대			오른쪽 사선			

앉은동작

	타법㉓	O		O		O		O○	O		O		마지막에 오른쪽 무릎 세우기		O○
춤사위(⑰반복)	발동작	꿇어앉기						바닥에 앉기	바닥에 앉기				마지막에 오른쪽 무릎 세우기		180°회전→앉기
	손동작	가슴 앞에서 양손을 모아 머리 위로 들어 내리기→일자사위		가슴 앞에서 양손을 모아 머리 위로 들어 내리기→일자사위		가슴 앞에서 양손을 모아 머리 위로 들기		내리면서 일자사위	가슴 앞에서 양손을 모아 머리 위로 들어 내리기→일자사위		가슴 앞에서 양손을 모아 머리 위로 들어 내리기→일자사위		가슴 앞에서 양손을 모아 머리 위로 들기		내리면서 일자사위
	춤길	상대						ccw방향으로 180°회전(상대→상배)								
	타법㉔	O		O		O		O○	O		O		O		O○
춤사위(⑰반복)	발동작	앉기				마지막에 오른쪽 무릎 세우기		270°회전→앉기	앉기				마지막에 오른쪽 무릎 세우기		180°회전→앉기
	손동작	가슴 앞에서 양손을 모아 머리 위로 들어 내리기→일자사위	가슴 앞에서 양손을 모아 머리 위로 들어 내리기→일자사위	가슴 앞에서 양손을 모아 머리 위로 들기		내리면서 일자사위			가슴 앞에서 양손을 모아 머리 위로 들어 내리기→일자사위	가슴 앞에서 양손을 모아 머리 위로 들어 내리기→일자사위	가슴 앞에서 양손을 모아 머리 위로 들기				내리면서 일자사위
	춤길	상대				cw 방향으로 270°회전		상대				ccw 방향으로 180°회전			

		타법㉕	○		○		○		○ ○	
앉은동작	춤사위	발동작	앉기				마지막에 오른쪽 무릎 세우기		90°회전 → 일어서기	
		손동작	가슴 앞에서 양손을 모아 머리 위로 들어 내리기 →일자사위		가슴 앞에서 양손을 모아 머리 위로 들어 내리기 →일자사위		가슴 앞에서 양손을 모아 머리 위로 들기		내리면서 일자사위	
		춤길	상대						CW 방향으로 90°회전	

전 작법이 끝나면, '유원제불 애강도량 수차공양唯願諸佛 唯願諸佛 哀降道場 受此供養'의 염불을 송한다. 이때 작법승은 제자리에서 丁자로 양손에 꽃을 들고 합장 자세로 서 있는다. 염불이 끝나면 후 작법이 시작된다.

• 후後 작법무

후 작법무는 게송에 맞추어 춘다.

순서		발동작	손동작	몸 방향/비고
입동작	①	제자리에서 丁자	양손 펴면서 일자사위	상대
	②	1보 앞으로 디디면서 발을 붙이기(丁자)→ 굴신(무릎 굽히기→펴기)	·1보 전진: 일자사위 ·굽힐 때: 하단전에서 양손 모으기 ·펼 때: 천천히 펴서 일자사위	상대
	③	왼발·오른발·왼발·오른발 순으로 앞으로 디뎌 상대편 자리에 도착→돋움새	양손을 천천히 펴서 일자사위	상대→상배 상대편과 자리 교체
	④	오른발 디디면서 180° 회전→굴신(무릎 굽히기→펴기)	·회전·돋움새: 일자사위 ·굽힐 때: 하단전에서 양손 모으기 ·펼 때: 천천히 펴서 일자사위	ccw방향으로 180° 회전

순서		발동작	손동작	몸 방향/비고
입동작	⑤	왼발·오른발·왼발·오른발 순으로 앞으로 디뎌 상대편 자리에 도착→돋움새	일자사위	③반복
		오른발 디디면서 180° 회전→굴신(무릎 굽히기→펴기)	·회전·돋움새: 일자사위 ·굽힐 때: 하단전에서 양손 모으기 ·펼 때: 천천히 펴서 일자사위	④반복
	⑥	제자리에서 오른발 디디면서 180° 회전→丁자	좌치기(왼쪽 방향으로 오른쪽 꽃을 끌어당겨 왼쪽 꽃에 마주치기)→일자사위	ccw방향으로 180° 회전→상대
	⑦	제자리에서 왼발 디디면서 180° 회전→丁자	우치기(오른쪽 방향으로 왼쪽 꽃을 끌어당겨 오른쪽 꽃에 마주치기)→일자사위(양손 옆으로 펴기→모으기→펴기)	cw방향으로 180° 회전→상대
	⑧	왼발 1보 딛기→오른발 붙이기(丁자)	가슴 앞에서 양손 모으기→ 일자사위	상배
	⑨	오른발 1보 딛기→왼발 붙이기(丁자)	가슴 앞에서 양손 모으기→ 일자사위	상대
	⑩	1보 앞으로 디디면서 발을 붙이기(丁자)→굴신(무릎 굽히기→펴기)	·1보 전진: 일자사위 ·굽힐 때: 하단전에서 양손 모으기 ·펼 때: 천천히 펴서 일자사위	②반복
	⑪	왼발 중심 이동(상대편과 간격이 좁아짐)→오른발 중심 이동(간격이 멀어짐)	일자사위	상대
	⑫	왼발 1보 딛기→오른발 붙이기(丁자)	좌치기	⑥변형 동작
	⑬	오른발 1보 딛기→왼발 붙이기(丁자)	우치기	⑦변형 동작
	⑭	1보 디디면서 무릎 구부리기	하단전에서 양손 모으기	상배
	⑮	무릎 펴면서 180° 회전→돋움새	양손을 천천히 펴서 일자사위	상배→상대
		왼발 1보 딛기→오른발 붙이기(丁자)	가슴 앞에서 양손 모으기→ 일자사위	⑧반복
		오른발 1보 딛기→왼발 붙이기(丁자)	가슴 앞에서 양손 모으기→ 일자사위	⑨반복
	⑯	1보 앞으로 디디면서 발을 붙이기(丁자)→굴신(무릎 굽히기→펴기)	·1보 전진: 일자사위 ·굽힐 때: 하단전에서 양손 모으기 ·펼 때: 천천히 펴서 일자사위	②반복
		왼발 중심 이동(상대편과 간격이 좁아짐)→오른발 중심 이동(간격이 멀어짐)	일자사위	⑪반복
	⑰	왼발 1보 딛기→오른발 붙이기(丁자)	좌치기	⑫반복
		오른발 1보 딛기→왼발 붙이기(丁자)	우치기	⑬반복
	⑱	1보 디디면서 무릎 구부리기	하단전에서 양손 모으기	⑭반복
		무릎 펴면서 270° 회전→돋움새	양손을 천천히 펴서 일자사위	⑮반복

순서		발동작	손동작	몸 방향/비고
입동작	⑲	굴신(무릎 굽히기→펴기)	·굽힐 때: 하단전에서 양손 모으기 ·펼 때: 천천히 펴서 일자사위	상대
	⑳	오른발·왼발·오른발·왼발 순으로 앞으로 디뎌 상대편 자리에 도착→270° 회전 돋움새	일자사위	③변형 동작
	㉑	제자리 丁자→굴신	·丁자: 일자사위 ·굽힐 때: 하단전에서 양손 모으기 ·펼 때: 천천히 펴서 일자사위	②변형 동작
	㉒	왼발·오른발·왼발·오른발 순으로 앞으로 디뎌 상대편 자리에 도착→돋움새	일자사위	③반복
		오른발 디디면서 270° 회전→굴신(무릎 굽히기→펴기)	·회전: 일자사위 ·굽힐 때: 하단전에서 양손 모으기 ·펼 때: 천천히 펴서 일자사위	④반복
		제자리 丁자→굴신	·丁자: 일자사위 ·굽힐 때: 하단전에서 양손 모으기 ·펼 때: 천천히 펴서 일자사위	②변형 동작
	㉓	왼발·오른발·왼발·오른발 순으로 앞으로 디뎌 상대편 자리에 도착→돋움새	일자사위	③반복
		오른발 디디면서 270° 회전→굴신(무릎 굽히기→펴기)	·회전: 일자사위 ·굽힐 때: 하단전에서 양손 모으기 ·펼 때: 천천히 펴서 일자사위	④반복
		제자리 丁자→굴신	·丁자: 일자사위 ·굽힐 때: 하단전에서 양손 모으기 ·펼 때: 천천히 펴서 일자사위	②변형 동작
	㉔	왼발·오른발·왼발·오른발 순으로 앞으로 디뎌 상대편 자리에 도착→돋움새	일자사위	③반복
		오른발 디디면서 270° 회전→굴신(무릎 굽히기→펴기)→돋움새	·회전: 일자사위 ·굽힐 때: 하단전에서 양손 모으기 ·펼 때: 천천히 펴서 일자사위	④반복
	㉕	제자리에서 오른발 디디면서 180° 회전→丁자	좌치기	⑥반복
		제자리에서 왼발 디디면서 180° 회전→丁자	우치기→양손 합장하면서 인사하기	⑦변형 동작

3) 법고무

법고무는 불법을 찬양하고 환희로움을 주는 춤으로, 법고를 소리 내서 치기보다 북을 치는 흉내를 내거나 북을 어르면서 추는 작법무이다. 즉, 법고무는 북소리를 내는 것이 목적이 아니라 북을 치는 모습을 동작화하여 추는 춤이다. 그동안 법고무에 대한 정의는 첫째, 축생의 고통을 받는 모든 중생을 구제하기 위한 춤, 둘째는 마음속에 있는 축생과 같은 어리석음을 깨우치는 춤이라고 하였다.[78] 이는 법고가 불교 사물악기로서 지니는 상징적 의미 때문이라고 생각한다. 즉, 불전사물佛殿四物에는 목어·운판·범종·법고가 있는데, 목어는 수중중생, 운판은 허공중생, 범종은 지옥중생, 법고는 축생을 제도하기 위한 법구法具이다. 나무로 만든 목어 소리는 성醒의 소리, 쇠로 만든 운판의 소리는 각覺의 소리, 범종의 소리는 그 자체 소리로써 범음을 듣기 위함이요, 법고를 치는 것은 일음一音으로써 불법을 깨닫게 하려는 것이다. 특히, 법고는 불법을 널리 알린다는 의미로서 북소리가 널리 퍼져 일체의 중생들이 어리석음을 버리고 깨우치게 하는 의미를 지니고 있다. 『불본행집경佛本行集經』에 의하면, 싯다르타 태자의 탄생을 알리기 위해 북을 울렸는데 그 북의 명칭을 환희고歡喜鼓라 기록하였다. 이처럼 불교 재의식에서 설행하는 법고무의 주된 의미는 환희로움을 드러내는 데 있다.[79] 그래서 법고무는 재차가 원만히 성취되었을 때 법열의 환희로움을 표현하는 뜻을 담고 있다. 이와 같이 법고무는 재차의 맨 앞부분인 서막序幕이나 마지막인 대미大尾에 설행한다.

법고무는 양손에 북채를 들고 북을 치는 모습·어르는 모습 등을 몸짓으로 표현한 춤으로, 춤동작이 단순하고 반복적이며 좌우 대칭적인

---

[78] 심상현, 「작법무의 연원과 기능에 대한 고찰」, 『동아시아불교문화』 제12집, 동아시아불교문화학회, 2012, 246~247쪽.
[79] 한국민속예술사전, 법고무, 2021.12.10. https://folkency.nfm.go.kr/kr/topic/detail/6416.

상단의 법고무

하단의 법고무

특성을 나타낸다. 법고무의 감정선은 매우 활달하고 역동적이어서 바라무와 마찬가지로 남성적인 성격을 지닌 춤이다. 그래서 법고무는 주로 남성인 비구에 의해 연행된다. 법고무는 특별한 염불이나 게송은 없고, 태징에 맞추어 북을 울리며 태평소·삼현육각 등에 맞추어 추는데, 전반적으로 느린 박에서 시작하여 빠른 박으로 변화하였다가 다시 느린 박으로 되돌아온다. 법고무는 바라무 복식과 마찬가지로 일상 법복으로 장삼과 가사를 걸친다. 법고무는 독무이나 때에 따라 2인 1조로 구성되는데, 이때 북의 정면에서는 법고무, 북의 후면에서는 장단에 맞추어 북을 두드린다.

　삼화사 수륙재에서 법고무는 오로단, 상단의, 중단의, 하단의, 봉송의에서 설행하였다. 법고무는 원래 1인이 추는 춤인데, 삼화사 수륙재에서는 북소리를 강화하기 위해 북 뒤에서 1인이 북을 두드리는 보조역할을 하였다. 삼화사 수륙재에서 법고무는 바라무, 착복무를 연행한 이후 제일 마지막에 연행하였는데, 오로단에서 법고무는 오로단이 시작하기 전에 재차의 시작을 알리는 의미를 지닌다. 그래서 이번 법고무의 기록화는 삼화사 수륙재 중단의 설행을 중심으로 하고자 한다. 법고무는 1인의 홀 춤이며, 북 뒤의 1인은 북을 치는 보조역할이다. 법고무의 보조역할인 북 뒤의 사람은 제자리에서 박자에 맞추어 북만 두드렸다. 그러므로 법고무의 채록은 춤을 추는 1인에 한정해서 기록하였다.

순서	발동작	손동작	몸 방향/비고
준비동작	설단을 향해 서기	양손에 북채를 받쳐 들고 합장 자세	정면
①	북 앞에 두 발 모으고, 서기	·상단: 북을 한 번 치고, 북채로 변죽을 훑기를 3회 반복 ·중단: 북을 한 번 치고, 연속적으로 변죽을 3회 훑음	정면
②	북 앞에 두 발 모으고, 서기	양손으로 북 1회 치기	정면
③	오른발 1보 딛기→왼발 붙이면서 굴신	안쪽 방향으로 양손 원을 그리기 (왼손 cw방향, 오른손 ccw방향)	정면
	오른발 1보 딛기→왼발 붙이면서 굴신	안쪽 방향으로 양손 원을 그리기	cw방향으로 90°(오른쪽)
	오른발 1보 딛기→왼발 붙이면서 굴신	안쪽 방향으로 양손 원을 그리기	cw방향으로 90°(뒷면)
	오른발 1보 딛기→왼발 붙이면서 굴신	안쪽 방향으로 양손 원을 그리기	cw방향으로 90°(왼쪽)
	오른발 1보 딛기→왼발 붙이면서 굴신	안쪽 방향으로 양손 원을 그리기	cw방향으로 90°(정면)
④	북 앞에 두 발 모으고 서기	양손으로 북 1회 치기	①반복
	오른발 뒤쪽 방향으로 1보 딛기→왼발 교차해서 cw방향으로 360° 회전하면서 반무릎 굴신	안쪽 방향으로 양손 원을 그리기	cw방향으로 360° 회전
	북 앞에 두 발 모으고, 서기	양손으로 북 1회 치기	①반복
	왼발 뒤쪽 방향으로 1보 딛기→오른발 교차해서 ccw방향으로 360° 회전하면서 반무릎 굴신	안쪽 방향으로 양손 원을 그리기	ccw방향으로 360°
⑤	북 앞에 두 발 모으고, 서기	양손으로 북 1회 치기	①반복
⑥	오른발 뒤쪽 방향으로 1보 딛기→왼발 교차해서 cw방향으로 270° 회전하면서 굴신	안쪽 방향으로 양손 원을 그리기	cw방향으로 270° 회전(왼쪽)
	무릎 굽히기→오른발 들기	안쪽 방향으로 양손 원을 그리기	왼쪽 보기
	무릎굽히기→왼발 들기	안쪽 방향으로 양손 원을 그리기	왼쪽 보기
	왼발 앞으로 1보 딛기→굴신하면서, cw방향으로 180° 회전	안쪽 방향으로 양손 원을 그리기	왼쪽→오른쪽
	무릎 굽히기→오른발 들기	안쪽 방향으로 양손 원을 그리기	오른쪽 보기
	무릎굽히기→왼발 들기	안쪽 방향으로 양손 원을 그리기	오른쪽 보기
⑦	·오른손 북편: 왼발 중심 오른발 들기 ·오른손 일자사위: 오른발 중심 왼발 들기	·왼손: 북을 두드리기 ·오른손: 일자사위 형태에서 오른손을 북편으로 가져가기→ 옆으로 펴서 일자사위	오른쪽 보기

순서	발동작	손동작	몸 방향/비고
⑦	·오른손 북편: 왼발 중심 오른발 들기 ·오른손 일자사위: 오른발 중심 왼발 들기	·왼손: 북을 두드리기 ·오른손: 일자사위 형태에서 오른손을 북편으로 가져가기→ 옆으로 펴서 일자사위	오른쪽 보기
	·오른손 북편: 왼발 중심 오른발 들기 ·오른손 일자사위: 오른발 중심 왼발 들기	·왼손: 북을 두드리기 ·오른손: 일자사위 형태에서 오른손을 북편으로 가져가기→ 옆으로 펴서 일자사위	오른쪽 보기
	왼발 디디면서 ccw방향으로 180° 회전	오른손과 왼손 교체(오른손 북편, 왼손 일자사위형태)	ccw방향으로 180° 회전
	·왼손 북편: 오른발 중심 왼발 들기 ·왼손 일자사위: 왼발 중심 오른발 들기	·오른손: 북을 두드리기 ·왼손: 일자사위 형태에서 왼손을 북편으로 가져가기→ 옆으로 펴서 일자사위	왼쪽 보기
	·왼손 북편: 오른발 중심 왼발 들기 ·왼손 일자사위: 왼발 중심 오른발 들기	·오른손: 북을 두드리기 ·왼손: 일자사위 형태에서 왼손을 북편으로 가져가기→ 옆으로 펴서 일자사위	왼쪽 보기
	·왼손 북편: 오른발 중심 왼발 들기 ·왼손 일자사위: 왼발 중심 오른발 들기	·오른손: 북을 두드리기 ·왼손: 일자사위 형태에서 왼손을 북편으로 가져가기→ 옆으로 펴서 일자사위	왼쪽 보기
⑧	북 앞에 두 발 모으고, 서기	양손으로 북 1회 치기	①반복
	오른발 뒤쪽 방향으로 1보 딛기→ 왼발 교차해서 cw방향으로 360° 회전하면서 반무릎 굴신	안쪽 방향으로 양손 원을 그리기	⑧반복
	북 앞에 서기	양손으로 북 1회 치기	①반복
	왼발 뒤쪽 방향으로 1보 딛기→ 오른발 교차해서 ccw방향으로 360° 회전하면서 반무릎 굴신	안쪽 방향으로 양손 원을 그리기→ 왼손은 옆으로 펴기, 오른손 원을 그리며 가슴 앞으로 보내기(양손 왼쪽)	⑨변형
⑨	오른발 북 앞으로 1보 딛기→ 왼발 붙이기	양손을 위로 들면서 ccw방향으로 원을 그리면서 오른쪽으로 보내기(양손 오른쪽)	정면
	왼발 북 앞으로 1보 딛기→ 오른발 붙이기	양손을 위로 들면서 cw방향으로 원을 그리면서 왼쪽으로 보내기(양손 왼쪽)	정면
	오른발 북 앞으로 1보 딛기→ 왼발 붙이기	양손을 위로 들면서 ccw방향으로 원을 그리면서 오른쪽으로 보내기(양손 오른쪽)	정면
⑩	북 앞에 두 발 모으고, 서기	오른손으로 북을 내리치기→ 올려치기	정면
	북 앞에 두 발 모으고, 서기	왼손으로 북을 내리치기→ 올려치기	정면

순서	발동작	손동작	몸 방향/비고
⑩	북 앞에 두 발 모으고, 서기	오른손으로 북을 내리치기→올려치기	정면
	북 앞에 두 발 모으고, 서기	왼손으로 북을 내리치기→올려치기	정면
⑪	북 앞에 두 발 모으고, 서기	양손 모으면서 북채를 x로 교차하기→머리 위로 올려 양손을 옆으로 벌렸다가→ 다시 x로 모아서 하단전으로 내리기	정면
	두 발 모으고 서기→왼발 중심, 오른쪽 무릎 들기	양손 모으면서 북채를 x로 교차하기→머리 위로 올려 양손을 옆으로 내려서 오른쪽 뒷 허벅지에서 북채 마주치기	정면
	두 발 모으고 서기→오른발 중심, 왼쪽 무릎 들기	양손 모으면서 북채를 x로 교차하기→머리 위로 올려 양손을 옆으로 내려서 왼쪽 뒷 허벅지에서 북채 마주치기	정면
	두 발 모으고 서기→왼발 중심, 오른쪽 무릎 들기	양손 모으면서 북채를 x로 교차하기→머리 위로 올려 양손을 옆으로 내려서 오른쪽 뒷 허벅지에서 북채 마주치기	정면
	두 발 모으고 서기→오른발 중심, 왼쪽 무릎 들기	양손 모으면서 북채를 x로 교차하기→머리 위로 올려 양손을 옆으로 내려서 왼쪽 뒷 허벅지에서 북채 마주치기	정면
⑫	북 앞에 두 발 모으고, 서기	양손으로 북 1회 치기	①반복
⑬	발을 벌린 상태에서 왼발 중심에 두고 180° 회전	・왼손: 북 중심에 둠 ・오른손: ccw방향으로 변죽을 훑음 (몸통을 뒤집어서 허리를 꺾음)	북과 상대→상배
	발을 벌린 상태에서 왼발에 중심	・왼손: 북 중심에 둠 ・오른손: cw방향으로 변죽을 훑음 (몸통을 뒤집어서 허리를 꺾음)	상배
	발을 벌린 상태에서 왼발에 중심	・왼손: 북 중심에 둠 ・오른손: 변죽의 오른편・왼편을 침 (몸통을 뒤집어서 허리를 꺾음)	상배
	발을 벌린 상태에서 왼발에 중심	・왼손 북 중심에 둠 ・오른손: ccw방향으로 변죽을 훑음 (몸통을 뒤집어서 허리를 꺾음)	상배
	발을 벌린 상태에서 180° 회전	・왼손: 북 중심에 둠 ・오른손: cw방향으로 변죽을 훑음 (몸통은 뒤집어서 허리가 뒤로 꺾인 상태→ 몸통을 원위치로 복귀)	상배→상대
⑭	북 앞에 두 발 모으고, 서기	양손으로 북 1회 치기	①반복

순서	발동작	손동작	몸 방향/비고
	오른발 뒤쪽 방향으로 1보 딛기→왼발 교차해서 cw방향으로 360° 회전하면서 반무릎 굴신	안쪽 방향으로 양손 원을 그리기	⑧반복
⑮	북 앞에 두 발 모으고, 서기	양손으로 북 1회 치기	①반복
	왼발 뒤쪽 방향으로 1보 딛기→오른발 교차해서 ccw방향으로 360° 회전하면서 반무릎 굴신	안쪽 방향으로 양손 원을 그리기	⑨반복
⑯	북 앞에 두 발 모으고, 서기	양손으로 북 3회 치기	①변형
⑰	발을 벌린 상태에서 오른발 중심에 두고 180° 회전	·오른손: 북 중심에 둠 ·왼손: cw방향으로 변죽을 훑음 (몸통을 뒤집어서 허리를 꺾음)	북과 상대→상배
	발을 벌린 상태에서 오른발에 중심	·오른손: 북 중심에 둠 ·왼손: ccw방향으로 변죽을 훑음 (몸통을 뒤집어서 허리를 꺾음)	상배
	발을 벌린 상태에서 오른발에 중심	·오른손: 북 중심 둠 ·왼손: cw방향으로 변죽을 훑음 (몸통을 뒤집어서 허리를 꺾음)	상배
	발을 벌린 상태에서 오른발에 중심	·오른손: 북 중심에 둠 ·왼손: ccw방향으로 변죽을 훑음 (몸통을 뒤집어서 허리를 꺾음)	상배
	발을 벌린 상태에서 오른발에 중심	·오른손: 북 중심에 둠 ·왼손: cw방향으로 변죽을 훑음 (몸통을 뒤집어서 허리를 꺾음)	상배
	발을 벌린 상태에서 180° 회전	·오른손: 북 중심에 둠 ·왼손: ccw방향으로 변죽을 훑음 (몸통을 뒤집어서 허리를 꺾음)	상배→상대
⑱	북 앞에 두 발 모으고, 서기	양손으로 북 3회 치기	①변형
⑲	왼발 중심, 오른발 앞끝으로 서기	오른손: 위로 올리기→머리 뒤로 넘겨 돌리기 왼손: 앞으로 들기→위로 올리기	상대
	발을 벌린 상태에서 180° 회전→오른발 중심, 왼발끝으로 서기	오른손: 앞으로 들기→위로 올리기 왼손: 위로 올리기→머리 뒤로 넘겨 돌리기 (몸통을 뒤집어서 허리를 꺾음)	상대→상배
	발을 벌린 상태에서 180° 회전→오른발 중심, 왼발끝으로 서기	왼손·오른손·왼손·오른손·왼손·오른손의 순서로 손을 돌려 가면서 북 치기(몸통을 뒤집어서 허리를 꺾은 상태)	상배→상대

순서	발동작	손동작	몸 방향/비고
⑳	왼발 중심 오른발끝으로 서기	오른손·왼손 순으로 머리 위로 들어 돌리기	정면
	오른발 중심 왼발끝으로 서기	오른손·왼손 순으로 머리 위로 들어 돌리기	왼쪽
	왼발 중심 오른발끝으로 서기	오른손·왼손 순으로 머리 위로 들어 돌리기	뒷면
	오른발 중심 왼발끝으로 서기	오른손·왼손 순으로 머리 위로 들어 돌리기	오른쪽
	왼발 중심 360° 회전을 3회 반복	일자사위	ccw방향으로 360° 회전
㉑	북 앞에 두 발 모으고, 서기	북채 모아서 잡고, 인사하기	정면

IV

삼화사 수륙재의 특성

1. 의례의 구성과 내용은 구미래가 집필하였다.
2. 범패의 구성과 내용은 손인애가 집필하였다.
3. 작법의 구성과 내용은 강인숙이 집필하였다.

삼화사 수륙재의 특성

1. 의례의 구성과 내용

1) 의례 구성의 특성
(1) 시공간의 전개

삼화사 수륙재는 10월 중순에 3일간 펼쳐지고 중정에서 대부분의 의례를 진행하지만, 시공간적 외연은 훨씬 길고 광범위한 영역에 걸쳐 있다.

먼저 시간의 전개를 살펴보자. 삼화사에서는 수륙재의 원만한 성취를 위해 백 일 전부터 사부대중이 마음을 모아 입재에 든다. 백 일 전날 이른 시간에 가장 먼저 하는 일은 일주문에서부터 도량 전체를 수천 개의 번으로 둘러 청정하게 결계를 하는 것이다.

9시경이 되면 일주문 앞에 단을 차리고 향·등·차·과일·떡 등의 공양물과 함께, 팥·청수·버드나무 가지를 준비해 둔다. 주지스님을 비롯한 승려와 신도들이 모여 도량을 향해 발원기도를 올리고, 성聖과 속俗의 경계인 일주문 바깥을 향해 쇄수하고 팥을 뿌리기 시작한다. 모든 장애를 막고 도량을 옹호하기 위함이다. 이제 수륙재를 마칠 때까지 도량이 청정하게 유지되도록 일주문 '두타산삼화사頭陀山三和寺' 현판 아래에는 '금난禁亂'의 방을 단다.

일주문을 지나 다리를 건너는 동안 곳곳에 팥을 뿌리는 주지스님을 따라 모든 대중이 행렬을 이루어, 본전인 적광전을 마주한 천왕문 앞에 다다른다. 본격적인 경계 지점에서 잠시 멈추어 염불을 올린 다음, 쇄수와 팥을 뿌리는 의식을 이어 간다. 적광전에는 입재를 알리는 방榜을 붙

일주문 현판 아래에 붙은 '금난'방

이고, 전날 승려와 신도들이 모여서 각자 소임을 부여해 써 놓은 커다란 용상방을 법당 안에 붙여 둔다.

10시 반이 되면 사부대중이 모여 '삼화사 수륙재 원만성취 백일기도'를 시작한다. 이날부터 백 일 동안 삼화사에서는 매일 수륙재를 위해 도량 옹호와 원만 성취를 바라는 기도가 이어지고, 신도들은 지극한 마음으로 선망 부모·조상의 극락왕생과 중생의 업장 소멸을 발원하며 기도에 동참한다.

한편으로 보존회에서는 백일기도가 시작되면서부터 지화·번·반야용선·진설고임 등의 각종 장엄물 제작에 들어간다. 따라서 수륙재를 앞둔 백 일은 몸과 마음을 닦고 도량을 구획함으로써 내결계·외결계가 이루어지고, 의례를 치를 준비에 본격적으로 진입하는 의례적 시간이라 하겠다.

수륙재를 한 달 앞둔 시점에는 행향사 의식이 시작된다. 행향사는 조선시대 왕의 명으로 삼척도호부사三陟都護府使가 삼화사 수륙재에 쓸 향과 축문을 내렸던 전통을 잇는 의식이다. 오늘날에는 중앙정부를 대신해 동해시장이 이를 맡아 전통 관복을 갖춘 채 주민들과 긴 행렬을 이루어 방문하니, 삼화사 신도만이 아니라 지역공동체 구성원들의 수륙재 동참이 시작되는 시기이기도 하다.

내결계·외결계와 함께 마음을 모아 기도 올린 백일이 지나면, 삼화사 수륙재의 본격적인 법회가 3일간에 걸쳐 펼쳐진다. 수륙재 내에서 다시 결계와 정화 의식을 거쳐, 각단의 존재를 청해 모시고 공양을 올리며 발원을 기도한 뒤, 봉송으로 회향하는 것이다.

삼화사 수륙재의 이러한 시간 전개를 도식화하면 다음과 같다.

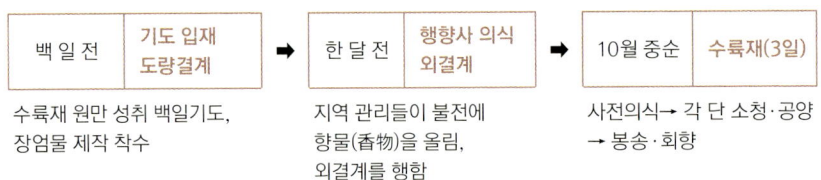

다음은 공간의 전개를 살펴보자. 수륙재는 사찰의 공간구조를 활용하여 의례의 절차와 의미에 적합한 곳에 단과 소를 설치한다. '단'은 특정 대상을 모시고 공양을 올릴 수 있도록 마련하는 공간이며, 단을 세우는 것을 설단이라 부른다. '소'는 단과 유사하지만, 의례의 절차나 소임에 따라 설치하는 주요 공간을 뜻한다.

수륙재의 의미와 서사구조에 따라 빠짐없이 설치하는 단은 상단·중단·하단을 비롯해, 수륙재에 모실 존재들에게 법회를 알리는 역할의 사자를 모시는 사자단, 오방의 길을 열어 주어 모든 존재가 걸림 없이 올 수 있도록 다섯 황제를 모시는 오로단 등이다. 따라서 이를 토대로 하여 사찰의 물리적 환경이나 재의 규모에 맞추어 설단하게 된다.

삼화사 수륙재에서는 17단 9소를 설치한다. 상단·중단·하단·오로단·고사단·사자단·마구단·용왕단·전시식단·대령단·비로단·약사단·미타단·나한단·북두단·제산단·천왕단의 17단과, 시련소·성욕소·관욕소·방생소·봉송소·유나소·간경소·금교·은교의 9소이다. 이들 17단 9소는 핵심 공간을 중심으로 점차 확장되는 세 영역으로 구분하여 살펴볼 수 있다.

제1영역은 중정이다. 이곳은 대부분의 의례가 이루어지는 핵심 공간으로, 상단·중단·하단·오로단·고사단·용왕단·성욕소·관욕소가 모여 있다. 이들은 모두 수륙재를 위해 새롭게 시설한 단과 소이다.

제2영역은 천왕문을 들어서서 사찰 경내에 해당하는 구역이다. 경내에 자리한 각 전각의 단은 수륙재의 각 단이 되고, 요사 등은 각 소로 활용된다. 이를테면 적광전은 '비로단毘盧壇', 약사전은 '약사단', 극락전은 '미타단', 삼성각은 3칸을 각기 나눈 '북두단·나한단·제산단', 천왕문은 '천왕단'으로 작동한다. 아울러 수륙재보존회 사무실이 있는 심검당은 '유나소'와 '간경소'가 되며, 각 전각 등의 입구에는 단·소의 명칭을 방으로 붙이게 된다. 이 영역에 자리한 9개의 단과 소는 모두 별도로 시설하지 않은 기존의 전각이다. 아울러 수륙재를 하는 동안 해당 공간에서 의식이 이루어지지 않더라도, 설단의 의미를 부여하여 일정한 기능을 지니는 공간이라 하겠다.

제3영역은 천왕문 바깥에서부터 일주문을 벗어난 곳까지 확장된 영역이다. 천왕문 밖 바로 앞에 사자단·마구단·전시식단을 두고 서쪽의 떨어진 곳에 봉송소가 자리하며, 방생소는 계곡으로 내려간 곳에 설치한다. 아울러 멀리 일주문을 벗어난 지점에 대령단·시련소를 두고, 계곡을 건너기 위해 오가는 금교·은교 또한 소의 역할을 하게 된다.

이처럼 수륙재의 대부분은 적광전 앞 중정에서 이루어지지만, 의례절차에 따라 그 외연이 넓게 확장되어 있다. 중정을 감싸는 영역은 대개 상단 성현과 중단 성중이 확장된 단과 소로, 수륙재를 옹호하는 의미를 지님을 알 수 있다. 가장 큰 원에 해당하는 바깥 영역은 의례의 특정한 의미와 결합되어 있다. 먼 곳에서 오는 존재를 맞이하고자 일주문 바깥에 대령단·시련소를 시설하고, 천왕문 밖의 사자단·마구단과 전시식단은 공양 후 곧 떠나야 할 존재와 단에 오르지 못한 존재를 위한 단이다. 아울러 태움으로써 돌려보내는 봉송소는 멀리 떨어진 영역에, 물고기의 생명을 구하는 방생소는 계곡 가에 시설한다. 사찰을 중심으로 널리 확대되는 의례 공간의 전개 속에서 수륙재의 목적을 이루어 가는 것이다.

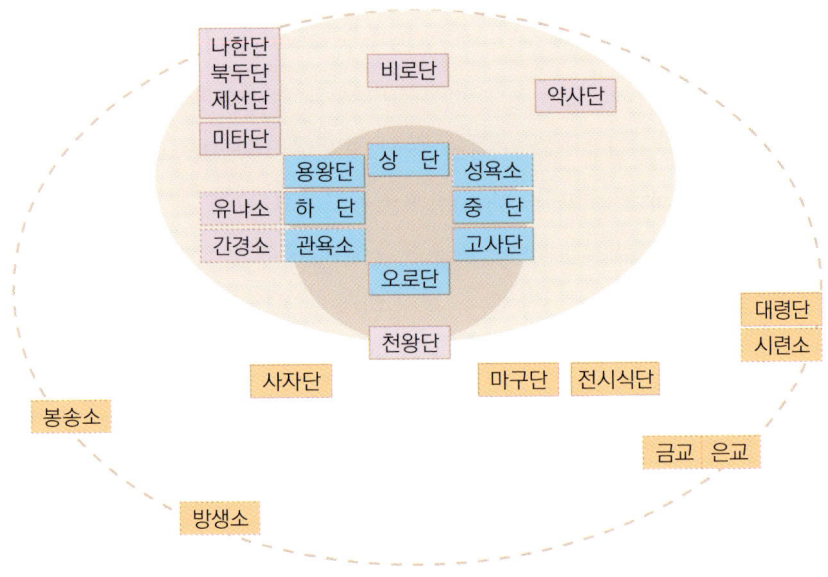

(2) 의례목적의 실현과정

수륙재의 목적은 모든 영가와 고혼을 차별 없이 모시고 정토에 왕생케 하는 것이다. 사성四聖과 육범六凡을 차별 없이 청해 공양을 올리고, 명계와 음계의 모든 존재를 깨달음으로 이끄는 거대한 법회이지만 궁극의 목적은 천도에 있다. 이러한 의례목적을 염두에 두고 삼화사 수륙재의 구성을 살펴보면, 목적을 실현해나가는 과정이 좀 더 명확하게 드러난다.

삼화사 수륙재는 삼 일간 14개의 절차로 진행된다. 사중에서는 수륙재를 원만하게 치르기 위한 사전 준비의식(별편)과 이후의 본격적인 의식(본편)으로 구분하였는데, 본편 또한 크게 3단계로 구분이 가능하다. 따라서 수륙재 전체는 4단계의 과정을 통해 의례목적을 달성해나간다.

1단계는 수륙재를 잘 치를 수 있도록 준비하는 단계이다. 먼저 도량을 정화하고 옹호케 한 다음(신중작법의), 수륙재의 중심인 상단·중단·하단의 존재를 차례로 모시고(괘불불패이운의, 대령·시련의), 지전을 명부에서 쓸 금은전으로 만들어 둔다(조전점안의). 이로써 의례 공간을 청정하게 만든 다음, 의례의 주인공들을 모시고, 의례에 필요한 물적 기반을 갖춘 셈이다.

2단계는 수륙재를 열고 이를 만방에 알리며 길을 여는 도입의 단계이다. 먼저 삼단의 존재들에게 본격적으로 고하며 수륙도량을 세운 다음(운수단의), 도량 개설을 명부 성중과 모든 초월적 존재에게 널리 알리도록 사자를 파견하고(사자단의), 이들이 걸림 없이 올 수 있도록 다섯 방위의 황제를 모셔 오방의 길을 열어 준다(오로단의). 수륙도량 개설을 선언하고 빠짐없는 방문을 청하며 걸림 없는 길을 열었으니, 천지(하늘·땅)와 명양(음계·양계)과 수륙(성인·범부)의 모든 존재가 차별 없이 한자리에 모일 수 있는 대법회의 자리를 갖추었다.

3단계는 의례목적을 달성하기 위한 본격적인 단계이다. 상단의 불보살은 불법의 가르침과 가피로써 영가 제위의 왕생을 이끌어 줄 성현들로, 정성껏 공양을 올리고 108잔의 차로 헌다례를 올리며 모든 중생과 더불어 귀의한다. 상단의에 이어 법사를 모시고 부처님의 말씀을 듣는 설법의 또한 하단의 존재를 비롯해 육도중생을 위한 가르침이다. 중단의 성현은 천계·지계·유명계를 다스리는 보살과 성중들로, 초월적 세계에서 하단의 존재들을 다스리고 심판하는 위상을 지녔다. 따라서 이들을 모시고 공양을 올리며 가피를 발원하게 된다.

하단에서는 의례의 주인공인 영가와 고혼을 대상으로 한 본격적인 의식이 펼쳐진다. 하단의 존재들을 모시고 번뇌와 업을 씻어 주고 삼보를 친견케 한 뒤, 시식을 베풀고 참회로 귀의하여 계를 받게 하는 체계적인 절차로 진행된다.

이때 하단의의 전과 후에 행하는 방생의와 송경의는 모두 하단의 존재를 위해 공덕을 쌓는 행위로 주목된다. 육도 중생의 한 존재를 구제하는 방생은 그 자체로 수륙재의 목적을 따르는 것이자, 하단의 존재를 대신하여 선행 공덕을 짓는 의미를 지녔다. 하단의 존재에게『금강경』을 읽어 주는 송경은 영가 제위가 스스로 마음을 깨칠 수 있도록 베푸는 법시 공덕이다. 구제의 핵심은 참된 도리를 깨달아 스스로 윤회에서 벗어나도록 이끄는 가르침이니, 수륙도량을 열고 이에 동참한 사부대중이 함께 마음을 모아 송경하는 법시 공덕은 더욱 클 것이다.

마지막 4단계는 청해 모신 모든 존재를 떠나보내고, 수륙재를 베푼 공덕을 영가 제위를 비롯한 모든 존재에게 회향함으로써 목적을 이루는 단계이다. 모시기 힘든 대극적 세계의 존재들을 한자리에 차별 없이 청해 어법한 법석을 열고, 서로 소통하며 공양을 나누고, 그 공덕으로 모든 영가·고혼과 육도중생을 천도하였다. 동참 재자들은 성현의 가피와 수륙재에 동참한 공덕이 일체 영가·고혼의 극락왕생에 미치기를 발원하며, 그들이 좀 더 나은 세계로 천도되었으리라는 믿음을 지니게 되는 것이다.

삼화사 수륙재 의례 절차와 하단의례의 관계

구분	의례 절차	의 미	참조
1단계 준비	신중작법의	도량을 청정하게 정화·옹호함	별편
	괘불불패이운의	가피와 증명의 존재(상단·중단의 존재)를 법회에 모심	
	대령·시련의	멀리서 온 주인공(하단의 존재)을 법회에 모심	
	조전점안의	지전을 명부계에서 쓸 금은전으로 만들어 둠	
2단계 도입	운수단의	본격적인 수륙도량을 세워서 엶	
	사자단의	수륙도량 개설을 초월적 존재에게 알리도록 사자를 파견함	
	오로단의	걸림 없이 올 수 있도록 오방의 길을 엶	
3단계 전개	상단의	상단의 불보살을 모시고 공양을 올림	본편
	설법의	하단의 존재와 육도중생을 위한 가르침을 베풂	
	중단의	중단의 성중을 모시고 공양을 올림	
	방생의	하단의 존재를 위해 대신 선행 공덕을 베풂	
	하단의	하단의 존재에게 공양을 올리고 법문을 들려줌	
	송경의	하단의 존재를 위해 법시 공덕을 베풂	
4단계 종결	봉송의	모든 존재를 떠나보내고 수륙재의 공덕을 회향함	

2) 의례 내용의 특성

(1) 국행수륙재의 전통 계승

삼화사 수륙재는 조선 초기 나라에서 주관하여 정기적으로 설행한 국행수륙재의 위상을 지녔다. 오늘날 설행하는 수륙재의 몇 가지 요소를 통해 그 전통을 찾아볼 수 있는데, 이는 삼화사에서 국행수륙재를 설행하게 된 배경과 깊이 관련되어 있다.

조선을 세운 태조 이성계는 개국과정에서 희생된 공양왕 등 고려 왕족과 왕씨氏들을 천도하기 위해, 1394년(태조 3) 가을에 처음 수륙재를 열었다. 이들이 유배되었다가 처형된 삼척, 강화도, 거제의 사찰인 삼화사·관음굴·견암사에서 각기 수륙재를 연 뒤 봄과 가을의 연례행사로 삼도록 정한 것이다. 특히 삼척은 공양왕 삼부자가 유배되었던 지역이다. 이러한 배경을 기반으로 오늘날까지 전승되는 국행수륙재의 특성을 살펴보자.

첫째, 행향사 의식을 재현하고 있다는 점이다. 행향사는 나라에서 의례에 필요한 향 등을 내릴 때 파견하는 관직으로, 이들 조관朝官은 왕으로부터 수륙재에 쓸 향과 함께 소문·축문祝文에 왕의 수결手決을 직접 받아서 수륙재 현장으로 내려갔다.[80] 아울러 태조는 1394년 4월에 고려 왕족과 왕씨들을 제거한 뒤, 같은 해 가을에 그들의 왕생을 빌기 위해 금으로 쓴 『법화경』과 『수륙의문』 21본을 간행해 삼화사·관음굴·견암사에 내려 무차평등대회를 열도록 하였다.[81] 특히 근래 밝혀진 자료로 태조의 명에 따라 정총鄭摠이 찬술한 「을해년삼화사행수륙재소乙亥年三和寺行水陸齋疏」를 보면,[82] 금으로 그린 공양왕 진영眞影을 삼화사에 하사했다고 하였다. 따라서 초기 삼화사에서 행한 수륙재에서는 왕실에서 내린 공양왕의 진영을 걸어 놓고, 금자金字『법화경』을 읽으면서 『수륙의문』에 따라 진행했음을 알 수 있다. 아울러 매년 행향사를 맞아 왕이 내린 향을 불전에 올리고 소문·축문을 사용한 것이다.

이러한 역사를 재현하여 수륙재를 시작하기 한 달 전에 행향사 의식을 행한다. 동해시장이 행향사 역할을 맡아 전통 관복을 갖춘 채 신도·주민들과 행렬을 이루어 방문하게 된다. 행렬은 양옆으로 청사초롱, 각종 번·기, 의물로 장엄·옹호하며 중앙에는 향물을 받든 시장이 앞서

---

80 김희준, 「朝鮮前期 水陸齋의 設行」, 『역사와 담론』 제30집, 호서사학회, 2001, 38쪽.
81 『태조실록』 권6 태조 3년 7월 17일, 『양촌집』 권22, 「水陸儀文跋」
82 강호선, 「조선 태조 4년 國行水陸齋 설행과 그 의미」, 『한국문화』 제62집, 서울대학교 규장각한국학연구원, 2013, 220~226쪽. 1446년에 판각하여 『복재집(復齋集)』에 수록된 이 소(疏)가 알려지지 않았던 것은 '三和寺'를 '玉和寺'로 잘못 새겼기 때문이다.

행향사 역할을 맡은 동해시장이 주지스님에게 향물을 건넨다.

고 일행이 뒤를 따른다. 일주문 밖 시련 터에는 단을 차리고 향물을 이운할 연을 갖추어두며, 의식문을 염송하는 가운데 바라무·작법무를 추며 행렬을 맞이할 준비를 한다. 행향사 일행이 시련 터에 도착하면 주지스님이 향물을 건네받아 단에 올리고 함께 절을 올린 다음, 연에 실어 삼화사로 향한다. 태평소가 울려 퍼지는 가운데 수십 인이 함께하는 장엄한 행렬이다.

중정에 다다르면 행향사로부터 주지스님이 향물을 건네받고, 이를 다시 신도 대표에게 건네어 적광전의 불전에 향물을 바친다. 주지스님은 이러한 내용을 부처님께 고하는 건회소를 낭독하며 봉정의식을 행한다. 이처럼 삼화사 수륙재가 국가무형문화재로 지정되어 국가의 지원으로 봉행하고, 중앙정부를 대신해 동해시에서 물목을 전하니 옛 국행의 면모가 명실상부하게 이어지는 셈이다.

둘째, 행렬과 장엄의 위용이 뛰어나다는 점이다. 수륙재를 행할 때면

번으로 숲을 이룬 도량

행향사 의식, 괘불불패이운의, 대령·시련의, 봉송의 등에서 여러 차례 행렬이 이어진다. 이때 행렬에 따르는 취타대와 장엄·옹호용 의물은 수륙재의 위용을 잘 드러내 준다. 인로왕보살 번, 오방불 번, 사명 번, 삼화사 수륙재 번, 보존회 번 등 번두·번미·몸통·날개를 오색으로 화려하게 장식한 각종 행렬용 번은 불보살의 현현顯現을 드러내고 수륙재의 설행과 주체를 알리는 장엄물이다. 순시기·청도기·영기·청룡기·황룡기 등의 깃발은 본래 군영軍營에서 사용하던 것으로, 어가御駕·사신단 등 나라의 주요한 의전 행렬에서 널리 쓰였다. 아울러 봉황선·일월선·천원·지방·고당·봉두·용두·금부·절부 등 길상 장엄물이 따름으로써 행렬의 위용을 더하게 된다.

특히 삼화사 수륙재를 설행할 때면 도량 전체가 번으로 숲을 이룬다.

백일기도 입재와 함께 도량 경내의 약 1천 미터 구간에 삼천불 명호 번 수백 개를 두름으로써 이 무렵부터 사찰에 들어설 때면 환희로움을 느낄 수 있다. 수륙재를 설행할 때 중정을 둘러싼 백여 개의 번은 축제적 분위기를 가장 고조시키는 요소이며, 특히 상단에 3단으로 포진한 수십 개의 대형 번은 비단으로 제작하여 사찰에 전승되는 소중한 유물이다. 이 외에 수륙재보존회 신도들이 직접 제작한 지화, 대형 금은전, 고임새, 반야용선 등 여법한 불교 의례 의물들로 수륙재의 전통을 이어가고 있다.

셋째, 하단에 모시는 위패의 성격에서 국행수륙재의 역사와 지역 대표 사찰로서 전통을 살필 수 있다는 점이다. 하단에는 총 17위의 위패를 모신다. 무차수륙재의 성격을 대변하는 '일체유주무주고혼각열위 영가'를 중심으로, 우측에 모신 위패의 주인공은 전통적 방식으로 구분한 6위의 존재들이다. 주목되는 것은 좌측에 모신 10위의 위패로, 이들 존재는 삼화사 수륙재의 역사와 특성을 그대로 담고 있다. 이 가운데 8위의 위패는 고대로부터 현대에 이르기까지 이 지역에서 억울하게 세상을 떠난 존재들을 차례로 모셨다.

그 가운데 '선 고려국 34대왕 공양왕 요선가先 高麗國34代王 恭讓王 瑤先駕'는 삼화사에서 수륙재를 열게 된 직접적인 배경 인물이다. 공양왕과 그의 두 아들은 조선 초기 태조에 의해 삼척으로 유배되었다가 희생당하는데, 그들의 원혼을 달래어 천도하고자 수륙재를 베풀게 되었기 때문이다. 아울러 앞의 「을해년삼화사행수륙재소」에는 천도 대상으로 '공양왕선가恭讓王仙駕'만을 언급하고 있다. 이는 그만큼 삼화사 수륙재의 설행 목적이 뚜렷함을 밝힌 것이라 하겠다.

아울러 고대 삼국 초, 삼국통일 전란, 임진왜란, 6·25전쟁, 근현대 지역의 각종 사고로 목숨을 잃은 영가 제위를 각각 모신 것은 삼화사 수륙재가 지역공동체의 문제를 함께 위무하고 풀어 가는 소중한 역할을

하단의 위패

담당해 왔음을 말해 주고 있다. 삼화사가 위치한 두타산의 산성에서 임진왜란 때 많은 사상자가 발생하였고, 조선 후기에는 의병운동의 거점이었으며, 6·25전쟁 중에도 많은 희생이 따랐던 곳이다. 두타산 무릉계곡 입구에 있는 '피수구비'도 시신들의 피가 계곡을 따라 내려오다가 핏물로 굽이쳐 가는 곳이라 하여 붙여진 지명이다. 사찰에 전하는 자료와 증언에 따르면, 이들의 영혼을 위무하기 위해 매년 음력 9월 9일 중구일重九日이면 유주무주 고혼들을 위한 재를 지냈고, 큰일이 있을 때마다 영동 남부지역의 수륙재를 주관하였다고 한다.

이처럼 삼화사에서는 20세기 중후반부터 지역의 안타까운 죽음을 위무하고 유주무주 고혼을 천도하면서, 고대로부터 오늘날까지 지역에서 발생한 아픔을 잊지 않고 함께 새기며 치유해 나가는 수륙재의 역할이 하단 위패에 잘 반영되어 있다.

(2) 삼단 관욕의 설행

삼화사 수륙재에서는 관욕에서 일반적인 사찰과 다른 몇 가지 특성을 지녔다. 이를 크게 두 가지로 요약하여 살펴본다.

첫째, 상단·중단·하단 삼단의 관욕을 모두 행한다는 점이다. 대부분의 수륙재에서 하단 관욕은 행하지만, 상단·중단의 관욕은 행하지 않는 경우가 많다. 일반적인 양상은 대령으로 영가를 모신 다음 바로 관욕을 하는 데 비해, 삼화사에서는 대령 후 하단 관욕 없이 절차를 진행한 다음, 상단·중단·하단의 관욕을 차례대로 행하고 있다. 의식집을 중심으로 살펴보면 『수륙무차평등재의촬요』에는 상단·중단의 관욕이 없고 하단 관욕만 있는 반면, 삼화사 수륙재의 저본인 『천지명양수륙재의찬요』를 비롯해 『천지명양수륙재의범음산보집 天地冥陽水陸齋儀梵音刪補集』 등에는 상단·중단·하단의 각 단 관욕이 모두 있다. 그런데 실제 사찰에서는 의식집과 무관하게 하단 관욕만 행하는 사례가 많다. 이는 '상단과 중단의 불보살을 비롯한 성중은 관욕이 특별히 필요한 존재가 아니며, 권공 절차를 통해 본래의 수륙재 목적에 더 부합하려고 한 측면이 강하기 때문'[83]이다.

이러한 합리적 의미와 함께, 실제 한국 불교에서 불보살을 향한 관욕이 드문 것은 또 다른 이유가 있는 것으로 보인다. 화응 和應 스님이 집대성한 『예수재의범 預修齋儀範』을 1980년대에 여러 스님의 감수를 거쳐 편찬할 당시, 일부 스님들이 "어떻게 감히 중생이 부처님을 목욕시킬 수 있겠는가? 그러므로 이와 같은 의식은 생략함이 마땅하다."고 주장하여 『예수재의범』에 상단·중단 관욕을 생략하였다고 추측[84]하는 것이다. 이처럼 '중생이 부처님을 목욕시키는 것은 불경스러운 일'이라는 생각이

---

83 진관사·(사)진관사수륙재보존회, 『진관사 국행수륙대재』, 2011, 34쪽.
84 혜일명조, 『예수재』, 에세이퍼블리싱, 2011, 324쪽. 이 내용은 2009년 칠장사의 능해 스님이 당시 상황을 증언한 것이라 한다.

싹트면서, 의례 시간을 단축할 때 생략할 우선 절차로 여겨졌던 셈이다.

이러한 관념이 생겨난 배경은, 한국 불교 천도재에서 하단관욕이 그만큼 발달하였다는 사실과 깊이 관련된다. 1661년(현종 2)에 승려 지선智禪이 편찬한 『오종범음집』 관욕 부분에는 중국 불교에 없는 두 가지가 등장한다. 하나는 백지로 바지저고리를 접어 망자(의 옷)의 상징물로 쓰는 지의이고, 또 하나는 가지화의편加持化衣篇이다. 지의를 쓰지 않고 의식문만 염송하거나 천·종이로 실제 옷을 만들어 쓰는 중국 불교에 비해, 지의라는 구상화된 상징물을 만들어낸 것이다. 아울러 관욕으로써 영가의 명부 옷이 해탈복으로 변하는 '화의'의 과정을 의미화하여 별도의 '가지화의편'을 만들었다.[85] 이처럼 하단을 대상으로 한 밀교적 성격의 관욕이 발달하여 '관욕=영가관욕'이라는 인식이 보편화된 것이다.

그러나 부처님 오신 날에 탄생불을 씻어 주는 욕불浴佛 의식처럼, 신성한 존재를 대상으로 한 정화의식은 보편적 상징성을 지녔다. 따라서 수륙재의 관욕 또한 모든 존재에게 열려 있되, 성속의 대상에 따라 관욕의 의미가 구분된다는 점이 중요하다. 성의 존재는 본래 청정하여 경배와 찬탄의 의미로 관욕을 행한다면, 속의 존재는 업을 씻어 줌으로써 청정한 존재로 거듭나는 데 초점이 맞추어져 있기 때문이다.[86] 아울러 상단과 중단의 존재에 대해서도 관욕의 의미를 구분하면서 위상의 차이를 분명히 하고 있음을 Ⅲ장에서 살펴본 바 있다.

따라서 의례에서 성현을 대상으로 한 관욕이 드문 한국 불교에서 삼화사 수륙재의 상단·중단 관욕은 '관욕=영가의 업을 씻어 주는 것'이라는 편향된 인식을 바로잡을 수 있는 좋은 사례로 여겨진다.

---

85 구미래, 「종이접기로 만든 신위(信位), 지방과 지의」, 『불교미술사학』 제28집, 불교미술사학회, 2019, 692~695쪽.
86 구미래, 「천도재에서 관욕의 상징성과 수용 양상」, 『정토학연구』 제22집, 한국정토학회, 2014, 77~81쪽.

관욕소 밖에서 합장하는 승려들

둘째, 하단 관욕에서 행위 없이 관욕을 행한다는 점이다. 상단·중단의 경우에는 특별한 행위 없이 향탕수와 수건을 갖춘 성욕소에 위패를 모셔 놓고 의식문 염송으로 관욕을 진행하게 된다. 그런데 하단의 경우에도 상단과 마찬가지로 관욕을 맡은 학인 승려들이 관욕소에 들어가지 않고, 장막을 친 관욕소 밖에서 합장한 채 관觀하는 방식으로 진행하는 것이다. 사십구재에서부터 수륙재에 이르기까지 대부분의 하단 관욕에서는 승려가 관욕단에 들어가서, 의식문의 염송 내용에 따라 향탕수를 지의에 튕기고 지의에 불을 붙여 태우는 일련의 행위가 이어지게 마련이다. 삼화사 수륙재의 관욕소에도 향탕수를 비롯해 씻김에 필요한 각종 준비물은 빠짐없이 갖추어 두었지만, 행위는 따르지 않는다.

이는 관욕이 많은 진언과 함께 밀교적 특성이 강한 점과 관련되어 있다. 관욕은 영가 제위의 중요한 변화가 이루어지는 단계이기에, 세부 절차마다 신성한 진언을 외워 신비로운 힘을 얻고자 하는 것이다. 따라서 증명법사는 수인을 짓고[身密], 어산단에서는 진언을 염송하고[口密], 동참자들은 마음으로 불보살을 관하여[意密] 신·구·의 작용에 따른 삼밀가지 三密加持가 이루어지게 된다. 따라서 신밀身密은 수인으로 이루어지니, 씻고 태우는 구체적인 행위 없이도 그 뜻이 충분하게 실현되는 셈이다.

하단 관욕의 세부적인 특성으로, 『작법귀감』「하단관욕규」에서 관욕의 대상을 신분과 남녀에 따라 여섯으로 나눈 것에 더하여 '일체유주무주 고혼각열위' 영가를 모시고 있다는 점이다. 따라서 삼화사 수륙재의 관욕소는 모두 7칸에 해당한다. 이는 옛 의식집의 여섯 존재가 전통시대의 구분 방식이니, 수륙재의 상징이라 할 수 있는 유주무주 고혼을 부각시킨 것이라 하겠다. 또한 대개 지의는 바지저고리를 접어 사용하나, 2021년 삼화사 수륙재에서는 여신구·후비구·천왕구의 지의는 치마로, 남신구·장상구·천류구·유주무주 고혼은 바지로 구분한 점도 눈에 띈다.

(3) 주요 재차로 정립된 방생의

삼화사 수륙재에서는 하단의식에 앞서 천왕문 건너편 계곡에서 방생의를 행한다. 방생은 불교의 생명 존중과 자비를 실천하는 적극적인 행위이다. 온 세상의 죽어 가는 미물들의 생명을 살리고 자유롭게 하는 의미를 지녀 수륙재의 본래 목적과 부합되는 재차라 하겠다.

방생의 유래는 『금광명경金光明經』 유수장자품流水長者品에 전한다. 이에 따르면 어느 때 장자 유수流水가 두 아들과 함께, 물이 말라붙어 들짐승들의 먹이로 전락한 물고기들을 살리기 위해 늪에 물을 채우고 먹이를 보시하였다. 이와 함께 물고기들을 위해 법문을 들려주어 그들이 도리천에 나게 하는 공덕을 베풀었는데, 그때의 유수 장자는 석가모니의 전생 모습이었다는 것이다.

이처럼 불교에서 방생은 단순히 물고기 등의 산 생명을 놓아줌으로써 복을 짓는 것이라 여기지 않고, 부처님의 가르침을 일러 주면서 더

나은 세계에 태어나기를 기원하는 마음이 함께한다. 이러한 전통은 기록상 우리나라 최초의 수륙재라 할 수 있는 고려 광종 19년(968)부터 등장한다.

광종은 많은 이의 목숨을 앗은 죄악을 덜기 위해 귀법사에 무차수륙회無遮水陸會를 열고, 신지新池·혈구穴口와 마리산摩利山 등지의 고기 잡는 곳을 방생소로 삼아 그곳 사원들로 하여금 불경佛經을 강설하게 한 것이다. 아울러 살생을 금지하며 궁중에서 쓰는 육류의 도살을 금하여 시장에서 사다 쓰게 하였다.[87]

삼화사 수륙재의 방생의식을 보면 이러한 방생의 불교적 의미가 고스란히 담겨 있다. 물고기를 풀어 주는 '방석물명放釋物命'을 행할 때면, 방생 이후로 영원히 악의 무리와 만나지 않고 천상이나 인간으로 태어날 것이며, 계율을 수지하고 수행하면 원에 따라 왕생할 것이라 발원한다. 아울러 마지막 회향에서는 "미물로 태어난 세월이 무한히 길고 혼미하니, 이제 삼보에 귀의하고 보리심을 발하시라. 그물망을 피해 광활한 바다와 높은 하늘을 날아 부처님의 인도에 따라 도리천에 태어나시라."는 발원이 따른다.

우리나라에서는 방생의 대상이 주로 물고기였기에, 수륙재를 행할 때 물고기에게 먹이를 보시하기도 하였다. 1432년(세종 14) 한강 수륙재에서 물고기에게 백미白米를 주었듯이, 수륙재에서는 잡힌 물고기를 풀어 주는 방생과 함께 물에 의지해 살아가는 모든 존재에게 먹이를 베푸는 시식이 나란히 전승되고 있음을 알 수 있다.

---

87 연제영(미등),『국행수륙대재: 삼화사 수륙재를 중심으로』, 조계종출판사, 2010;『고려사』권2「세가」2 광종 19년;『고려사』권93「열전」6 '최승로'

방생의

아울러 현재 국가무형문화재로 지정된 '진관사 수륙재'와 '아랫녘 수륙재' 모두 방생의 의미를 실천하고 있다. 진관사 수륙재의 경우 물고기에게 먹이를 보시하는 시식 전통이 있어, 지금도 입재를 마치면 주지스님과 신도들이 한강으로 가서 방생재를 이어 간다. 아랫녘 수륙재 또한 수륙재를 시작하기 며칠 전에 남해로 나가 방생법회를 올리고 있다. 두 사찰의 경우 방생이 정식 재차는 아니지만 수륙재와 긴밀하게 결합되어 있는 것이다.

삼화사 수륙재에서 저본 『천지명양수륙재의찬요』에 없는 방생을 정식 재차로 넣은 것은 방생이 지닌 의미를 중시하기 때문이다. 이는 삼화사가 동해안과 인접한 지역으로 해양문화와도 관련되어 있으며,[88] 특히 방생으로 지은 공덕이 하단 천도에 미치기를 기원하는 뜻 또한 크다. 육도중생의 한 존재를 구제하는 방생은 그 자체로 수륙재의 목적을 따르는 수승한 행위이자, 하단의 존재를 대신하여 선행 공덕을 베푸는 의미를 지닌 것이다.

『범망경』에 "자비로운 마음으로 방생 업을 행하라. 이 세상의 모든 남자는 다 나의 아버지요, 모든 여인은 나의 어머니라. 나의 세세생으로 보면 그들에 의지하여 나지 않은 적이 없느니라."고 하였듯이, 연기에 대한 깨달음이 뒷받침된 방생은 계율의 적극적인 실천이자 자비행의 근원이라 하겠다. 아울러 무분별한 방생으로 생태계에 혼란을 미치지 않도록 조심하는 가운데, 방생의 참뜻을 새롭게 인식하는 움직임도 활발하다. 고통 받는 뭇 생명에게 고통을 주는 여건을 제거하고 제대로 살 수 있는 환경을 조성하도록 돕는 일 또한 생명을 살리는 일로 보는 것이다. 따라서 오늘날 방생은 환경·인권·생명에 대한 적극적인 관심으로까지 나아가고 있다.

---

[88] 홍태한, 「수륙재 전승의 지역적 다양성과 의미」, 『실천민속학연구』 제22호, 실천민속학회, 2013, 163쪽.

2. 범패의 구성과 내용

앞서 살펴보았듯이, 삼화사 수륙재에 나타나는 염불의 갈래는 크게 평염불, 안채비소리, 바깥채비소리, 민요조이며, 많은 법문을 전하는 수륙의례적 특성상 이들 중 평염불과 안채비소리가 가장 중추적인 역할을 한다. 그리고 이들 염불은 세부적인 종류도 다양하게 나타난다.

한편 삼화사 수륙재는 현재 경제 범패의 맥을 이어 가고 있지만, 갈래에 따라 삼화사 수륙재 특유의 특징들이 나타나는 염불들이 있다. 본 항에서는 최대한 이러한 특징을 지닌 염불들을 중심으로 범패의 내용적 특징을 살펴보려 한다.

1) 평염불

삼화사 수륙재에서 설행되는 평염불은 크게 세 종류가 있다. 첫째는 평염불 중 가장 일반적인 형태로 평이한 1자 1음식 선율, 둘째는 탄백 가락을 활용한 선율(탄백성), 셋째는 정근할 때 부르는 선율(정근성)이다. 이 중 소위 '탄백성'이 삼화사 수륙재에서 다른 재의식과 비교해 볼 때 활용되는 빈도가 높아, 이를 중심으로 그 특징을 살펴보겠다. 신중작법의 중 〈탄백〉의 가사와 음악을 먼저 제시하면 다음과 같다.

歎白(찬탄하여 아룀)[89]
帝釋天王慧鑑明   제석천왕의 지혜는 밝게 빛나니
四洲人事一念知   세상사를 한 생각에 아십니다.
哀愍衆生如赤子   중생을 갓난아기처럼 가엾게 여기시니
是故我今恭敬禮   저희는 이제 공손히 예를 올립니다.

---

[89] 본고에서 다루는 염불의 가사는 다음 책을 참조하였다. 정승석 역, 『삼화사수륙재 의례문』, (사)삼화사수륙재보존회, 2021.

〈악보1〉 신중작법의/ 〈탄백〉[90]

　〈탄백〉은 제석천왕께 귀의하는 내용의 7언4구 한문 가사로 되어 있다. 박자는 3소박 단위의 불규칙 박자로 되어 있고, 빠르기는 보통 ♩.=92~96이다. 음조직은 한국 불교음악의 주요 음악어법(경상도 음악어법)인 메나리토리(Mi, sol, la, do', re')로 되어 있다. 음악적 형식은 네 구가 A-A'-B-A"인 이른바 기승전결의 구조로 볼 수 있는데, 보통 1자 1음식 평염불보다 선율적 굴곡이 있으면서 음악적 표현력이 있다. 즉, 이른바 음악적 맛이 좀 더 있어, 이로 인해 삼화사 수륙재에서 탄백 가락을 활용한 평염불(탄백성)들이 많은 것으로 보인다.

---

90 채보는 최대한 들리는 대로 시가와 음고를 오선보 내에 실음으로 수용해서 하였고, 소위 속성을 내는 음은 △로 음표를 표기하였다. 그리고 지금까지 범패는 2소박을 기본 박자 단위(♩)로 채보하는 경향이 컸지만, 다른 한국 음악과 같이 범패도 3소박(♩.)을 기본 단위로 보는 것이 더 타당하여, 본고는 3소박 단위로 채보하였다.

2) 안채비소리

삼화사 수륙재에서 설행되는 안채비소리의 종류에는 착어성, 유치성, 편게성, 소성, 청사성, 게탁성 등이 있다. 이들 소리 중 유치성이 부처님과 다양한 신중들 전에 수륙재 의식의 연고를 아뢰는 의례적 특성으로 인해 사자단의, 상단의, 중단의에서는 특히 중심 역할을 담당하며, 진관사 수륙재보다 정석으로 설행되는 빈도가 더 높게 나타난다. 이에 유치성을 중심으로 그 특징을 살펴보겠고, 수륙재 본편 시작인 〈설회인유편〉의 유치성 가사와 음악을 제시하면 다음과 같다.

設會因由 第一 (수륙재를 베푸는 이유를 서술함)
蓋聞 慶喜應期於焦面 創起敎之初基 梁皇感夢於神僧 繼法筵之 後軌 由是 法筵無滯
含識有歸 冤親平等而蒙恩 凡聖普同而攝益 功勳㝡勝 利濟尤多 其爲大事因緣 實是無邊功德 〈하략〉

들으니 경희|아난|가 그때에 초면귀왕을 만나 가르침을 일으키는 첫 기틀을 마련하고, 양나라 황제가 꿈속에서 신승을 만나 감명을 받고 후대 법연의 법도를 이었다고 한다. 이때부터 법연은 막힘이 없어지고, 중생|함식|들은 귀의할 곳이 생겨, 원수와 친한 이가 평등하게 은혜를 입고, 범부와 성인이 모두 함께 이익을 얻게 되었다. 그 공훈은 가장 훌륭했고, 이로운 구제는 더욱더 많아져서, 그것이 큰일을 하는 인연이 되고 공덕 또한 그지없게 되었다. 〈하략〉

<악보2> 운수단의 제1편 설회인유/ 유치성

<중략>

<하략>

　　삼화사 수륙재의 유치성은 모두 3소박 단위의 불규칙 박자로 되어 있고, 빠르기는 대개 ♩.=60~70이다. 또한 대부분 한국 불교음악의 주요 음악어법(경상도 음악어법)인 메나리토리(Mi, sol, la, do', re')를 근간으로 한다. 그런데 경기 음악어법의 영향이 조금 나타나,[91] 경기 지역 고유의 특성도 반영되어 있다. 음역은 모두 평이하고 유유한 안채비 선율적 특성으로 인해, Mi~re'의 장7도로 옥타브 이내로 이루어져 있고, 고유의 '짓는소리(네모 표시: 문聞·면面·궤軌)'가 있다. 짓는소리는 일종의 구두점과 악구를 맺는 기능을 하며, 여기에는 '직촉直促'[92]을 비롯하여 유치성 특유의 절도

---

91 유치성에는 소위 종지 기능의 '짓는소리'들이 대부분 경토리처럼 기음 Mi로 종지하고(메나리토리는 la로 종지), 제2음 sol이 전형적인 메나리토리처럼 하행진행에서만 나타나지 않고 독립적으로 출현하기도 하여, 경기음악어법의 영향이 은연히 나타난다. 손인애, 『경제 안채비소리(착어성·유치성·편계성) 성조聲調의 수용과 변용』, 민속원, 2020, 68~70쪽.

92 음절과 음절 혹은 구와 구를 연결하기 위해 짧게 하행 진행하는 선율들로, 이에 대한 구체적인 특징과 종류는 다음 글을 참조하기 바란다. 차형석, 「범패 유치성의 '직촉' 연구」,

있는 선율적 특징이 잘 나타난다.

한편 대부분 가사가 산문체(2언·4언·5언·6언·7언 산문체)로 되어 있어, 선율이 통절식으로 진행되며 특정한 음악적 구조가 존재하지 않는다. 그런데 성조에 따라 특정한 선율 형태들melodic patterns이 존재하고, 성조에 의거해 이들 선율 형태가 곡 전체에 걸쳐 반복 출현하는 안채비 특유의 특성이 여기서도 확인된다. 즉, 예컨대 평성인 경磬에는 음조직 중 기음基音에 해당하는 Mi로 짧지만 낮게 진행하고, 입성인 법法에는 입성 특유의 직이촉直而促 성격인 짧게 맺는 특징이 나타나, 성조의 특성(동그라미 표시들)이 선율에 나름대로 반영되어 있다. 이를 통해 안채비소리는 성조에 입각한 선율 진행이 그 갈래의 중요한 특성임을 재차 알 수 있다.[93] 그런데 이러한 성조의 높낮이 원칙에서 벗어나는 선행 진행도 많기 때문에, 안채비소리의 비중과 역할이 큰 수륙재에서는 향후 전승 과정에서 중요하게 염두에 둬야 할 음악적 사항이라 생각된다.

3) 바깥채비소리

삼화사 수륙재에서 설행되는 바깥채비소리의 종류는 홑소리, 짓소리, 반짓소리이며, 대부분 영산재와 그 특징이 대동소이하다. 다만 어장 인묵 스님 창이 완제의 성격을 다소 지니고 있는데, 불전에 공양을 올리며 부르는 〈운심게〉와 신중단 〈소창불〉의 '봉청' 소리에서 특히 그 특징이 잘 나타난다. 여기에서는 중단의 가지변공 제24편에서 설행되는 〈운심게〉를 중심으로 그 특징을 살펴보겠다. 한편 상단 가지변공 제17편에 〈향화게〉, 중단에 〈운심게〉를 배치한 것도 삼화사 수륙재 특유의 특징이기도 하다. 먼저 가사와 음악을 제시하면 다음과 같다.

『한국음악문화연구』 제3집, 부산: 한국음악문화학회, 2011, 81~99쪽.
93 경제 안채비소리 성조의 특징에 대한 상세한 논의는 손인애, 앞의 책(2020)을 참조하기 바란다.

運心偈(마음을 움직이는 게송)

運心供養眞言　마음을 움직여 음식을 드시게 하는 진언
原此香供徧法界　바라건대 이 향 공양이 법계에 두루하여
普供無盡三寶海　다함 없는 삼보의 바다에 널리 공양하오니
自悲受供增善根　자비로 공양 받으시고 선근이 늘어나게 하여
令法住世報佛恩　법이 세상에 머물게 하여 부처님 은혜 갚게 하소서

〈악보3〉 중단의/〈운심게〉

인묵 스님 창 〈운심게〉는 완제 범패를 섭렵한 아버지 일응 스님으로부터 전수받은 소리로, 완제의 성격이 나타나는 대표적인 홑소리이다. 3소박 단위의 불규칙 박자로 되어 있고, 빠르기는 다소 느린 ♩=56~63이다. 염불의 대표적인 음악어법인 메나리토리(Mi, sol, la, do', re')를 기반으로

하면서도 전라도 음악어법인 육자배기토리(Mi, sol, la, si, do')의 대표적 특징인 do'→si의 꺾는 시김새(동그라미 표시)가 종종 나타나며 계면 성음의 성격이 엿보인다.

한편 제2구 '원차향곡변법계' 중 '원차' 이후에 4구성을 넣는데, 2021년 삼화사 수륙재에서는 4구성 중 2구성까지(정확히 표현하면, 2구성+모음창) 재현하였다. 그리고 걷기이작하며, 제2구 중 '향공'과 제4구는 생략하였고, 제2구 중 '변법계', 제3구, 제5구는 탄백성 선율 특징이 있는 평염불로 마무리하였다. 그런데 일응 스님의 〈운심게〉와 비교해 볼 때, 전반적으로 메나리토리의 성격이 강화되며 전라도 음악 성향이 약화되고, 4구성은 가락이 담백하고 정갈해지며, 후반부의 반염불은 평염불로 간소화되어, 전승 과정에서 조금씩 변화되고 있는 양상이 보인다.[94] 즉, 일응 스님 창도 경제 〈운심게〉와 근본 선율은 크게 다르지 않지만, 인묵 스님 창에 경제 범패의 성격이 더 많이 나타난다.

4) 민요조

삼화사 수륙재에서 설행되는 민요조 염불은 크게 〈화청〉(〈(일반)화청〉 및 〈축원화청〉)과 바라춤 반주 진언 음악들(〈변식진언〉·〈감로수진언〉·〈수륜관지언〉·〈유해진언〉·〈보공양진언〉·〈보회향진언〉 등)이다. 전자가 가장 대표적이지만, 후자도 재의식에서 법열의 환희심과 신명을 고취시키면서 민중들과 적극 교감하는 역할을 한다. 여기에서는 수륙재에서 중요한 의식 절차 중 하나인 중단의 일명 '육십갑자 화청'을 대상으로 그 특징을 살펴보겠고, 가사와 음악을 먼저 제시하면 다음과 같다.

---

[94] 윤소희, 『범패의 역사와 지역별 특징-경제·영제·완제 어떻게 다른가?』, 민속원, 2016, 390~394쪽. 이 글에 일응 스님 창 〈운심게〉의 특징이 상세히 논의되어 있다.

和請화청(六十甲子육십갑자)

至心乞請 上界教主 天藏菩薩 侍衛眷屬 三界天主 天人眷屬 日月天子 北極眞君 大星小星
普天列曜 兼及法界 十類大仙 苦行持明 眞仙等衆 今日 國行水陸大道場 靈駕 哀憫覆護
速離苦海 生於淨刹〈하략〉

지극한 마음으로 간절히 청하옵니다. 상계의 교주이신 천장보살님과 호위하여 모시는 권속들과 삼계의 천주와 천인 및 권속들이여! 일월천자와 북극진군, 대성과 소성이 온 하늘에 나열되어 있는 모든 별들이시여! 아울러 법계의 십류와 대선들, 고행하면서 밝음을 지니신 진선들이시여! 오늘 국행수륙도량에 오신 영가들을 불쌍하고 가엾게 여기시어 거듭 보호하시여, 속히 고해의 바다를 떠나 정찰[정토]에서 태어나게 하소서.〈하략〉

〈악보4〉 중단의 /〈화청〉(육십갑자)

〈하략〉

'육십갑자 화청'은 영산재에서는 잘 부르지 않는 화청으로, 수륙재에서 귀하게 설행되는 소리이다. 화청은 보통 빠르기가 ♪=155~165인 3+2+3+2(10/♪)박자로 엇모리장단에 맞는다. 한편 현재 봉원사 영산재에서 설행되는 〈화청〉은 전형적인 경기음악어법인 경토리(sol, la, do', re', mi')로 되어 있다.[95] 그런데 삼화사 수륙재의 동환 스님 창 〈화청〉은 경토리를 근간으로 하지만, re'→do'에 흘러내리는 듯한 꺾는 시김새가 나타나고, 종종 la로 악구를 맺어(동그라미 부분), 메나리토리의 성격도 혼용되어 있다.

그리고 소위 내드름 부분(지심걸청 지심걸청 일월대중 일심봉청)과 본편으로 구성되는데, 본편은 4.4조의 가사체 사설에 의해 선율이 통절식으로 진행되면서 일정한 형식 구조가 없다. 다만 사설 단락에 따라 엇모리장단의 태징 간주가 중간중간에 들어가며 선율적 단락감이 나타나고, 유사한 선율형들이 곡 전체에 걸쳐 반복적으로 나타나면서 곡의 유기성을 마련한다. 보통 간주 태징 후 대개 do' 또는 re'로 질러내며 음악적 긴장감

---

95 그런데 경제 〈화청〉은 본래 서도음악 문화권에서 발생한 것으로 보인다. 60~70년대 〈화청〉 음원 자료에서는 서도음악어법인 수심가토리가 중심이 되며, 전승 과정에서 경토리로 점차 전이되는 사실이 확인된다. 그리고 현재 봉원사 스님(영산재 담당)들은 주로 전형적인 경토리로 부르고 있다. 손인애, 『경산제 불교음악 I -개성지역 불교음악과의 관련성』, 민속원, 2013, 233~279쪽 참조.

또는 생동감을 자아내기도 한다.

즉, 〈화청〉은 민요의 음악 특징을 수용한 대표적인 염불로, 과거 소위 '민중 찬불가'의 역할을 톡톡히 한 갈래이다. 삼화사 수륙재에서는 중단과 하단의 마지막 의식에서 영가와 민중들의 마음을 위로하고 천도하는 중요한 역할을 한다.

삼화사 수륙재는 신도 및 대중들의 참여도가 높은 점이 특징(대표 예: 헌다례의)인데, 상단, 중단, 하단에서 모든 부처님과 다양한 신장들을 모시고 영가들을 축원, 축복하는 의미로 〈화청〉과 함께 바라춤을 동반한 진언 염불들이 마지막 하이라이트 역할을 신명나게 하며, 전반적으로 축제, 회향의 분위기를 잘 마련하였다.

이상 앞서 살펴본 삼화사 수륙재의 범패 특징을 정리하면, 여기에서 설행되는 염불의 갈래는 크게 4가지이다. 첫 번째 평염불(일반(1자1음식)·탄백성·정근성), 두 번째 안채비소리(착어성·유치성·편게성·소성·청사성·게탁성), 세 번째 바깥채비소리(홑소리·짓소리·반짓소리), 네 번째 민요조(〈화청〉·〈축원화청〉·진언 바라춤 반주음악)이다.

평염불은 삼화사 수륙재에서 일반 평염불보다 음악적 굴곡과 맛이 있는 〈탄백〉 가락을 활용한 선율 형태(일명 '탄백성')가 특히 많다. 안채비소리는 진관사 수륙재보다 상단과 중단에서 정석으로 설행되는 비중이 큰 유치성을 중심으로 살펴본 결과, 안채비소리가 수륙재에서는 많은 법문을 보다 효과적으로 전하는 역할이 뛰어나며, 성조에 입각한 선율 진행이 그 갈래의 주요 특성임을 재차 알 수 있다. 바깥채비소리는 대부분 경제 범패와 그 특징이 대동소이하다. 다만 어장 인묵 스님 창 완제 성격이 나타나는 염불들을 통해 경제와 완제의 특징이 혼용되어 있는 것이 차별성으로 보이며, 완제 특징도 전승 과정에서 조금씩 변화되고 있는 양상이 나타난다. 또한 앞의 전통 염불만큼 민요조 염불도 많이 설행되는 것을 통해, 민심과 하나가 되기 위해 공양 및 회향 진언과 〈화청〉을 신명나게 설행하여 통합과 화합을 도모하였던 국행수륙재의 진정한 의미를 엿볼 수 있다. 이 외 삼화사 수륙재에서는 삼현육각 반주에서 아쟁이 안채비소리를 할 때 바탕 음악을 맡으면서 분위기를 더욱 고조시키는 역할을 하는 것이 최근 특징으로 보인다.

그런데 삼화사 수륙재는 무엇보다도 의례와 염불이 여법하며 조화롭고, 신도 및 대중들의 동참과 교감이 적극적이며 활발한 점이 가장 뛰어난 특징이라 생각된다.

3. 작법무의 구성과 내용

삼화사 수륙재는 2021년 10월 22일~24일 3일 동안 설행하였는데, 재차마다 그 의미를 함축적으로 상징화한 작법무가 연행되었다. 첫째 날에는 신중작법의, 괘불불패이운의, 대령·시련의, 조전점안의, 운수단의, 사자단의의 순으로 진행하였는데, 여기서 작법무는 신중작법의, 괘불불패이운의, 대령·시련의, 운수단의, 사자단의에서 설행하였다. 작법무는 조전점안의를 제외한 재차에서 연행하였는데, 이때 바라무는 천수바라무를 기본으로 사다라니바라무와 요잡바라무, 착복무는 다게작법무를 기본으로 도량게작법무를 설행하였다. 둘째 날에는 오로단의를 시작으로 상단의·헌다례의·설법의·중단의 순으로 진행하였는데, 여기서 작법무는 오로단의, 상단의, 중단의에서 설행하였다. 헌다례의는 모든 중생들이 불·보살에게 차를 공양하는 무차평등 의식이었고, 설법은 부처님을 대신하여 불교의 우주관과 인연법에 대한 내용을 설명하였다. 이때 바라무는 천수바라무를 기본으로 명바라무·사다라니바라무·관욕쇠바라무·요잡바라무, 착복무는 다게작법무를 기본으로 향화게작법무·운심계작법무가 연행되었고, 작법무의 마지막을 법고무로 마무리하였다. 셋째 날에는 방생의·하단의·봉송의 순으로 진행하였는데, 여기서 작법무는 방생의·하단의·봉송의에서 설행하였다. 하단의는 참석한 모두가 함께 금강경을 읽음으로써 나와 너를 구분하지 않는 참된 평등한 세상을 염원하는 마음을 표현한 것이다. 이때 바라무는 천수바라무를 기본으로 관욕쇠바라무·요잡바라무, 착복무는 다게작법무를 기본으로 도량게작법무를 연행하였고, 법고무를 추었다. 대부분의 재차에서 법고무는 마지막에 추었으나, 하단의의 경우에는 법고무 이후, 착복무와 바라무가 연행됨을 알 수 있다. 삼화사 수륙재 재차 구성에 따른 작법무의 연행 장소와 진행 절차를 정리하면 다음과 같다.

삼화사 수륙재의 재차에 따른 작법무의 구성

일시	연행 재차		연행 장소	작법무의 진행 절차
첫째날	신중작법의		수륙도량	요잡바라무(4인)
	괘불불패이운의		본전 뒷편→수륙도량	천수바라무(4인) → 다게작법무(4인)
	대령·시련의	대령의	대령단	천수바라무(4인) → 도량게작법무(5인)
		시련의	시련소	기경작법무(4인) → 요잡바라무(4인)
	운수단의		수륙도량	천수바라무(8명) → 도량게작법무(6인)
	사자단의		사자단	천수바라무(4인) → 다게작법무(4인) → 사다라니바라무(4인)
둘째날	오로단의		오로단	법고무(1인) → 천수바라무(4인) → 다게작법무(4인) →사다라니바라무(4인)
	상단의		수륙도량	명바라무(4인) → 관욕쇠바라무(5인) → 사다라니바라무(3인) → 향화게작법무(4인) →법고무(1인)
	중단의		수륙도량	천수바라무(2인) → 관욕쇠바라무(4인) → 사다라니바라무(3인) → 운심게작법무(2인) → 요잡바라무(2인) → 법고무(2인)
셋째날	방생의		도량 내 계곡	천수바라무(5인) → 도량게작법무(5인)

일시	연행 재차	연행 장소	작법무의 진행 절차
셋째날	하단의	수륙도량	천수바라무(5인) → 도량게작법무(5인) → 요잡바라무(5인) → 법고무(2인) → 다게작법무(5인) → 요잡바라무(5인) → 관욕쇠바라무(5인)
	봉송의	수륙도량	천수바라무(9인/하단을 향해서 5명, 중앙에서는 4명) → 법고무(1인)

앞의 표를 바탕으로, 삼화사 수륙재 작법무의 진행 절차에 따른 설행 양상을 살펴보면 다음과 같다.

삼화사 수륙재 작법무의 설행 양상

재차	바라무	착복무	법고무
신중작법의	요잡바라무	×	
괘불불패이운의	천수바라무	다게작법무	
대령의	천수바라무	도량게작법무	
시련의	요잡바라무	기경작법무	
운수단의	천수바라무	도량게작법무	
사자단의	천수바라무·사다라니바라무	다게작법무	
오로단의	천수바라무·사다라니바라무	다게작법무	
상단의	명바라무·관욕쇠바라무·사다라니바라무	향화게작법무	법고무
중단의	천수바라무·관욕쇠바라무·사다라니바라무·요잡바라무	운심게작법무	법고무
방생의	천수바라무	도량게작법무	
하단의	천수바라무·요잡바라무·관욕쇠바라무	도량게작법무·다게작법무	법고무
봉송의	천수바라무	×	법고무

삼화사 수륙재 작법무 설행 양상에 나타난 현상을 살펴보면, 바라무는 천수바라무 9회, 사다라니바라무 4회, 명바라무 1회, 관욕쇠바라무 3회, 요잡바라 4회로 5유형의 바라무가 모두 21회 설행하였고, 착복무

는 다게작법무 4회, 도량게작법무 4회, 기경작법무 1회, 향화게작법무 1회, 운심게작법무 1회로 5유형의 착복무가 11회 추어졌으며, 법고무는 4회 추어졌다. 이를 통해 9회 연행한 천수바라가 다른 작법무에 비해 제일 많이 추어짐을 알 수 있다.

삼화사 수륙재 작법무 설행 양상의 특징을 살펴보면 다음과 같다. 먼저, 바라무의 경우 천수바라는 신중작법의·상단의를 제외하고 대부분의 재차에서 설행되었는데, 이는 천수바라가 도량을 정화하는 의미를 지녔기 때문이다. 즉, 수륙재가 설행되는 모든 재차에서 신을 모시기 이전에 도량을 깨끗이 해야 하기 때문에 천수바라를 처음에 춘다. 그러나 상단의의 경우는 불보살을 청할 때 명바라를 춘다. 이는 불보살은 일반적인 신이 아닌 최고의 신이기 때문에 천수바라가 아닌 명바라를 춤으로써 도량 정화의 수단도 차등을 둔 것이 아닌가 사료 된다. 천수바라는 천수다라니인 〈신묘장구대다라니〉를 염송하였는데, 이때 춤의 반주는 〈신묘장구대다라니〉의 2글자 혹은 3글자로 조합된 글자 수에 맞춘 반주에 맞추어 추었다. 사다라니바라무는 삼화사 수륙재 연행의 중반부인 사자단의, 오로단의, 상단의, 중단의에서 집중적으로 나타난다. 사다라니바라무는 4개의 진언을 통해 일체 성현에게 공양을 베푸는 것으로, 각 재차에서 소청 의식 이후 진공 의식을 설행할 때 공양물을 가지하기 위해 추었다. 명바라무는 상단의에서만 설행하는데, 이는 상단이 불보살을 모시는 설단에서 연행되는 춤으로 다른 바라무와 다른 구조 체계를 지니고 있다. 이런 차별된 명바라무의 구조 체계는 다른 바라무가 춤동작을 중심으로 진행되는 반면, 법요의 시작을 알리는 명바라무는 제의적 몸짓과 바라의 쇳소리를 중심으로 차별화된 모습을 나타낸다. 관욕쇠바라무는 상단의, 중단의, 하단의의 관욕 의식에서 추는데, 3단에서 관욕이 나타나는 것은 『천지명양수륙재의찬요』를 저본으로 하고 있기 때문이다. 관욕쇠바라무는 관욕소를 바라보고 춤을 추는데,

명바라무와 마찬가지로 바라를 울림으로써 시작된다. 즉, 바라의 쇳소리를 통해 상단의 불보살, 중단의 성현, 하단의 영가에게 환희심을 불러일으킨다. 관욕쇠바라무도 명바라무와 마찬가지로 바라 춤동작보다는 바라 쇳소리를 위주로 연행되는 춤이다. 요잡바라무는 신중작법의를 제외하고 대부분 재차의 마지막에 설행되는데, 이는 재차가 본래의 목적에 맞게 설행되었을 때, 성중의 강림이 실행된 것에 대한 감사와 환영의 의미를 지닌 춤이다. 요잡바라무는 소요 시간이 짧으며, 춤의 속도가 빠르고 간략하게 진행된다.

다음으로 착복무의 경우 다게작법무는 착복무의 기본이 되는 춤동작으로 구성되어 있다. 그래서 다게작법무를 익히면 다른 작법을 출 수 있다고 할 정도로 착복무의 기본이 되는 춤이다. 다게작법무는 괘불불패이운의, 사자단의, 오로단의, 하단의에서 설행하였는데, 성현을 소청하여 헌좌한 다음 차를 바칠 때 춘다. 도량게작법무는 대령의, 운수단의, 방생의. 하단의에서 설행하였는데, 천수바라무를 설행하고, 〈사방찬〉에 이어 〈도량찬(염정게)〉를 염송할 때 추었다. 이는 '천수다라니→〈사방찬〉→〈도량찬〉'으로 구성된 천수경의 구조와 무관하지 않다. 258쪽 표를 통해서 천수바라무가 설행한 다음 이어서 도량게작법무가 실행됨을 알 수 있다. 기경작법무는 요잡바라무와 짝을 이루어 연행하는 작법무로서, 춤동작이 매우 간결하고 빠르며, 춤의 소요 시간도 짧다. 이런 이유로 기경작법무는 대부분 작법무의 감정선이 정적인 것에 비하여 동적인 요소를 지니고 있다. 향화게작법무는 상단의에서 설행하는데, 상단의 삼보를 소청한 다음에 진공 의식에서 춘다. 특히 향화게작법무는 영산작법에서 삼보를 소청한 다음 진공 의식에서 확인할 수 있는 절차이나, 수륙재 의례문에서는 확인할 수 없다. 하지만 상단의의 소청이 삼보를 소청하는 의식인 만큼 향화게로 진공 의식을 진행할 수도 있다. 이는 절차의 변형, 즉 전행轉行 차서로 설행한 것이다. 향화게작법무는 꽃과 향을 불보살께서 흠향할 수 있도록 추는 춤이다. 향화게작법무는 기원·귀의·찬탄을 통해 얻는 법열을 나타내는 것으로 법을 짓고, 대중으로 하여금 행하는 의식을 주제로 마음을 가라앉히고 삼매三昧에 들도록 하여 중도中道의 장으로 인도한다.[96] 운심게작법무는 중단에서 설행하는데, 중단의 성현을 소청한 후 진공 의식에서 춘다. 운심게작법무는 주로 완제에서 주로 연행된 작법무로서, 호남에서는 어산춤 혹은 고기춤이라 한다. 그래서 운심게작법은 물고기의 움직임을 묘사하는 동작들을 살펴볼 수 있다. 운심게작법무는 고도의 기술을 요구하는 작법무로써 다른 작법무와 달리 춤동작이 다양하고, 복잡하며, 춤의 유연성을 요구하기 때문이다. 이런 점에서 운심게작법무는 착복무의 정수라고 할 수 있다.

마지막으로, 법고무는 재회의 중심이 되는 상단의 성현을 소청하기 위해 강림을 기원하며 추는 대표적인 춤이나, 삼화사 수륙재의 법고무는 상단의, 중단의. 하단의, 봉송의에서 설행하였다. 상단의에서 법고무는 상위의 오불보살五佛菩薩을 위해서, 중단의에서 법고무는 중위의 성현을 위해서, 하단의에서 법고무는 하위 영가를 위해서 바라무·착복무와 함께 연행하였다. 법고는 범종·운판·목어와 함께 불전사물佛典四物의 하나로서 육도중생을 구제하기 위한 악기이며, 유일하게 춤이 존재하는 악기이다. 법고무는 북을 쳐서 울리는 것이 목적이 아니라 북을 치는 동작을 묘사한 춤이다. 북소리는 인간의 심장 소리와 유사하여 인간의 심금을 울리는데, 상단의와 중단의 법고무는 재차를 시작하기 전에 환희의 북을 울림으로써 불법을 찬양하고, 하단의와 봉송의의 법고무는 재회를 마무리하면서 영가를 비롯하여 삼화사 수륙재에 함께 동참한 신도와 관객을 위해 설행하였다. 이에 대하여 법안 스님은 일반적으로

---

96 심상현,『영산재』, 국립문화재연구소, 2003, 48쪽.

하단의에서는 작법무를 연행하지 않는 것이 통례이나, 2021년 삼화사 수륙재에서는 신도와 수륙재 참가자들을 위하여 특별히 하단의에서 연행하였다고 한다.

이와 같이 작법무의 구성은 어장의 성향에 따라 결정됨을 알 수 있다. 이는 해마다 삼화사 수륙재를 같은 시기에 반복하지만, 똑같은 작법무가 설행되는 것은 아니다. 즉, 작법무의 구성은 어산집단·설행 시기·설행 배경 등에 따라서 변화할 수 있다. 이는 2020년 설행한 재차의 작법무와 2021년 설행한 재차의 작법무 비교를 통해서도 여실히 드러난다. 예를 들어, 2020년 상단의에서는 운심게작법, 중단의에서는 오공양작법을 설행하였고, 2021년 상단의에서는 향화게작법, 중단의에서는 운심게작법을 설행하였다. 이를 통해서 상단의와 중단의의 재차는 같지만, 진공 절차에서 작법무는 어장의 선택에 따라 변화됨을 알 수 있다.

작법무는 크게 서울·경기권의 '경제 작법무', 호남권의 '완제 작법무', 영남권의 '영제 작법무'가 존재한다. 이들 작법무는 기본적인 틀은 같으나, 춤동작을 실행하는 과정에서 방법의 차이가 존재한다. 그리고 기본 춤동작을 바탕으로 한 변형 동작이 나타난다. 이 변형 동작이 지역에 따라 다른 형상으로 표현되는데, 이것이 지역적 특성이라 할 수 있다. 이번 삼화사 수륙재 작법무는 완제인 일응 스님의 작법무의 특성이 여실히 드러나는데, 작법무의 특성을 살펴보면 다음과 같다.

먼저, 삼화사 수륙재 바라무의 특징이다. 바라무는 작법무를 대표하는 춤으로, 주로 진언과 염불의 염송에 맞추어 추는 화려하고 역동적인 춤이다. 바라무는 주로 비구에 의해 연행되는데, 남성의 강한 힘을 통해 바라의 상징적 의미인 도량 정화를 표현하기 위한 것으로, 부정한 것·나쁜 것보다 더 큰 에너지를 통해 제액除厄을 시각화한 것이다. 그래서 바라무는 기개 있는 활달한 동작과 바라의 쇳소리를 통해 역동적인 에너지를 표출한다. 이런 바라무의 공통적 특징을 바탕으로, 삼화사 수륙재에서 나타난 바라무의 특징은 다음과 같다.

첫째, 다양한 춤동작이 표출되었다. 즉, 경제 바라무에는 가르는 동작·실어올리는 동작·겹바라밖에 없으나, 삼화사 수륙재 바라무는 이런 기본 바라무 동작을 바탕으로 변형된 동작들이 나타나고, 춤동작의 기법에서도 코어를 중심으로 상하로 움직이기보다는 코어를 중심으로 상하좌우로 움직이는 공간의 확장을 보여 준다. 즉, 가르는 동작에서는 바라로 물을 퍼 올리듯이 받쳐서 올리는 형상, 비스듬한 8자 형태를 그리는 것, 또한 동작을 마무리하는 동작군을 구성하여 한 패턴의 동작을 마무리라고 새롭게 시작할 수 있는 근거를 마련하는 것, 바라무 마지막에는 겹바라를 한 바퀴 돌아 마무리하는 것 등에서 경제와 다른 다양한 동작소·동작군 등이 나타난다.

둘째, 춤동작의 연결이 자연스럽다. 바라무의 춤동작이 단절되기보다는 물 흐르듯이 지속적으로 연결되는 모습을 나타낸다. 특히, 가르는 동작에서 어깨를 중심으로 회전함으로써 동작의 폭이 확장되고, 바라를 좌우에서 8자를 그리면서 동작선이 지속적으로 연결된다. 이런 동작의 자연스러운 연결은 오랜 수련 과정을 통해 터득되는 것이다. 이 고도의 기술은 바라무가 불교 의식무로서의 윤회사상을 상징할 뿐만 아니라 공연예술로서 작품성도 드러낸다.

셋째, 대무 상태에서 서로 자리를 교차하는 이동 동작이 존재한다.[97] 바라무는 2인 혹은 4인이 서로 마주 보는 대무 형식인데, 경제의 바라무는 제자리에서만 춤을 춘다. 그러나 삼화사 수륙재의 바라무는 마주 보고 춤을 추다가 서로 이동해서 자리를 교체하였다가 다시 이동하여

---

[97] 삼화사 수륙재 바라무의 이동 동작의 시작은 일응 스님이 민속경연대회에 참가하면서 과거 제자리에서만 추던 바라무를 자리를 이동하여 서로 교차하는 춤길을 만들었다고 한다. 그때부터 완제에서는 경제와 달리 대무하는 사람끼리 자리를 서로 바꿨다고 한다.(법안 스님 면담, 2021.11.14, 대성사)

제자리로 돌아온다. 이런 자리 이동은 제자리에서 사방을 향해 도량을 정화하는 것보다 자리를 이동하면서 도량을 밟아 줌으로써 보다 강한 도량 정화의 의미를 표출한다.

넷째, 실어올리는 동작을 제자리에서 하는 것이 아니라 왼쪽·오른쪽 사선 방향을 보면서 실행한다. 경제 바라무는 실어올리는 동작을 제자리 혹은 사방을 향해 설행한다. 그러나 삼화사 수륙재에서는 제자리, 사방뿐만 아니라 사선으로 방향을 다양하게 전환함으로써 춤 공간의 확장을 가져왔으며, 이는 강력한 도량 정화의 시각화뿐만 아니라 바라무의 예술적 완성도를 높이는 것이다.

다섯째, 연행 주체자에 따라 다양한 대형을 나타낸다. 바라무의 기본 대형은 2인이며, 2인이 사방으로 확장한 것이 4인이다. 5인은 4인의 구조에 중앙에 1인을 두어 오방을 상징한다. 즉, 오행사상을 바탕으로 구조화된 것이다. 이와 같이 삼화사 수륙재의 바라무는 2인은 1열, 4인은 사방구조, 5인은 오방, 6인은 3인 2열, 8인은 4인 2열의 대형을 나타낸다.

다음으로, 삼화사 수륙재 착복무의 특징이다. 착복무는 7언4구 혹은 5언4구의 한문 사설이나 산문의 게송에 맞추어 추는 춤으로 매우 정적인 고요한 춤이다. 그래서 바라무는 남성적인 춤, 착복무는 여성적인 춤으로 바라무는 비구에 의해서 착복무는 비구니에 의해 설행된다. 착복무는 느린 동작으로 주로 굴신에 의해 불보살의 무한한 세계를 표출하는데, 일반적으로 한 발짝이 넘지 않는 극히 좁은 공간, 즉 방석과 같은 좁은 공간에서 춤을 출 정도로 움직임이 매우 제한된 정중미를 표출하는 춤이다. 이런 착복무의 공통적 특성을 바탕으로 드러난 삼화사 수륙재 착복무의 특성은 다음과 같다.

첫째, 삼화사 수륙재 착복무는 경제 착복무보다 호흡의 길이도 짧고, 춤의 속도도 매우 빠르다. 이는 착복무의 반주음악인 게송이 빠르게 진행되기 때문이다. 아마도 경제는 궁중의 영향을 받아 원칙에 따라 길게 진행하는 반면, 완제는 민속의 영향으로 경제보다는 전반적으로 빠른 속도감을 지니고 있다.

둘째, 기본동작군을 바탕으로 다양한 변화를 추구한다. 일반적으로 착복무의 동작은 일자사위에서 요신하며 굴신하기, 꽃 희롱하기, 꽃 좌우치기의 기본동작군을 반복한다. 그래서 착복무의 춤사위는 간결하고 같은 동작군을 반복하는 현상을 나타낸다. 그러나 삼화사 수륙재의 착복무는 기본동작군을 바탕으로 1~3개의 변형 동작군을 나타낸다.

셋째, 자리를 이동하는 교차 춤길을 통해서 착복무의 상징적 의미를 강화한다. 삼화사 수륙재의 착복무는 기본적으로 대무 형식이다. 대무는 기본동작군을 실행한 후, 서로 자리를 교차하여 똑같은 동작을 반복한다. 그런데 교차의 수가 2~4회(짝수)로 반복하기 때문에 처음 시작한 자리로 되돌아온다. 이처럼 착복무는 철저하게 시간적·공간적 측면에서 대칭의 춤이며, 반복의 춤이다.

넷째, 삼화사 수륙재 착복무의 백미는 향화게작법무와 운심게작법무이다. 두 작법은 서서 추는 입동작과 앉아서 추는 앉은 동작이 있다. 이는 대부분 착복무가 서서만 추는 것에 비하여 다양한 공간사용을 나타내며, 또한 다른 착복무에서 볼 수 없는 독특한 동작이 나타난다. 향화게작법무와 운심게작법무는 잔잔한 호수의 물결처럼 굴곡지지 않게 편안하게 추는 춤으로 한결같은 일률적인 감정선을 유지하는 것이 중요하다. 이 두 착복무의 감정선은 공경하는 마음, 자비로운 마음, 해탈의 자세, 정진하는 자세 등의 수행자[98]의 마음가짐이다. 이런 마음 자세가 춤동작으로 표출된다. 이런 점에서 향화게작법무와 운심게작법무

---

98 고경희·최영란, 「향화게작법과 운심게작법의 춤사위 비교분석」, 『한국무용연구』 32권 1호, 한국무용연구회, 2014, 174쪽.

는 착복무를 설행한다는 것 자체가 수행자이며 예법의 성격을 지녔다. 그래서 이 두 착복무에는 절제된 몸짓 안에 종교적 의미를 내포하고 있어 장엄하면서도 숭고한 미의식을 표출한다. 향화게작법무와 운심게작법무는 『장아함경』에 범음성의 5요소인 정직正直·화아和雅·청철淸澈·심만沈滿·주편원문周偏遠聞이 그대로 적용된다. 정직은 몸을 바르고 곧게 하는 것이고, 화아는 조화롭고 우아한 몸짓을 뜻하며, 청철은 맑고 군더더기 없는 춤사위, 심만은 깊게 가득 차는 춤사위, 주편원문은 두루 미치는 춤사위로 새긴다. 향화게작법무와 운심게작법무는 불교 의례의 꽃으로서 대중의 환희심을 고취시키는 독특한 한국 불교 예술의 정점이라 할 수 있다.[99]

다섯째, 마름모 형태의 춤길을 나타낸다. 착복무에서 자리를 이동할 때, 경제 착복무에서는 마주 보고 있는 사람이 서로 앞을 보고 직선으로 가기 때문에 중앙에서 몸이 서로 부딪친다. 그러나 삼화사 수륙재에서는 서로 왼발부터 시작해서 왼쪽 사선으로 직진하다가 중앙에서 교차하면서 다시 오른쪽 사선으로 직진하여 상대편 자리에 도착한다. 즉, 마름모 형태의 춤길을 나타내기 때문에 중앙에서 교차 시 몸을 부딪치지 않는다. 이것이 삼화사 수륙재 춤길의 대표적인 특징이다.

마지막으로, 삼화사 수륙재 법고무의 특징이다.

전반적으로 법고무는 고요한 분위기 속에서 북채로 변죽을 훑으면서 느린 박에서 시작하여 바른 박으로 고조되었다가 다시 고요하게 느린 박으로 마무리한다. 이와 같이 법고무의 전체 구조는 A-B-A 형식으로, 평온한 춤동작에서 빠르고 격렬한 춤동작으로 진행하여 춤의 클라이맥스로 치닫다가 이어서 다시 평온해지면서 처음 자리로 되돌아오는 구조를 나타낸다. 여기서 처음에 북채로 변죽을 3회 반복해서 훑는 것은 삼

---

99 한국민속예술사전, 작법무, 2021.12.11. https://folkency.nfm.go.kr/kr/topic/detail/6443.

륜계三輪界 중생을 제도하는 서원을 세운다는 의미이다. 법고무는 새로운 동작이 시작되거나, 동작을 반복할 때 북의 중앙을 북채로 치는데 이는 동작의 시작과 끝을 의미하기도 하지만, 불법을 바르게 들으라는 의미이다. 또한 법고무는 정확히 사방·180°회전·360°회전을 cw방향 혹은 ccw방향으로 반복하면서 어느 방향에도 치우치지 않는 정확한 균형을 유지한다. 또한 동작에 있어서도 오른쪽으로 동작을 하면, 반드시 왼쪽으로 똑같은 동작을 반복함으로써 좌우 혹은 앞뒤 대칭의 구조를 보인다. 이와 같은 반복·균형·대칭은 의례춤의 기본 요소이다.

삼화사 수륙재 법고무 동작의 특징을 살펴보면, 발동작의 경우, 정지 시에는 마치 나무가 땅속 깊이 뿌리를 내린 것처럼 무겁게 굴신을 하며, 이동 시에는 깃털처럼 사뿐히 날아가듯이 움직인다. 특히 앉았다가 일어서는 동작은 허벅지 근력의 반동에 의해 앉고 일어난다. 그래야 나비가 살포시 앉았다가 일어나는 감정선을 표출할 수 있다. 손동작의 경우, 호흡에 의해 가벼우면서도 부드럽게 움직인다. 법고무에서는 몸을 180° 뒤집어서 허리를 젖힌 상태에서 북을 두드리는데 이는 몸의 유연성을 필요로 한다. 이와 같이 법고무는 장중하고 활달한 멋을 지닌 춤으로 다양한 형태의 춤사위로 구성되어 있고 특유의 신명을 지녀, 한국 춤의 특성을 공유한 춤이다. 춤동작과 북소리가 빨라지고 커져 구도에 박차를 가하는 단계에 이르면, 우리 춤의 주요 요소인 신명이 법열法悅의 양상으로 드러나게 된다.

하단의 법고무

V

삼화사 수륙재의 전승현황과 가치

본 장은 구미래가 집필하였다.

삼화사 수륙재의 전승현황과 가치

1. 지정경위

  삼화사 수륙재는 2013년 12월 31일에 국가무형문화재로 지정되었다. 삼화사에서 수륙재를 열게 된 것은 1394년(태조 3)에 태조의 명으로 나라에서 주관하면서부터이고, 조선 중기의 기록은 여느 사찰과 마찬가지로 전하지 않는다. 일제강점기와 6·25전쟁 등으로 불교 의례의 전통이 단절되었다가, 20세기 중후반부터 매년은 아니더라도 지역의 안타까운 죽음을 위무하고 유주무주 고혼을 위한 수륙재를 주기적으로 설행하였다.

  2001년에는 국행수륙재의 원형 고증과 복원, 체계적인 의례설행과 전승교육 등을 위해 삼화사수륙재보존회를 결성하였다. 이듬해인 2002년에 삼화사의 육화료(종무소)를 보수하던 중, 1547년 공주 갑사 판각본인 『천지명양수륙재의찬요』를 비롯해 각종 의식집이 발견되었다. 이는 조선 중기에도 삼화사에서 수륙재가 설행되었음을 말해 주는 자료라 할 수 있다. 이어 2007년에 『천지명양수륙재의찬요』의 번역 사업을 완료하였고, 『천지명양수륙재의찬요』의 역사성과 서지학적 중요성을 인정받아 2011년에 강원도 유형문화재로 지정되었다.

  아울러 삼화사 수륙재를 주제로 한 3차례의 학술대회와 의례 연구를 거쳐, 2011년 1월 '삼화사국행수륙대재'의 국가무형문화재 신청을 하였다. 이듬해 1월 국가무형문화재 지정 및 전승자 충원 조사계획에 포함되고, 4월 '수륙재'의 종목 지정가치에 대한 서면조사를 실시하게 된다. 이에 2012년 5월 18일 개최한 문화재위원회 무형문화재분과 제3차 회의에

삼화사 수륙재 전승 회원

서 신규종목 지정 여부 검토를 위해 3개 사찰의 수륙재(삼화사 수륙재, 진관사 수륙재, 아랫녘 수륙재)를 대상으로 현지조사를 실시하기로 하였다.

  삼화사 수륙재의 현지조사는 2012년 10월 19일부터 21일까지 3일간에 걸쳐 이루어졌다. 이후 조사 절차상의 문제로 세 사찰의 수륙재 모두 재조사가 결정되어, 삼화사 수륙재의 경우 2013년 10월 18일부터 20일까지 3일간에 걸친 재조사가 이루어졌다. 이 자료를 참조해 2013년 11월에 제6차 회의를 열어 수륙재를 신규종목으로 지정 예고하고, 보유자 없는 보유단체로 인정 예고하였다.

  예고 사유는 '수륙재는 조선 초기부터 수륙의 고혼 천도를 위해 행해졌던 불교 의례로, 조선왕조실록에 설행기록이 나타나는 등 역사성과 예술성이 높으며, 개인 천도의 성격을 띤 영산재에 비해 대중적 성격이 두드러지고, 낮재·밤재 합설이라는 의례상 특수성을 지닌다'는 가치가 있음을 들어 국가무형문화재 지정을 의결하였다. 그리고 수륙재 전승능력과 전승환경이 우수한 삼화사국행수륙대재보존회 등 3개의 보존회를 보유자 없는 보유단체로 인정하였다.

2. 전승현황

1) 보유단체와 전수교육 개요

삼화사수륙재보존회는 2001년에 승려와 신도들이 중심이 되어 보존회를 결성해 활동하다가, 2013년 10월에 사단법인 두타산삼화사국행수륙대재보존회로 정식 인가를 받게 되었다. 이어 2019년 1월에 사단법인 삼화사수륙재보존회로 단체명이 변경되어 현재까지 활동하고 있다. 2021년 기준 보존회 회원은 68인(승려 11인, 재가신도 57인)이고, 전승 회원은 총 116인(승려 23인, 재가신도 93인)[100]이다. 전승 회원은 당연직 회장인 주지 임법 스님을 중심으로 한 삼화사 승려들, 어장 인묵 스님을 중심으로 한 어산단, 신도가 중심을 이루는 전승팀으로 구성되어 있다. 이들 전승 회원의 명단과 역할을 살펴보면 다음과 같다.

---

[100] 보존회 회원은 삼화사 수륙재의 결성과 운영을 중심으로 구성된 이들이며, 전승 회원은 실제 삼화사 수륙재의 설행을 중심으로 구성된 이들이다.

삼화사수륙재보존회 전승 회원 명단과 역할 (2021년 기준)

연번	성명(법명)	구분	연번	성명(법명)	구분
1	이기복(임법)	법주·수인	13	진법천(법천)	작법
2	김종민(원명)	수인	14	박공연(수현)	
3	이삼길(인묵)	어장·범패	15	윤연실(선정)	
4	박영만(법안)	병법·범패	16	장미선(상초)	
5	문기조(문현)		17	한기수(광성)	수인 등
6	황영규(지원)	범패	18	박희철(자운)	
7	이동언(도피안)	작법	19	박해규(광원)	
8	김종열(선훈)		20	이동진(돈수)	
9	김정호(설호)		21	최현성(도연)	
10	지동훈(혜담)		22	박지수(삼현)	
11	지옥남(인오)		23	박형종(상연)	
12	민혜정(혜정)			–	

연번	성명	구분	연번	성명	구분
1	김성기	설단	48	조봉남	진설·고임새
2	김상준		49	조월현	
3	김진길		50	진명희	
4	김형준		51	최복순	
5	변상철		52	최정자	
6	이연동		53	최효서	
7	임승규		54	김복자	헌다례
8	전상욱		55	강미원	
9	정현교		56	고동숙	
10	최근조		57	김수진	
11	지영애	지화	58	김순자	
12	김남희		59	김순정	

연번	성명	구분	연번	성명	구분
13	김연자	지화	60	김영숙	헌다례
14	김은정		61	문명숙	
15	류정희		62	손말이	
16	박귀자		63	송연자	
17	박진각		64	안을순	
18	성헌기		65	엄경희	
19	이영숙		66	오은희	
20	장향숙		67	이경미	
21	차명선		68	이순녀	
22	최선화		69	이정희	
23	최수정		70	정미경	
24	최숙자		71	정순희	
25	이상춘	번장엄	72	정영주	
26	김병기		73	차승원	
27	김상수		74	최순덕	
28	김진화		75	최정희	
29	박보령		76	최현수	
30	양영월		77	홍주현	
31	이주영		78	김명남	의례
32	진길용		79	강계영	
33	함금옥		80	김광수	
34	전옥녀	진설·고임새	81	김기동	
35	김명선		82	김무하	
36	김영숙		83	김우영	
37	김영순		84	김창열	
38	김영희		85	박용길	
39	김은주		86	박재우	
40	김정순		87	유차명	

연번	성명	구분	연번	성명	구분
41	양미혜	진설·고임새	88	이동호	의례
42	양혜주		89	장성룡	
43	오애숙		90	정병주	
44	왕순덕		91	주진술	
45	이승자		92	진광두	
46	이영애		93	최양헌	
47	이형순		-		

　보존회의 가장 중요한 업무는 수륙재의 체계적인 전승으로, 이를 위해 보존회 산하에 9개의 '수륙재 전수교육팀'을 두고 있다. 전수교육은 승려가 중심이 되는 ① 수인 ② 범패 ③ 작법과, 재가자 중심으로 운영되는 ④ 설단 ⑤ 지화 ⑥ 번장엄 ⑦ 진설·고임새 ⑧ 헌다례 ⑨ 의례의 9개 팀으로 나누어 진행된다.

　먼저 승려를 중심으로 한 영역을 살펴보자. 수륙재를 이끌어 가는 승려들의 소임은 크게 안채비와 바깥채비로 나뉜다. 안채비는 삼화사 문중의 상주승常住僧들이 증명·수인·도감都監·유나維那 등의 직책을 나누어 맡아 시작부터 끝까지 수륙재 전반을 관장하고 있다. 특히 주지스님을 비롯한 3인의 승려는 3일간 앞자리에 좌정하여 수인 작법으로 의례를 집전한다.

　바깥채비는 외부 운수승雲水僧을 모시고 범패와 작법을 이끌어 간다. 어장은 대한불교조계종 어산어장魚山魚丈 인묵 스님, 병법은 어산작법학교 학장 법안 스님과 문현 스님이 맡아 어산작법학교 제자들과 함께 어산단을 이루어 숙련된 범패성梵唄聲과 작법으로 의례를 맡고 있다. 수륙재에서 범패·작법에 동참하는 어산단은 15인 정도이다.

　이처럼 상주승과 운수승의 조화와 협력으로 재회를 설행하는 것은

어산작법학교 전수교육 장면

전통 불교 의례의 큰 특징이기도 하다. 사찰에 재회가 열리게 되면 특정 승려를 청하기도 하지만, 인연 따라 이 절 저 절의 승려들이 도량을 찾는다. 이때 찾아온 승려들이 본 재회가 열리기 전에 '운수단작법'을 행하여 각자의 능력에 따라 보직을 받는 것이다.[101] 이러한 전통과 함께 각 사찰에 범패와 작법을 이끌어 갈 의례전문 승려들이 절대 부족한 한국불교의 현실이 반영되어 있다.

전수교육을 중심으로 살펴보면, 수인팀은 월 한 차례씩 2시간에 걸쳐 교육이 이루어진다. 수인팀의 강사는 전 주지 원명 스님과 현 주지 임법 스님으로, 삼화사 법당이나 수륙사에서 삼화사 승려들을 대상으로 교육한다. 의식집 『천지명양수륙재의찬요』의 절차에 따라 각 진언에 맞는 수인법을 전승하고 있다.

---

101 이성운, 「수륙재 연유 및 설행과 의문의 정합성」, 『삼화사수륙재 문화』, 2020, 79쪽; 김월운 편저, 『日用儀式隨聞記』, 중앙승가대출판국, 1991, 82~83쪽.

범패팀·작법팀의 전수교육은 서울의 어산작법학교에서 월 한 차례씩 2~3시간에 걸쳐 이루어진다. 범패팀은 삼화사 수륙재 어장 인묵 스님이 강사를 맡아 의식집에 따른 안채비·바깥채비소리, 짓소리·홑소리 등의 염불을 기초 과정에서부터 전문 과정에 이르기까지 체계적으로 교육하고 있다.

　작법팀의 강사는 삼화사 수륙재에서 범패·병법을 맡은 대한불교조계종 어산종장魚山宗匠 법안 스님이 강사를 맡고 있다. 작법팀은 바라무·착복무·법고무를 중심으로 교육이 이루어진다. 특히 어장 인묵 스님은 작법에 능숙하지 않더라도 지극한 신심을 지닌 젊은 어산 승려들을 3일 동안의 수륙재에 고루 투입하여 현장 역량을 키워 나가고 있다.

구분	전승 장소	전승 시기	전승 내용
수인	삼화사 수륙사	월 1회 2시간	- 강사: 원명 스님, 임법 스님 - 의례 절차에 따라 각 진언에 맞는 수인법
범패	어산작법학교	월 1회 2~3시간	- 강사: 인묵 스님 등 - 의식집에 의거한 짓소리·홑소리, 안채비·바깥채비소리 등의 염불
작법	어산작법학교	월 1회 2~3시간	- 강사: 법안 스님 등 - 각종 악기 연주, 바라무·착복무·법고무 등

　나머지 6개 분야 전승팀의 회원은 재가신도들이 중심을 이룬다. 이들은 대부분 삼화사의 오랜 신도로 삼화사 수륙재에 대한 자부심과 주인의식이 강하여, 팀마다 보존회 활동이 모범적으로 이루어지고 있다. 이들 중에는 오랫동안 장엄·지화·고임새 등을 전승해 온 이들이 많아, 자신의 전공을 심화하는 가운데 조교 역할을 하여 입문한 전수생을 함께 가르치며 교육이 이루어지고 있다.

　2021년 현재 전승을 담당하고 있는 회원은 설단팀에 10인, 지화팀에 14인, 번장엄팀에 9인, 진설·고임새팀에 20인, 헌다례팀에 24인, 의례팀에 16인 등이다. 이들은 수륙재의 원만한 진행을 비롯해 모든 장엄·재물·경필 등을 전통적 방식에 따라 체계적으로 전승해나가고 있다.

전수교육은 삼화사 수륙사에서 한 달에 1~2회 요일을 정해 2시간씩 이루어지고 있다. 백일기도가 시작되면서부터 지화·번·반야용선·고임새 등의 각종 장엄물 제작에 들어가며, 매주 실전에 임하는 의례 습의^{習儀}가 집중적으로 이루어진다. 각 팀의 전승이 이루어지는 곳은 보존회에서 사용하는 적광전 서쪽의 수륙사 건물이다. 이곳에는 보존회 사무실을 갖추고, 넓은 홀과 여러 개의 방으로 구성된 공간이 있어 팀별로 다양하게 활용하고 있다. 팀별 교육시기와 교육내용은 다음과 같다.

설단은 김성기를 중심으로 10인이 전승하고 있다. 17단 9소의 각 단 위치를 정확히 파악하고, 전통 예법과 규격에 따라 단을 설치하는 일을 교육하고 이어 나간다. 특히 2021년에는 외부 전문가에게 하단의 감로탱과 마구단의 2폭 병풍 그림을 의뢰 제작하는 등, 각 단에 필요한 구조물을 규격화하고 갖추어 나가는 일을 총괄한다.

지화는 지영애를 중심으로 14인이 전승하고 있다. 작약·목단·달리아·국화·연화 등을 주로 만들며, 재단과 염색에서부터 작봉에 이르기까지 전반적인 제작 과정을 교육하고 있다. 아울러 상단의 부채난등, 중단의 팽이난등, 하단의 연화장엄 등 각단에 지화를 장엄하는 과정을 전승해 나간다.

번장엄^{幡莊嚴}은 이상춘을 중심으로 9인이 전승하고 있다. 각 단의 번, 방, 소, 피봉^{皮封} 등을 제작하고 준비하는 전반적인 과정을 교육한다. 이를 위해 경필과 서예의 과정을 별도로 두고 있으며, 수륙재가 다가오면 정해진 날짜에 완성된 번과 방 등을 배치하게 된다. 아울러 금은전·위패·주망공사·반야용선 등 전통 의물의 제작도 전승해 나간다.

진설·고임새는 전옥녀를 중심으로 20인이 전승하고 있다. 진설의 경우, 각 단에 올릴 공양물의 진설 위치와 방식을 교육한다. 특히 진설을 위한 공양물은 가능하면 지역의 청정한 생산물을 쓰고 있어 이들 각각의 채취 지역, 채취 시기, 보관 방법 등을 전수하고 있다. 고임새의 경우 각단에 올릴 떡, 과일, 견과류 등을 괴는 전통 고임새 법식을 이어 나간다.

헌다례는 김복자를 중심으로 24인이 전승하고 있다. 상단에 108잔의 차를 여법하게 올리는 과정, 예법, 절차 등을 교육한다.

의례는 김명남을 중심으로 16인이 전승하고 있다. 『천지명양수륙재의찬요』의 모든 절차와 개별 요소를 숙지하고, 원만한 진행을 위해 전체 사부대중을 지휘·통솔하는 법식을 이어 가고 있다. 아울러 매년 수륙재를 마치고 나면 사진과 설명으로 의례 절차와 준비에 이르기까지, 상세한 내용을 기록으로 남기고 있다.

구분	전승 시기	인원	전승 내용
설단	월 1회, 2시간	10인	- 17단 9소의 위치, 규격, 설치 방법 등
지화	월 1~2회, 2시간	14인	- 작약·목단·다리화·국화·연화의 재단과 염색에서부터 작봉에 이르는 제작 과정 - 상단 부채난등, 중단 팽이난등, 하단 연화장엄 등 각 단 지화장엄의 과정
번장엄	월 1회, 2시간	9인	- 각 단의 번, 방, 소, 피봉(皮封) 제작·준비 - 경필·서예, 위패·반야용선 등 제작 - 번·방의 배치
진설·고임새	월 1~2회, 2시간	20인	- 각 단 공양물의 진설 위치와 방법 - 공양물로 쓸 지역 청정 생산물 확보(채취 지역, 채취 시기, 보관 방법 등) - 각 단의 떡, 과일, 견과류 등 고임새의 전통 법식
헌다례	월 1회, 2시간	24인	- 상단에 108잔의 차를 올리는 진행 과정, 예법, 절차 등
의례	월 1회, 2시간	16인	- 『천지명양수륙재의찬요』의 모든 절차 숙지, 진행 지휘와 통솔

2) 주요 전승활동

(1) 지화 만들기

지화 제작은 오래전부터 삼화사 스님과 신도들이 직접 맡아 왔다. 삼화사에서는 20세기 후반에 매년 중구일(음력 9월 9일)이면 무주유주 고혼들을 위한 재를 지냈는데, 이때 법당 중정에 단을 설치하면서 지화를 만들어 장엄하였다고 한다. 49재를 할 때도 막재에는 반드시 지화와 주망공사를 만들고 반야용선을 제작하였다.

1970년대에 삼화사 주지를 역임한 양운 스님에 의하면, 영단 장엄을 위한 지화를 제작할 때 삼화사 앞의 느티나무 가지를 1m 정도 길이로 잘라서 부채처럼 펼쳐 고정한 뒤, 신도들이 만든 수십 개의 지화를 철사나 실로 가지에 묶었다고 한다. 이는 현재 수륙재 상단을 장식하는 부채난등과 같은 형태로, 2개를 만들어 영단의 좌우를 장엄하였다. 또한 지화를 꽂아서 장엄할 때는 나무통을 짜서 색종이로 겉을 두르고, 내부에 모래를 넣어 영단 위의 양쪽에 두었다고 한다. 오늘날 화병에 꽂는 병화瓶花 대신 나무통을 사용한 셈이다. 당시 지화는 주로 목단이었고 일부는 국화 등도 제작하였으며, 지화에 쓰는 종이는 염색된 한지를 구하거나 직접 염색하였다고 한다.[102]

이러한 전통이 계속 이어져 지화팀에서는 지화와 함께 등燈·금은전·주망공사 등 종이를 이용하는 각종 장엄을 만들고 습의를 익혀 수륙재에서 일정한 역할을 맡고 있다.

삼화사 수륙재에서 사용하는 지화의 종류는 각 단과 용도에 따라 약 스무 가지이다. 상단의 경우 모란으로 세 종류의 장엄을 한다. 첫째는 단 양쪽에 두는 2개의 대형 부채난등으로, 오색을 고루 염색한 30cm 크기의 모란 100송이를 사용하고 있다. 두 번째는 상단에 진설하는 수

---

102 삼화사국행수륙대재보존회, 「삼화사 국행수륙대재 보고서」, 2012, 131쪽.

십 종의 실과류·고임류 공양물에 올리는 고임새 장식으로, 큰 모란 하나에 작은 모란 2개씩 3송이가 짝을 이룬다. 세 번째는 수반 또는 화분에 꽂아 상단 위에 올리는 병화로, 모란 10송이를 쓰고 있다.

중단에는 단 양쪽에 2개의 팽이난등을 장엄하며, 오색을 고루 염색한 16cm 크기의 작약 200송이를 사용한다. 하단에는 홍화색 연꽃으로 두 종류의 장엄을 한다. 첫째는 단상 양쪽에 다양한 크기로 약 20송이의 연꽃을 화분 2개에 꽂아 둔다. 둘째는 하단 지붕에 해당하는 감로탱의 3면을 수많은 연꽃과 연잎으로 둘러 연지蓮池를 나타내는데, 이때 사용하는 연꽃은 100~150송이이고 7~11cm 정도의 다양한 크기로 봉오리와 만개한 연꽃 등을 표현한다.

이러한 방식으로 성욕소·관욕소, 고사단·오로단·사자단·마구단·전시식단·시련소·방생소 등의 각 단 각 소와, 착복무를 출 때 양손에 드는 지물 등에 이르기까지 법식에 맞추어 지화장엄을 하게 된다. 이를 도표화하면 아래와 같다.

구분	번호	설치 장소	꽃 종류	난등 종류	크기	송이 수	염색
상단	1	단 좌우	모란	부채난등 2개	30cm	100	5색
	2	고임새	모란	고임새 장식 (3송이씩)	대: 27cm 소: 15cm	대: 35~40 소: 약 80	5색
	3	단상	모란	수반·화분	25cm	10	3색
성욕소	4	지붕테두리	작약	연지(蓮池)	27cm	50	5색
중단	5	단 좌우	국화	팽이난등 2개	16cm	200	5색
고사단	6	단 좌우	다리화	화분 2개	10cm 원	약 20	2색
오로단	7	단 좌우	다리화	팽이난등 2개	15cm 원	200	5색
하단	8	하단 좌우	연꽃	화분 2개	크기별로	약 20	홍화
	9	지붕 테두리	연꽃	연지	7~11cm	100~150	홍화
관욕소	10	지붕 테두리	연꽃	연지	크기별로	100 이상	홍화

구분	번호	설치 장소	꽃 종류	난등 종류	크기	송이 수	염색
사자단	11	단 좌우	수국	화분 2개	크기별로	약 20	보라·쪽
전시식단	12	단 좌우	강릉지화	화분 2개	25cm	약 20	홍화
마구단	13	단 좌우	강릉지화	화분 2개	25cm	약 20	5색
시련소	14	단 좌우	강릉지화	화분 2개	25cm	약 20	5색
방생소	15	단 좌우	연꽃	화분 2개	크기별로	약 20	홍화
작법무	16	작법승 (1인당 4개)	모란	지물(持物)	27cm	20	5색
작법무	17	작법승 (1인당 4개)	작약	지물	27cm	20	5색
작법무	18	작법승 (1인당 4개)	연꽃	지물	연꽃	16	홍화
헌화	19	내빈	모란·국화	-	-	약 50	5색
코르사주	20	내빈	모란·다리화	-	-	약 50	홍화·쪽

다음은 지화를 준비하는 과정을 살펴보자. 지화팀은 수륙재를 마침과 동시에 다음 해의 수륙재를 준비한다. 회원들은 겨울 동안 각자 집에서 지심을 만들고, 물이 내린 겨울에 상단의 부채난등으로 쓸 대나무를 준비하기 때문이다. 봄에 첫 회의를 시작하여 회향일까지 의논과 작업을 반복하게 된다.

제일 먼저 하는 것은 각 단별 소요량을 계산하는 일이다. 소요량을 정확하게 파악하면 재료와 노고를 줄이고, 한 송이의 꽃도 역할에 맞는 쓰임을 하고 회향할 수 있기 때문이다. 이를 위해 꽃의 크기·수량·염색 등에 대해 여러 차례 회의와 실습을 거듭하며 의견을 나눈다. 꽃의 크기를 정하고 나면 견본 꽃을 만들어 본다. 상단의 경우 대나무로 부채 모양을 만들어 직접 달아 보면서 전체 수량을 파악하고 색깔별 개수도 파악한다. 중단과 오로단도 마찬가지로 견본 꽃을 만든 다음 팽이난등에 사용할 화분을 준비한다. 이렇게 꽃의 크기를 정하면 필요한 총 수량이 나오고, 색깔을 정해서 꽃꽂이에 해당하는 가상의 배치를 함으로써 최종 색깔별 꽃의 수량을 정하게 된다.

지화팀은 협업과 분업을 반복하여 지화를 완성해 간다. 이를테면 모란을 만드는 팀, 국화를 만드는 팀, 다리화를 만드는 팀, 정을 치는 팀 등 각자 자신 있는 분야를 선택하여 꽃을 만들고 난등까지 하게 된다. 매일 또는 주말에 모여서 꽃을 만드는데, 각자 맡은 꽃을 완성하기 위해 집에서 해 오는 경우가 많다. 특히 연꽃 살을 잡고 꽃잎을 일구는 작업은 대부분 집에서 이루어진다.

지화의 작업 순서는 재단하기–염색하기–작봉하기–난등치기로 진행된다. 재단은 함께 모여서 작업한다. 꽃의 종류에 따라 원형 또는 방형으로 재단하고, 꽃송이보다 훨씬 많이 소요되는 이파리의 밑 작업도 함께 진행한다. 정을 치는 작업도 이 시기에 이루어진다.

염색은 행사 꽃을 만들지 않는 교육시간에 본인이 좋아하는 색을 직

1. 재단을 마친 한지　　　　　2. 염색하기

3. 작봉하기　　　　　　　　4. 난등치기

접 해 보고, 발현된 색을 보며 서로 의견을 나눈다. 평소에 스카프·양말·다포 등을 염색해 봄으로써 색을 연구하고 성취감도 느끼며, 천연염색을 연구하는 곳에서 체험행사도 하고 있다. 특히 자연의 색은 햇빛은 물론 전구 빛에도 바래기 때문에, 밝고 선명한 색이 그대로 꽃으로 피어날 수 있도록 최대한 수륙재와 가까운 시기에 염색을 시작한다. 따라서 지화장엄은 늘 바쁘고 촉박하게 진행되게 마련이다.

염색은 오방색을 기본으로 한다. 염액은 쉽게 추출되는 치자의 경우 초보자들이 맡고, 끓이기를 반복하며 여러 과정을 거치는 까다로운 염액은 오랫동안 지화를 만들어 온 이들이 맡아, 서로 돕고 배우는 가운데 염액을

각종 염재

추출한다. 발색이 잘되지 않는 염료와 염색이 제대로 되지 않는 종이는 과감히 버림으로써 완성도를 높이고 있다. 특히 연지로 사용하는 연꽃은 소요량이 많고 염재染材인 홍화의 색 변함이 별로 없어 겨울부터 조금씩 협업으로 작업을 해 나가며, 농사가 가능한 치자의 경우 회원이 직접 재배하여 사용하고 있다. 회원 중에 염색을 잘하고 살을 잘 못 잡거나, 살은 잘 잡지만 염색이 안 되는 이들도 함께 몇 년간 지화 작업을 하다 보면 서로 실력이 상승되는 효과를 가져온다고 한다. 따라서 평소 회원 간의 전승활동이 꾸준히 이루어지고 있는 셈이다. 모든 꽃은 수륙재 3~4주 전까지 작봉을 마치고 마지막으로 난등을 치게 된다.

특히 지화는 보존회 회원뿐만 아니라 일반인을 대상으로 별도의 교육과정을 열기도 한다. 지화는 수십 명 이상이 참석해 열심히 배우는 인기 종목으로, 일 년간 배우고 나면 수료증을 주고 있다. 지화반을 수료한 이들은 다음 기의 교육생들을 도와 함께 수업에 참여하며, 매년

회원들이 제작한 지화로 전시회와 졸업작품전을 열기도 한다.

(2) 진설·고임새

진설陳設은 음식을 법식에 따라 차리는 것이며, 고임새는 격식을 갖춘 의례에서 음식을 높이 괴어 올리는 솜씨를 말한다. 고임새는 한자로 고배高排라고도 한다. 삼화사 수륙재에서 각 단에 진설하는 공양물은 크게 고임새와 일반 진수珍羞로 구분된다. 고임새가 각 단에 차리는 의례음식이라면, 일반 진수는 대령단·하단에 올리는 반찬류를 말한다. 삼화사 수륙재에서 진설을 위한 모든 공양물은 가능한 한 지역의 청정한 생산물을 쓰고 있다.

먼저 고임새로 올리는 공양물을 살펴보자. 고임새는 대추·은행·잣·밤·호두와 약과·다식·과자 등의 견과류·과자류, 각종 제철 실과류, 정병류 등을 종류별로 올리고 있다. 특히 견과류는 지역에서 친환경 방식으로 생산된 것을 원칙으로 하며, 과일은 제철 토종 과일을 위

고임새 전수교육

주로 하되 일부 수입 과일도 함께 올린다. 떡은 13종을 쓰고 있으며 각 단의 성격에 따라 종류의 차별성을 둔다.

모든 고임새는 각 단의 위상에 따라 규격과 개수를 달리하고 있다. 먼저 규격을 살펴보면 견과류의 경우 상단은 47㎝(45㎝ 이상), 중단은 37~38㎝(35㎝ 이상), 하단·오로단은 32~33㎝(30㎝ 이상), 사자단·방생단은 30㎝(28㎝ 이상), 용왕단·전시식단은 25㎝까지로 정해 두었다. 떡과 과일의 경우, 견과류 높이를 기준으로 설단에 맞추어 조화롭게 규격을 정해 구성한다.

고임새의 개수를 살펴보면 견과류의 경우 상단 16개, 중단 10개, 하단 9개, 오로단 10개, 사자단 9개, 방생단 5개, 용왕단 3개, 전시식단 3개를 기준으로 삼고 있다. 과일과 떡은 견과류의 수량과 종류, 설단의 규격에 따라 개수와 종류를 정한다.

전통 고임새를 할 때는 여러 가지 도구와 법식이 필요하다. 떡·유과 등을 제외하고 견과류·과자류 등은 대부분 원통형으로 괴어 올리게 된다. 따라서 고임새를 할 때는 둥근 접시에 쌀을 깔고 백지로 접시를 싸서 주변을 풀로 붙여 편편하게 한 다음, 한 층씩 괴어 올린다. 층마다 둥글게 오린 백지를 깔면서 풀칠로 고정시켜 쌓는 것이다. 이때 잣·은행처럼 작은 견과류는 쌀을 넣어 만든 둥근 우리를 사용하고, 대추는 실로 꿰는 등 각

백지로 접시를 싸서 주변을 풀로 붙여 한 층씩 올린다.

각에 맞는 방식을 써야 한다. 다식처럼 여러 색상으로 된 것은 색깔로 줄을 지어 문양을 이루게 하고, 잣·호두·은행 등은 각각 물감을 들여 글자나 문양을 이루도록 아름답게 쌓아 올린다.

따라서 고임새의 종류와 규격에 따라 규격이 다른 대·중·소의 접시

를 사용하며, 가운데 중심을 잡는 원통은 두꺼운 종이를 사용하여 역시 대·중·소로 제작한다. 접착제는 직접 쌀을 쪄서 풀을 만들어 사용하며, 은행 등을 염색할 때는 오방색으로 천연 염색을 하여 고임을 하게 된다.

영가 제위를 위해 대령단·하단에 올리는 진수의 경우, 고사리·두부·콩나물·도라지·호박·시금치·당근 등을 주로 쓴다. 처음 영가를 맞는 대령단에는 간단한 요깃거리로 국수와 5가지의 진수를 올린다. 이때 유주무주 고혼을 위해 큰 그릇에 모둠 국수를 담고, 6위의 영가를 위해 6개의 작은 그릇에 국수를 담는다. 하단에는 마지와 무국을 각각 모둠 한 그릇과 작은 그릇 16개에 담아 진설하고, 7가지의 진수를 올리고 있다.

3. 전망과 가치

1) 수륙재에 담긴 공생의 가치

수륙재는 예로부터 가장 공덕이 높은 의례라 여겼다. 그 이유는 수륙재가 개인의 극락왕생에 초점을 맞춘 것이 아니라, 천도되지 못한 채 떠도는 모든 유주무주 고혼을 위해 여는 천도재이기 때문이다. 성인과 범부, 깨달은 이와 미혹한 이, 죽은 자와 산 자 등 시방 법계의 모든 대상을 차별 없이 한 자리에 모시고 여법하게 공양을 올리며 서로 소통하는 장을 마련하기란 참으로 어렵다. 이러한 대법회를 여는 공덕은 지극히 크니, 모든 억울한 죽음을 위무하고 육도중생이 고통에서 벗어날 수 있도록 원력을 세우는 것이다.

여말 선초의 대학자 권근權近은 「수륙재소」에서 다음과 같이 적었다.

…어떤 이는 유행병을 만나거나, 나무·돌에 부딪혀 상하거나, 춥고 배고픔이나 낭떠러지·골짜기에 떨어져 생명을 잃었으매 그 영혼이 의지할 곳이 없습니다. 고향 산천으로 돌아가지 못했으니 어찌 애통해하는 부모 처자가 없으리오. …태평 세상에 오래 살지 못했으나 어찌 극락세계에 왕생토록 천도하지 아니하겠나이까. 이에 수륙재의 법회를 개최해 가는 길을 열고자 합니다. …엎드려 원하옵니다. 부처님의 방편에 힘입어 길이 원한을 씻어 버리고, 감로#露로 목을 적시고 법수法水의 음식을 배불리 먹으며, 자비한 광명을 눈과 귀로 접하여 모두 부처 될 인연이 이루어지이다.[103]

 갖가지 이유로 제 명을 누리지 못한 채 떠난 이들에게 감로의 법식을 내리며, 깨달음의 인연을 이루도록 발원하는 내용을 살필 수 있다. 오늘날에도 사고 등으로 억울하게 목숨을 잃은 이들을 위해 합동천도재를 치르듯이, 불특정 다수의 망자를 위해 재단을 차리고 야외에서 치르는 수륙재는 공동체의 문제 해결과 직결되어 있다. 이처럼 수륙재는 특정 개인이 설판재자가 되었다 하더라도 그의 선망 부모·조상을 위한 의례이기보다, 고통 받는 모든 중생의 구제에 목적을 두고 있어 그만큼 공덕을 높게 보는 것이다.
 의례를 위해 설단設壇하고 모든 존재를 청해 모시면서, 죽음은 개인의 문제에서 중생의 문제가 되어 불교의 자비와 회향 정신으로 승화되기에 이른다. 이러한 공생의 가치는 시대와 무관하게 오늘날에도 수륙재가 지니는 가장 큰 힘이라 할 수 있다. 누구의 죽음인가와 무관하게 모든 억울한 죽음, 문제적 죽음을 위해 치르는 평화적 의례에 동참하면서, 스스로 공동체의 문제를 성찰하도록 이끄는 것이 종교가 사회문제에 개

---

103 『동문선』 권113 소, '水陸齋疏'

입하는 바람직한 방법일 수 있기 때문이다.

따라서 공생을 향한 수륙재의 사회적 가치는 죽음의 문제뿐만 아니라, 인류와 전 지구의 문제로 확장되기에 충분하다. 오늘날 발생하는 지구촌의 환경문제와 재앙은 인간의 이기심과 욕망에서 비롯된 것이며, 아무리 먼 곳에 떨어져 있어도 모두 연결되어 있고 서로에게 영향을 미친다는 사실을 분명하게 보여 주고 있다. 수륙재는 이처럼 모든 존재가 나와 무관하지 않고 거대한 인드라망으로 인과관계를 맺고 있다는 불교의 연기사상緣起思想을 일깨워 주는 의례이다. 현재의 자신이 독자적으로 생겨난 것이 아니며, 수많은 생을 거치는 동안 모든 존재는 서로 인과의 원리로 얽혀 있다는 자각은 세상을 보는 관점을 바꾸어 주게 한다. 따라서 사회적 갈등과 문제를 공유하고 성찰하며, 화합으로 이끌 수 있는 불교적 가치가 의례 속에 함축되어 있다.

그러한 점에서 삼화사 수륙재는 하단에 모신 17위 위패의 성격에서 알 수 있듯이, 공동체의 문제를 함께 위무하고 풀어 가는 것이 얼마나 소중한 일인지 보여 주고 있다. 지역 주민들의 기억과 역사 속에 남아 있는 모든 안타까운 죽음을 잊지 않고 함께 새기며 치유해 나가는 수륙재 본연의 역할을 잘 전승하고 있는 것이다.

이와 관련해 수륙재의 의미를 함께 공유하기 위한 '의식문의 한글화'가 매우 중요하다. 수륙재에서는 각 단의 대상을 청해 모시는 연유를 고할 때 소疏를 염송하게 되는데, 『천지명양수륙재의찬요』는 모두 한문으로 되어 있다. 그러나 삼화사 수륙재에서는 상단의·중단의·하단의 등 주요 절차의 경우, 한글로 된 〈수설대회소〉를 염송함으로써 동참자들과 소통하는 가운데 의례를 진행한다. 초월적 존재만이 아니라 현실적 존재들이 핵심 의미를 공유할 때 수륙재의 참된 정신이 이어질 수 있음은 자명한 일이다.

특히 수륙재 의식문의 수많은 게송과 사설은 당대 최고의 문장가가 쓴 명문名文들로, 은유와 서정이 가득하여 듣기만 해도 환희심이 나는 글월들이다. 한문으로 이루어져 무슨 뜻인지 모르고 듣는 한국과 달리, 자신들의 언어로 듣는 중국과 대만 사람들은 노래나 악기 반주 없이 의식문만으로도 며칠간의 수륙재를 환희심에 넘쳐 보내는 정경을 수차 보았다.[104] 따라서 필요한 부분의 한글화 확대를 통해 '전통 법식의 전승'과 '보편의 시대성'을 적절하게 조화해 나가는 일은 계속 염두에 두어야 할 것이다.

2) 사부대중의 화합으로 이룬 장

삼화사 수륙재에서 빼놓을 수 없는 가치는 신도들의 지극한 신심과 열정적인 동참이다. 삼화사 수륙재를 세운 두 기둥 가운데 하나는 명실상부하게 재가불자들이 받치고 있는 것임을 실감하게 된다. 이는 일찍부터 승려와 신도가 함께 일구어 온 신앙적 기반이 탄탄하였기에 가능한 일일 것이다.

이러한 모습은 각 단 참배를 시작할 때 주지스님과 신도 대표가 나란히 향을 피우고 절을 올리는 장면에서부터 시작된다. 각 단의 모든 존재를 청해 모시면서, 수륙법회를 여는 주체가 출가자와 재가자로 구성된 부처님의 제자임을 분명히 밝히는 것이다. 처음 영가를 맞이하는 대령·시련의에서부터 마지막 하단의에 이르기까지 이러한 모습을 견지함으로써 수륙재에 동참한 사부대중은 물론, 모든 재가불자는 스스로 수륙재의 온전한 주인으로서 의례에 임할 수 있게 된다.

따라서 다른 사찰의 수륙재에서 살펴볼 수 없는 헌다례의와 송경의는 더욱 의미가 깊어 보인다. 두 의식 절차는 모두 승려와 신도가 합심하여 정성을 들이는 의식이기 때문이다. 헌다례의는 신도들이 주체가

---

104 국립무형유산원, 『진관사 수륙재』, 민속원, 2017, 281쪽.

헌다례의

되어 죽비, 발원문 낭독, 차를 달이는 모든 일을 전담한다. 정갈하게 한복을 갖춘 18인의 다인이 죽비를 맡은 신도의 죽비 소리에 따라 2인씩 짝을 이루어 차를 달이고, 중간중간 또 다른 신도는 발원문을 낭독한다. 이들이 달인 차를 승려들과 신도들이 차례로 건네받아 불전에 9잔씩, 총 12차례에 걸쳐 108잔의 차공양이 이루어지는 것이다.

송경의는 84인의 승려와 신도가 나란히 중정에 나아가 하단을 향해 『금강경』을 읽는 의식이다. 영가 제위에게 법문을 들려주어 깨달음에 이르도록 이끄는 일은 수륙재 궁극의 목적이라 할 수 있다. 따라서 이를 위해 함께 마음을 모아 극락왕생의 길을 열어 주는 여법한 모습을 살필 수 있는 것이다. 중정에 오른 이들뿐만 아니라 모든 동참자에게 경전을 나눠 주어 각자의 자리에서 사부대중이 함께 읽으니, 그 공덕은 더욱 커질 법하다.

또한 신도 회원들의 신심과 전문성이 돋보인다. 보존회에는 승려들로

송경의

구성된 범패·작법·수인의 3개 팀 외에, 재가자들 중심의 설단·지화·번 장엄·진설고임새·헌다례·의례 등 6개 팀으로 나누어 백 명 가까운 신도 회원들이 활동하고 있다. 이들은 수륙재의 절차를 낱낱이 꿰고 있을 뿐 아니라, 자신이 맡은 분야에 일심으로 임하고 있다.

"염료를 채집하여 씻고 절구에 빻아 하나하나 염색하는 정성은 지극하여, 마치 『법화경』에서 아버지가 병든 아들을 위해 약초를 구해 빻고 체로 쳐서 약을 만들어 먹임으로써 병을 낫게 하는 것을 연상케 한다. 이 같은 정성이 들어간 지화로 장엄한 수륙도량에 온 이들은 원망을 풀고 화합을 하며 깨달음으로 나아갈 수 있을 것이다."[105]라고 하였듯이, 의례를 진행하는 전반에 걸쳐 여법한 신심을 읽을 수 있다.

이들은 대부분 삼화사의 오랜 신도로 삼화사 수륙재에 대한 자부심

---

105 이성운, 「수륙재 연유 및 설행과 의문의 정합성」, 삼화사수륙재보존회 엮음, 『삼화사수륙재: 문화』, 2020, 78쪽.

과 주인의식이 강하여, 매달 정기적인 전수교육 외에도 몇 차례씩 모여 수륙재를 원만히 치르기 위한 모든 준비를 꾸려 나간다. "내가 맡은 것이 있는 이상 집에서라도 해 오고 있다."는 한 회원의 말처럼, 삼화사 수륙재는 신도 회원들이 주체가 되어 행하는 모범적 사례라 할 만하다.

3) 전통 문화예술의 집결체

수륙재를 비롯해 대형 의례를 구성하는 의례 요소는 크게 범패·작법·장엄의 세 가지로 살펴볼 수 있다. 이를 공연예술에 비유하면 범패는 대사와 노래에 해당하고, 작법무는 몸짓과 춤, 장엄은 무대장치에 해당한다. 따라서 수륙재는 종교의례인 동시에 문학, 음악, 무용, 미술을 아우르는 불교 종합예술로서 면모를 지녔다. 소리와 몸짓, 시간과 공간, 각종 의례 요소들을 체계적으로 재구성하여 의례 목적에 적합한 환경을 마련하고, 신도·대중과 상호 소통하면서 특별한 감동과 체험을 불러 일으키는 것이다.[106]

따라서 수륙재를 지낼 때면 하늘과 산을 배경으로 거대하게 서 있는 괘불과 그 아래 각종 공양물과 장엄을 갖춘 재단(齋壇)은 그대로 대자연의 성전(聖典)이 된다. 이처럼 의례가 펼쳐지는 공간을 화려하게 장엄하는 것은 모든 성현과 범부의 환희로운 만남을 축복하기 위함이다. 그러한 중정에서 범패와 춤사위를 펼침으로써 죽은 자를 위한 제의(祭儀)를 축제적인 분위기로 조성하게 된다.

수륙재는 죽음을 다루는 의례이지만, 극락왕생을 기원하는 축복의 시간이기도 하여 유교의 정숙형 제의와는 달리 축제적 분위기 속에서 전승되어 왔다. 사후 재생을 꿈꾸는 민간의 심성이 윤회의 모티프와 만

---

106 구미래, 「불교 의례와 공연예술의 만남」, 『韓劇의 原形을 찾아서: 불교 의례』, 열화당, 2015, 31~45쪽.

나면서, 죽음의 의례는 슬프고 무겁게 수용되지 않았던 것이다. 바람직한 내세, 깨달음을 향한 구원의 의식이기에 그에 따른 축복이 필요하며, 이러한 축제적 성격은 불교 의례의 다양한 요소를 통해 구현되어 왔다.

이처럼 수륙재는 불교의 전통 문화예술이 집결된 장으로서 지대한 가치를 지니며, 그러한 의례가 과거에 머물지 않고 '살아 움직이는 전통'으로 전승되고 있다는 사실은 더욱 중요하다. 문화와 예술은 관심을 가지고 가꿀 때 생명력을 지니게 마련이다. 오늘날 수륙재 등을 설행하지 않는다면, 불교 의례이기에 앞서 소중한 전통유산인 범패·작법·장엄과 괘불탱·감로탱 등은 과거의 화석에 불과한 것이 되고 만다. 의례를 행함으로써 현재 우리가 공유하고 동참하는 문화로 이어질 수 있는 것이다. 이를테면 최근에 조성된 하단의 감로탱에는 이 지역의 다양한 모습과 코로나 시국의 모습 등이 생생하게 담겨 있어, 후대에 2021년 무렵의 수륙재 배경을 말해 주는 자료가 된다.

한때 한국 불교에서 참선과 수행을 중시하고, 수륙재·영산재·예수재처럼 작법과 범패가 따르는 불교 의례를 소홀히 다루기도 하였다. 그러나 조선시대의 불교가 제도적으로는 배척당하면서도 민간에서는 물론 왕실과 지배층의 비호를 받으며 종교적 역할을 지속해 왔듯이, 재가 있는 한 범패와 작법은 꾸준히 맥을 이어 왔다. 아울러 종교의례의 예술적 표현은 해당 종교의 사상과 신앙 체계를 담고 있는 것이기에, 종합예술적 특성을 지닌 의례가 불교의 본질과 어긋나는 것이 아니라는 관점은 시대와 무관하게 언제나 중요시되어 왔다.

따라서 여전히 부족한 관심 속에서도 지금의 불교 의례는 20세기 이후 가장 각광받는 시대를 열어 가고 있음이 분명하다. 그러나 이는 문화재로 지정된 분야와 사찰에 국한되어 있다. 의례를 전승해 나가는 여러 사찰과 승려에 대한 관심은 물론, 불교 의례를 구성하는 각 분야에 대한 세심한 전승 기반이 필요하다. 감로탱에 코로나 시국의 모습이 담기고 하단 위패에 이 지역 사건과 관련된 인물이 오르듯이, 새롭게 만들어 나가는 문화와 함께 전통 법식을 이어 가는 일은 늘 중요하다. 이를테면 수많은 전통 번 가운데 조성 방법이 까다로워 점차 사라져 가는 것이 있는가 하면, 전통 법식의 고임새 또한 대부분 사찰에서 자취를 감추고 있다.

산업화·도시화로 공동체 기반이 와해된 오늘날, 민간의 전통문화 대부분은 삶의 맥락을 떠나 무대 공연과 박물관의 영역에서 전승되는 실정이다. 이에 비해 사찰은 전통문화의 중요한 전승 주체로 현장에서 살아 숨 쉬는 한국 전통예술의 마지막 보루이기도 하다. 따라서 종교 이전에 전통문화의 영역에서 바람직한 전승 방안을 궁구하는 것이 절실한 시점이다.

참고문헌

단행본

- 강호선, 「수륙재」, 『테마 한국불교 2』, 동국대학교출판부, 2014.
- 국립무형유산원, 『아랫녘 수륙재』, 민속원, 2017.
- ──────, 『진관사 수륙재』, 민속원, 2017.
- 국립문화재연구소, 『불교 의례와 음식』, 국립문화재연구소, 2007.
- 김월운 편저, 『日用儀式隨聞記』, 중앙승가대출판국, 1991.
- 김춘명, 『水陸儀文』, 전북불교연합회, 1988.
- 두타산 삼화사 편, 『두타산과 삼화사』, 동해시, 1998.
- 삼화사수륙재보존회 엮음, 『삼화사수륙재 문화』, (사)삼화사수륙재보존회, 2020.
- ──────, 『삼화사수륙재 역사』, (사)삼화사수륙재보존회, 2020.
- 손인애, 『경산제 불교음악 I -개성지역 불교음악과의 관련성』, 민속원, 2013.
- ─── , 『경제 안채비소리(착어성·유치성·편게성) 성조聲調의 수용과 변용』, 민속원, 2020.
- 심상현, 『영산재』, 국립문화재연구소, 2003.
- 안진호 편, 『釋門儀範』 下, 前卍商會, 1935.
- 연제영(미등), 『국행수륙대재: 삼화사 수륙재를 중심으로』, 조계종출판사, 2010.
- 윤소희, 『범패의 역사와 지역별 특징-경제·영제·완제 어떻게 다른가?』, 민속원, 2016.
- 임종옥, 『천지명양수륙재의찬요』, 동해시, 2007.
- 정병호, 『한국의 전통춤』, 집문당, 1999.
- 진관사·(사)진관사수륙재보존회, 『진관사 국행수륙대재』, 2011.
- 최명철(원명), 『수륙재의 설행양상과 문화적 함의』, 민속원, 2020.
- 한국공연예술원 엮음, 『韓劇의 原形을 찾아서: 불교 의례』, 열화당, 2015.
- 한국정신문화연구원, 『한국민족문화대백과사전』, 한국정신문화연구원, 1991.
- 혜일명조, 『예수재』, 에세이퍼블리싱, 2011.

논문

- 강호선, 「조선 태조 4년 國行水陸齋 설행과 그 의미」, 『한국문화』 제62집, 서울대학교 규장각한국학연구원, 2013.
- 고경희·최영란, 「일응스님의 운심게작법에 내재된 미의식」, 『정토학연구』 제18집, 2012.
- ──────, 「향화게작법과 운심게작법의 춤사위 비교분석」, 『한국무용연구』 32권 1호, 한국무용연구회, 2014.

- 구미래, 「생전예수재의 종교문화적 의미와 위상」, 『정토학연구』 제23집, 한국정토학회, 2015.
- ———, 「종이접기로 만든 신위(信位), 지방과 지의」, 『불교미술사학』 제28집, 불교미술사학회, 2019.
- ———, 「천도재에서 관욕의 상징성과 수용 양상」, 『정토학연구』 제22집, 한국정토학회, 2014.
- 김희준, 「朝鮮前期 水陸齋의 設行」, 『역사와 담론』 제30집, 호서사학회, 2001.
- 손인애, 「경제(京制) 불교음악의 갈래와 그 과제」, 『정토학연구』 제26집, 한국정토학회, 2016.
- 송일기, 「東海市 頭陀山 三和寺의 佛敎典籍」, 『삼화사와 국행수륙대재』, 삼화사·(사)국제아세아민속학회, 2008.
- 심상현, 「작법무 거행의 배경과 의의」, 『공연문화연구』 제12집, 한국공연문화학회, 2006.
- ———, 「작법무의 연원과 기능에 대한 고찰」, 『동아시아불교문화』 제12집, 동아시아불교문화학회, 2012.
- 심효섭, 「조선전기 수륙재의 설행과 의례」, 『동국사학』 제40집, 동국역사문화연구소, 2010.
- 양지윤, 「조선후기 수륙재 연구」, 동국대학교 문화예술대학원 석사학위논문, 2022.
- 연제영(미등), 「한국 水陸齋의 儀禮와 설행양상」, 고려대학교 대학원 박사학위논문, 2014.
- 윤무병, 「國行水陸齋에 대하여」, 『백성욱박사송수기념논문집』, 1959.
- 윤소희, 「한국 수륙재의 융합적 특성」, 『한국정토학』 22, 한국정토학회, 2014.
- 이규태, 「선초 삼화사 국행수륙재의 지역사적 의미」, 『삼화사와 국행수륙대재』, 삼화사·(사)국제아세아민속학회, 2008.
- 이성운, 「수륙재의 한국화에 대한 일고찰」, 『한국선학』 40, 한국선학회, 2015.
- 이연경(도경), 「사다라니바라춤에 관한 연구: 경제와 완제의 비교를 통하여」, 동국대학교 문화예술대학원 석사학위논문, 2009.
- 차장섭, 「삼화사 사적과 국행수륙대재」, 『삼화사와 국행수륙대재 학술대회 및 대토론회』, (사)진단전통예술보존협회, 2011.
- 차형석, 「〈사다라니〉의 음악적 연구」, 『한국음악연구』 제48집, 한국국악학회, 2010.
- ———, 「범패 유치성의 '직촉' 연구」, 『한국음악문화연구』 제3집, 부산: 한국음악문화학회, 2011.
- 한정미, 「불교의식의 작법무 연구」, 동국대학교 문화예술대학원 석사학위논문, 2010.
- ———, 「불교 의례의 연원과 감노탱화에 나타난 작법무 고찰」, 『동아시아불교문화』 제27집, 동아시아불교문화학회, 2016.
- ———, 「한국불교작법무의 성격에 관한 분류」, 『민족무용』 제22호, 세계종족무용연구소, 2018.
- 허용호, 「삼화사 수륙재의 특성과 가치」, 『공연문화연구』 제30집, 한국공연문화학회, 2015.
- 홍태한, 「수륙재 전승의 지역적 다양성과 의미」, 『실천민속학연구』 제22호, 실천민속학회, 2013.

누리집
- 한국민속예술사전 사이트(https://folkency.nfm.go.kr)
- 한국민족문화대백과사전 사이트(http://encykorea.aks.ac.kr)

Samhwasa Suryukjae
(Water and Land Ceremony of the Samhwasa Temple)

Suryukjae is a Buddhist ceremony of comforting the souls of those who died untimely and unjustly, by offering them Buddhist guidance and food. The focus of Suryukjae is not on the deliverance of individuals to paradise. But it is a ceremony for the sake of those lonely souls that wander around, yet to be led to the heavens. And as such, it has been considered the most virtuous of all ceremonies.

Suryukjae was introduced into Korea from China during the Goryeo Period. It used to be state-sponsored, but gradually spread to the general public to establish itself as a key ceremony amongst Korea's Buddhist ceremonies. During the Joseon Period when the country was a Confucian state, it was offered for the charitable goal of treating illnesses and deliverance to heaven, thus playing a social role of soothing the royal family and the general public, and its charitable practice continued for a long time.

Samhwasa Suryukjae held in Donghea-si, Gangwon-do province, and finds its roots in a state-sponsored Gukhaeng Suryukjae(national Buddhist ritual) that had been held under the wishes of king Taejo of Joseon. It was put at risk of being discontinued while suffering the Japanese occupation, the Korean War and the industrialization. However, tireless efforts to pass it on have resulted in its current form. And in recognition of its value, it was designated as a National Intangible Cultural Heritage in 2013.

When offering Samhwasa Suryukjae, the big hanging picture of Buddha with the sky and the mountain as its backdrop, and the alter with various offerings become mother nature's shine. The space in which the ceremony is held is set up to be grand and solemn, in order to bless the delight of the meeting between the wise and the common folk. Through the display of Buddhist songs and dances in the middle of Samhwasa, the teachings of Buddha are spread under a festive atmosphere.

Samhwasa Suryukjae is based on a firm religious foundation that the monks and the followers have cultivated together since early on. From the initial stage of receiving the spirit to the final send-off, the lay Buddhists own the Suryukjae themselves and participate in the ceremony to make it clear that the principals of the suryuk Buddhist ceremony are the disciples of the Buddha, consisting of monks as well as lay followers.

This book contains pictures, materials etc. to provide a detailed description of the Samhwasa Suryukjae's history, passing-down, preparations and how it is practiced today.

글	강인숙(경상국립대학교), 구미래(불교민속연구소), 손인애(동국대학교)
	강석훈(국립무형유산원)
사진	최호식(테트라스튜디오)
총괄	이경훈
기획	양진조
교정	방소연, 강석훈, 조윤정(이상 국립무형유산원)

국가무형문화재

삼화사 수륙재

초판1쇄	2022년 12월 10일
기획	국립무형유산원
주소	전라북도 전주시 완산구 서학로 95
전화	063-280-1513
홈페이지	www.nihc.go.kr
출판	흐름출판사
주소	전주시 덕진구 정언신로 59
전화	063-287-1231
팩스	063-287-1232
이메일	hr7179@hanmail.net
홈페이지	www.heureum.com

발간등록번호	11-1550246-000112-01
ISBN	979-11-5522-331-4 93670

저작권자ⓒ2022 국립무형유산원
저작권자와 출판사의 허락 없이 이 책에 실린 글과 이미지의 무단 전재와 복제를 금합니다.

책값은 뒤표지에 있습니다.
파본은 구입처에서 교환해 드립니다.